메디치가의 천재들

메디치가의 천재들

발행일   2015년 4월 24일

지은이   신 원 동
펴낸이   손 형 국
펴낸곳   (주)북랩
편집인   선일영   편집   이소현, 이탄석, 김아름
디자인   이현수, 윤미리내   제작   박기성, 황동현, 구성우
마케팅   김회란, 박진관, 이희정
출판등록   2004. 12. 1(제2012-000051호)
주소   서울시 금천구 가산디지털 1로 168, 우림라이온스밸리 B동 B113, 114호
홈페이지   www.book.co.kr
전화번호   (02)2026-5777   팩스   (02)2026-5747

ISBN   979-11-5585-512-6 03920(종이책)   979-11-5585-513-3 05920(전자책)

이 도서의 국립중앙도서관 출판예정도서목록(CIP)은 서지정보유통지원시스템 홈페이지(http://seoji.nl.go.kr)와
국가자료공동목록시스템(http://www.nl.go.kr/kolisnet)에서 이용하실 수 있습니다.
(CIP제어번호 : CIP2015011790)

메디치가의

Repubblica Florenzia
Lorenzo il Maqnifico de' Medici

천 재 들

신원동 지음

북랩 book Lab

피렌체에 가면 '레오네 신원동'을 찾아야 한다!

유럽여행이 엄청난 사치였던 시절, 사람들은 로마나 베네치아가 이태리의 전부인 줄 알았다. 그러나 이제는 달라졌다. 유럽여행은 문화여행이다. 빼놓지 말아야 할 곳은 피렌체다. 오늘날 유럽을 가능케 한 르네상스가 바로 그곳에서 시작했기 때문이다.

피렌체에 가면 반드시 들러야 할 곳은 우피치 미술관이다. 물론 시간이 허락한다면 피렌체의 모든 박물관을 다 돌아봐야 한다. 피렌체의 그 문화적 유산을 다 둘러보는 데는 일주일도 부족하다. 이제까지 TV나 교과서에서만 볼 수 있었던 엄청난 예술품으로 가득하다. 기다리는 줄이 아무리 길어도 절대 포기하면 안 된다.

문외한끼리 아무리 돌아다녀 봐야 아무 소용없다. 도대체 왜 그 작품들이 위대한지 이해가 안 되기 때문이다. 그래서 피렌체에 가면 반드시 사자머리를 한 '레오네 신원동'을 만나야 한다. '레오네 신원동'의 설명을 들어야 하기 때문이다. '레오네'는 사자라는 뜻이다. 신원동은 아주 특이한 사자머리를 하고, 아주 희한한 말투로 그 위대한 작품들을 설명한다.

내가 들어본 르네상스에 관한 설명 중 최고다. 그 어떤 책도, 그 어떤 다큐멘터리도 신원동의 르네상스 설명보다 재미있고 흥미롭지 않다. 아주 탄탄한 문화사적, 미술사적 이론을 토대로 한 신원동의 이야기를 들어야 르네상스가 제대로 이해된다. 피렌체의 르네상스로부터 프랑스 혁명으로, 프랑스 혁명에서 유럽의 근·현대로 이어지는 그 모든 사상사적 맥락이 예술작품 하나하나에 숨겨져 있음을 깨닫게 된다.

나름 아는 게 많아, 다른 사람 이야기를 항상 의심하는 어러가지문제연구소장인 내가 정신없이 빠져들었던 신원동의 그 흥미로운 이야기가 드디어 책으로 나왔다. 피렌체에 가려면 이 책은 꼭 읽고 가야 한다. 피렌체에 가지 않아도 이 책은 한번쯤 꼭 읽어봐야 한다. 그래야 교양인이다. 적극 추천한다.

김정운(문화심리학자 · 어러가지문제연구소장)

예술작품의 가치는 그 아름다움을 감상하는 데 있겠지만, 작품들 뒤에 숨겨진 작은 이야기들을 알게 된다면, 단순히 감흥을 느끼는 것을 넘어 역사적·인문학적인 이해와 더불어 온전히 나의 인생에 흡수할 수 있을 것이다.

이 책을 읽으며, 우피치 미술관 입구에서부터 출구까지 자리한 주인공들과 마치 동 시대를 살다온 것 같은 기분을 경험하게 될 것이다.

신연아(빅마마 소울·호원대학교 교수)

자칫 지루할지도 모를 비행시간에도 아랑곳없이 우리는 늘 현실을 벗어나 어디론가 훌쩍 여행이라도 떠나볼까 하는 욕망을 품는다.

모두에게 주어진 삶으로부터 조금은 자유로워지는 혹은 어려운 현실적 부담과 숨막힘으로부터 잠시 탈출하고자 여행을 떠난다. 현실 도피가 아닌, 나를 돌아보기 위해….

오래 전부터 계획된 여행이라면 기다려지는 설렘으로 이미 힐링된 듯한 즐거움이, 그것이 아니라면 배낭 하나 훌쩍 메고 무작정 올라 선 여행의 짜릿함이 있다.

아프리카 오지에 타잔이라도 만나려는 탐험가의 모습으로 돌아봐도 좋겠고, 요양 겸 안락한 휴식을 위해 하와이 해변을 돌아봐도 좋겠지만, 이번에는 꿈 속 같은 중세와 고전시대에 빠져 귀족처럼 거닐어 보는 것은 어떨까.

그 시대의 거리 속에서 착시처럼 떠오르는 거장들의 모습과 그들의 초인적인 열정을 가슴으로 느끼며 내 현실에 대한 답을 얻어 보는 것. 그것이야말로 진정한 여행의 맛을 느끼게 하고 다시 돌아온 현실에 당당히 맞설 수 있게 하며, 한층 여유로워진 자신을 발견하게 하지는 않을까.

그런 힐링의 힘이 가득한 곳, 타임머신을 탄 듯 흘러드는 그곳, 유럽문화의 메카이자 1400년 최고의 문화를 이루어낸 피렌체!

현실에서 무시할 수 없는 돈의 자본주의를 만들어내고, 모두 다 꿈꾸는 귀족 문화를 만들어낸, 그런 문화의 열정이 예술로 승화되어 이루어진 국가 피렌체 공화국*Repubblica Florentia*!

산맥을 넘어 천하의 요새처럼 자리 잡은 분지의 피렌체는 다소곳한 평야 속에 늘 불어대는 싱그러운 바람과 르네상스의 자존심으로 오늘도 당당하게 서 있다.

우리가 학창시절 교과서에서 지나친 르네상스의 참의미는 과연 무엇이었을까?

르네상스를 일으킨 이탈리아 피렌체의 언어로 풀이를 우선 해보자.

천재들의 이 시간을 르네상스*rinascimento*라고 하자는 최초의 명명자인 바사리*Vasari*의 공헌으로 '다시 태어나게 한다.'라는 르네상스의 뜻은 이탈리아식 발음대로 표기 한다면 리나쉬멘토*Rinascimento*라 지칭하는데, 그 의미는 Ri(다시)+Nascere(태어나다)의 합성용어로써 '다시 태어남'이라는 동명사화되어 우리가 배운 대로 부활을 지칭한다. 그 시대적 의미는 오늘을 사는 우리에게 그때의 지치지 않는 열정과 경쟁사회에 살아남으려 하는 생존의 힘을 다시 한번 되새겨 현재 우리들의 팍팍한 삶에 대비해 보면 조금은 안도할 수 있는 위안이 되지 않을까?

그래서, 더 나아가 그 힘으로 우리 모두 그 시대 천재들의 삶과 열정을 돌아보며, 현실에 부딪쳐 힘든 나 자신을 다시 세우고 다시 태어나게 해보자.

이 책이 이런 힐링 여행의 길잡이이자 선도자가 되기를 바라고 좀 더 현실적이며 정확한 고증의 시간 속에 진정한 르네상스의 참의미를 전달할 수 있는 자료가 되기를 희망해본다.

원어(이탈리아어)를 병행 기재하여 이해를 돕기 위함과 현지의 느낌을 그대로 전하고자 했으며, 사실적 기록을 근거로 학술적으로 풀어내는 지루함을 탈피하고자 대화체 형식을 빌어 시나리오처럼 상상력을 도모하여 흥미로움을 더한 역사적 사극을 대하듯 그때 시간으로 떠나 보기를 희망한다.

어린 시절 할머니가 한약을 먹은 쓴 입에 넣어 주시던 박하사탕처럼, 어린 시절 꿈꾸었지만 현재의 삶 속에 지쳐 접혀진 미술을 향한 마음을 위로해주는, 아니, 예술만이 아닌 모든 이들이 한 번쯤은 어린 시절 누구나 품어 봤던 그 어떤 것들의 꿈! 마음 한켠에 접어진 채 우리네 생활 속의 낡은 사진과 같은 꿈들!

도나텔로의 〈마르죠코〉(1418)

　예술을 남의 집 담장 속에 뒹구는 호박처럼 관심 없이 여겼던 분들까지 그 호기심을 씨앗처럼 심을 수 있는 계기가 되었으면 한다.

　푸른 꿈과 두려움 반으로, 이민 가방과 같은 보따리 다섯 개를 메고 유학의 첫발을 디딘 피렌체. 오래되어 빛이 바랜 수채화의 느낌으로 도시 전체가 그림처럼 내 가슴을 파고들었다.

　그림쟁이라면 누구나 한 번쯤은 거장들을 만나볼 수 있는 이 피렌체를 희망하고 꿈꿔 보았을 것이다. 그렇기에 그 거장들을 만들어낸 메디치가를 알아가는 매순간마다 감동과 전율로 숨이 멎는 듯했다. 대학시절 미술을 전공한 전공자의 시각에 더불어 약 15년을 보고 익힌 피렌체의 살아 있는 르네상스 이야기를 독자들과 같이 하며 피렌체의 참모습을 보여주고 싶은 소망으로 글을 시작한다.

차 례

피렌체(firenze)

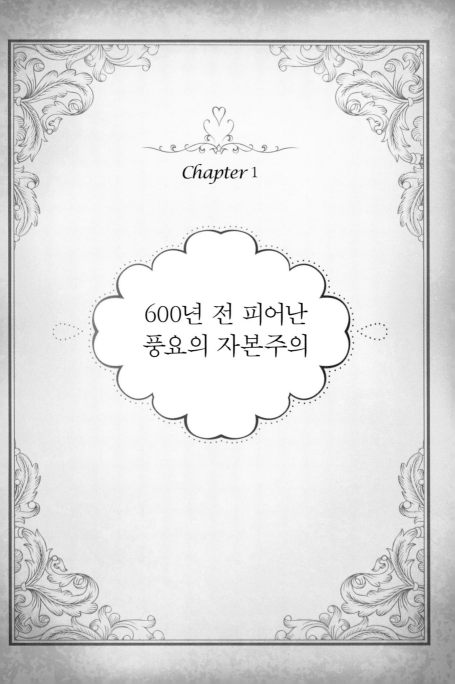

Chapter 1

600년 전 피어난
풍요의 자본주의

천재가 아닌,
평범한 소년 미켈란젤로

범접할 수 없는 예술의 거장 미켈란젤로.

그는 많은 사람들에게 천재로 일컬어지며 무언가 특별한 삶을 살도록 정해진 듯 누구도 근접할 수 없는 비범한 소질을 타고 태어나 모두의 선망이 된 것처럼 묘사되지만, 미켈란젤로의 삶을 좀 더 들여다보면 '성공'이라는 두 글자를 위해 측은하리만큼 숨 막히게 달려가는 우리네 범부와 거의 다를 바 없음을 알게 된다. 아니, 그는 오히려 더 현실적 삶의 고통에 힘겨워했던 사람이다.

오늘날 미켈란젤로가 천재적인 거장의 반열에 올라 일반에 회자되고 있는 것은 타고난 천재성이 아닌, 절대적 자존심 속에 그것을 지키기 위한 지칠 줄 모르는 의지와 인내 그리고 노력 때문이었다.

르네상스가 최고조에 이르렀던 그 시기에 활동한 이들은 대부분 2~3대째 그림을 하는 집안에서 태어났다. 하지만 미켈란젤로는 그런 집안 출신도 아니고 심지어 아버지도 예술가가 아니었다.

누구에게나 주어진다는 삶 속의 절대절명의 기회들. 그 기회들을 놓치지 않고 승화시켜 내는 것도 행운의 의미를 넘어 실력이라 할 수 있을 것이다. 때로는 신의를 저버릴지라도….

한 시대를 풍미했던 조각의 일인자인 예술인 미켈란젤로. 하지만 피렌체가 들려주는 그의 인간성에 대한 진실한 이야기는 과연 무엇일까?

물론 미켈란젤로의 지칠 줄 모르는 도전정신과 자존심 그리고 그 집념은 희대의 조각을 비롯한 미술, 건축분야에 이르기까지 그를 예술인으로서 정점을 찍게 했다.

그렇다면 이런 집념들은 언제 어떻게 형성되었을까?

자, 이제 어린 시절의 미켈란젤로를 만나 보기로 하자.

1475년 3월 6일, 남부럽지 않은 가정에서 태어난 미켈란젤로의 성은 부오나로티*Buonarroti*. 토스카나 주*regione toscana*를 중심축으로 있는 피렌체 사람들의 성들 대다수가 그렇듯이 미켈란젤로 가문의 성에도 마지막 글자는 알파벳의 'i'이다.

12세기에 피어난 피렌체 상공업자들의 연맹인 길드(영: guilds/이: collegia)조합들로부터 파생된 부티크 브랜드에는 첼리니*Cellini*, 구찌*Gucci*, 푸치*Pucci*, 게라르디니*Gherardini*, 카발리 *Cavalli*, 아르마니*Armani* 등이 있다. 가문 또는 창업 디자이너 의 성을 딴 브랜드들이 아직도 그 전통과 명맥을 유지하고 있는 것이다.

미켈란젤로의 아버지인 루도비코*Ludovico di Leonardo Buonarroti Simoni*는 피렌체의 영역 내에 있었던 아레쪼*Arezo* 지 방과 가까운 소도시 카프레제*Caprese*와 끼우지*Chiusi* 성*castello* 의 행정관으로, 현재의 작은 위성 도시 시장 정도의 직을 역 임하고 있었다.

그는 정치적 힘과 경험을 마련코자 변방의 행정관직을 기 꺼이 수행했지만, 미켈란젤로가 태어나면서 곧 그 직책에서 내몰리며 가세가 기우는 몰락의 길을 걷게 되었다.

달라진 상황과 경제적 어려움이 비탄과 노여움으로 묻어 나 나날을 술로 채워가며 자신이 못한 재기의 꿈을 자식들에 게 걸어 보게 된다. 그리하여 비교적 똑똑한 눈매와 호기심 가득한 초롱초롱한 눈빛을 지닌 미켈란젤로는 5형제들 중에 아버지의 관심과 가문의 앞날을 지고 나갈 희망이 되었다.

그의 아버지는 몰락 후 얻은 힘겨운 삶과 훼손된 자존심 을 세우기 위해 삶의 터전을 옮기려 했지만 경제적인 여유가 없었기 때문에 피렌체 시내로부터 지금은 차로 약 30분 정도 떨어진 세티냐노*Settignano*라는 또 다른 변두리 시골 마을에 정착하게 되었다. 지금도 많은 개발 없이 그때의 모습을 유지하고 있는 세티냐노는, 그때는 더 더욱 외진 곳이기도 했다.

미켈란젤로의 아버지는 다시 가문의 영광과 희망을 꿈꾸며 재기를 다짐했지만 좀처럼 풀리지 않는 현실 속에 아버지의 낙심은 갈수록 더 침울한 가정형편으로 드러났다.

반면에, 호기심 가득한 열두 살 꼬마 미켈란젤로는 산동네 전체를 돌아다니며 뭐 그리 신이 났는지 "하하하! 깔깔깔!" 웃음꽃과 함께 온 얼굴과 옷이 마치 밀가루를 뒤집어 쓴 듯 하얗게 피어나고 있었다. 그가 살고 있는 산동네는 바로 석공들이 모여 사는 곳이었다.

미켈란젤로의 어머니는 아버지의 실직으로부터 얻었던 마음의 병으로 초췌한 모습으로 병마와 싸우다가 결국 그가 일곱 살 때 세상을 떠나고 말았다.

그래서 미켈란젤로는 젖먹이 시절부터 석공의 아내이자 딸이었던 유모의 손에 자랐다. 그때의 미켈란젤로는 유모의 젖보다 대리석 돌가루를 더 많이 마셨다고 전해진다. 물론 의도하지는 않았지만 운명과도 같은 조각가가 되기 위해 돌과 더 많이 친숙해졌을 것이다. 어쩌면 밀려드는 어머니의 품에 대한 그리움을 잊기 위해 더 산동네를 돌며 돌 깨는 재미에 몰입했을지도 모르겠다.

좌. 죠키의 〈소년 미켈란젤로〉(1889, 피티 궁 소장) 우.카프레제에 있는 미켈란젤로의 생가

오늘도 하얀 대리석 가루를 뒤집어 쓴 채, 돌과 망치를 들고 들어오는 미켈란젤로. 이런 티 없는 모습이 마냥 예뻐 보이지 않았던 아버지는 눈살을 찌푸린 채 미켈란젤로를 불러 세운다.

"미켈란젤로야!"

"네, 아버지."

초롱초롱한 눈망울로 미켈란젤로가 올려다본다.

"우리 가문은 이런 곳에 어울리지 않는 뼈대 있는 집안임을 알고 있느냐?"

"네…? 그게 무슨 뜻인가요?"

"네 나이가 이미 열두 살이다. 이제는 마냥 신나게 그놈의 돌멩이들과 뒹굴 시간이 지났다는 뜻이다, 이놈아!"

어린 시절부터 엄마의 사랑 없이 꿋꿋하게 자라주는 미켈란젤로가 예쁘기도 했었고, 대견하기도 했지만, 이제는 다른 아이들처럼 세상을 살아갈 준비를 해야 함을 일깨워 주고 싶었던 아버지 루도비코.

아니, 속마음으로는 어쩔 수 없는 힘거운 현실 속에서 유일한 희망이자 돌파구가 유난히 눈매에 총기가 있는 셋째아들 미켈란젤로를 생각했을 것이다.

또한 '저놈의 자식이 태어나고 되는 일이 없어.'라는 마음 속 원망이 조금 잔존하는 아버지 그리고 대다수의 아버지들이 자신들의 2세에게 거는 희망, 자신이 못다 한 인생의 대업을 대신해서 얻고자 하는 대리만족이랄까?

이어지는 루도비코의 질책.

"야, 이놈아. 이젠 책도 좀 보고 공부를 좀 하거라! 집안을 일으킬 만한 놈이 너밖에 없는데."

"아버지, 왜 저에게만 그러시는 건가요…."

"네 형들은 정신상태가 다 엉망이야. 집안에 믿을 만한 놈은 똘똘한 너밖에 없잖니! 그러니 제발 공부 열심히 해서 노타이오*notaio*(12세기부터 시작된 상공업 중심의 길드 조합의 자금을 관리·투자하는 사람)가 되거라!"

노타이오는 현재의 공인회계사와 비슷하여 중세로부터 길드조합들의 모든 회계와 주식, 투자를 관리하며 금전을 운용해 오던 직업으로, 최고의 경제적 힘과 부의 상징 그 자체인 것이다.

그래서 그 시절 누구나가 꿈꾸던 최고의 직업이었다.

미켈란젤로는 머뭇머뭇 말을 이어간다.

"아버지. 아버지가 원하시면 열심히 할 수는 있는데요, 공부는 관심도 없거니와 제가 자신이 없어요…"

"왜 하기도 전에 자신이 없다고 포기하느냐!"

"포기가 아니라 이제 시대가 바뀌었어요!"

아버지의 노여움이 묻어나는 얼굴을 빤히 바라보며 말을 이어 가는 미켈란젤로.

"그래서 저는 최고의 돈을 벌 수 있는 더 빠른 길이 예술이라고 생각해요!"

또랑또랑한 목소리의 대답이 이어졌다.

"그게 무슨 소리냐?"

"지금은요, 메디치*Medici* 왕가의 군주*Lorenzo il magnifico*께서 엄청난 금액을 상금으로 예술인들에게 지불하고 있답니다. 그래서 제가 집안을 일으키고 최고로 돈을 벌 수 있는 길은 바로 예술이라고 생각해요."

미켈란젤로는 제법 진지한 눈빛으로 열두 살 소년답지 않게 가슴의 포부를 드러냈다.

하지만 커다란 아버지의 손에 의해 알밤이 번개처럼 '콩!' 머리 위로 터졌다.

"이놈아, 정신 차려! 그런 소리는 나도 안다만 네가 그런 3대째, 4대째 그림 그린 내로라하는 사람들 속에 어찌…. 당연히 1등도 못하거니와 네놈이 뭔 특출 난 재주가 있어야 말이지, 이놈아. 쯧쯧쯧."

"아버지! 그래서 말인데요, 저 정말 열심히 할 자신 있어요. 미술공방에 좀 보내 주세요, 네?"

"뭐라고?"

어이없어하는 아버지의 역정은 더해 간다.

아름다운 수녀를 사랑한
수도사

그 당시는 이미 불붙었던 중세 후기 길드연맹의 기술력과 자본력의 상승세가 인간의 환경디자인에 접목되어 예술로 승화된, 주체할 수 없는 르네상스*rinascimento*라는 문화가 자본주의 시기를 꽃 피우기 위해 꽃망울을 만들고 있던 시기였다.

르네상스는 1400년 초기 메디치 왕조의 2대 군주였던 코지모*Cosimo il Vecchio*로부터 이미 그 힘이 시작된 것으로 길드연맹의 재테크와 예술로 향한 주체할 수 없는 열망이 소비욕구와 맞물려 삶의 지적 충족을 위해 각 분야에 최고를 가리는 콩쿨 개최로 이어졌던 것이었다.

특히, 메디치가의 탁월한 재테크와 어마어마한 자금력은 무역업의 확대로 동방 무역까지 손을 뻗치는 힘으로 나타나 전 세계 무역권을 가졌다 해도 과언이 아니다!

로마나 타 지역에서 그리스, 로마시대 유물들의 발굴 때마다 그것들의 수집에 상상할 수 없는 금액을 지불하여, 모든 유통업자들은 그 진품의 조각들이 발굴될 때마다 최고가를 지불하는 메디치가를 위해 피렌체로 보내왔다.

그 시점이 바로 예술로의 관심과 부흥 그리고 도심의 아름다움을 위한 건축물들의 탄생을 독려했던 르네상스의 연기가 피어오르던 시기이다.

그래서 세계 최초 도시계획 설계자이자 르네상스 3대 선구자 중 건축의 선구자인 부루넬레스키*Filippo Brunelleschi*가 1436년 세계 최초 거대 돔 천장*Cupola*을 가진 피렌체 두오모 성당*Cattedrale S. Maria del Fiore*을 완성했고, 1444년에는 르네상스 첫 번째 궁의 이미지를 만든 그의 설계와 미켈로쪼*Michelozzo*의 시공으로 메디치 궁*Palazzo Medici*의 위용이 드러난다.

부루넬레스키는 1377년 피렌체 출생으로 노타이오(공인회계사)인 아버지의 영향에 부유한 어린시절 창작과 예술에 관심이 높아 귀금속 조합의 공방에 입문하여 청동을 다루는 기술과 수학적 관심으로 수치적 예술을 승화시키는 엔지니어 성향을 갖게 된다. 그리하여 한 살 차이밖에 나지않는 로렌초 기베르티(조각의 선구자인 도나텔로의 스승)와 초기 르네상스 예술인의 거목으로 발돋움 한다.

특히나 세계최초 거대 돔 천정을 가지게 되는 피렌체 두오모의 마지막 공사에 최고의 공헌자로 기록되며 르네상스 건축 최고의 가치로 새겨진다. 르네상스 시대로 막 들어선 그 때 두오모 건립공사는 대부분의 공정이 끝났고 오로지 천정을 위한 공사만 남겨져 메디치의 코지모 일 베쿄 국왕은 최고를 가리는 르네상스 정신을 드높이기 위해 1418년 8월 19일 콩쿨로 두오모 마감을 위해 세례당의 동쪽의 문과 북쪽의 문을 포함하여 상금인 피렌체 금화*Fiori* 200냥을 걸고 시행 한다. 하지만 지름이 56m를 가지게 될 돔구조를 구조적으로 완벽하게 시공할 자가 없어 곧 콩쿨은 무산되고, 고민 끝에 부루넬레스키의 모델 작업에 무게를 둔 주최측은 세례당 동쪽의 문(천국의 문) 공사에 낙점되는 로렌초 기베르티 *Lornezo Ghibertti*와 공동 작업을 의뢰한다. 부루넬레스키는 이미 1919년 산 로렌초 성당의 공사를 막 시작하며 여러 성당의 건립에 관여한 천재 건축가 부루넬레스키는 고민에 휩싸였다.

"어찌한다 이런 구조체가 어찌 올라갈 것이며 그 하중은…"

수학자 출신답게 건축물이 받을 하중에 크게 걱정하며 그 해답을 찾으려 시간을 소진하다가 그는 문헌 속에 로마의 판테온 신전을 접하며 희열을 느낀다.

"그래! 그 구조체를 보면 답이 나오겠는걸!"

바로 짐을 챙겨 로마를 향해 마차를 타고 일주일 넘게 달려 도착한 부루넬레스키는 아연실색한다. 문헌에는 있는 사실이 현지에 실물로 존재하지 않았던 것이다. 이미 수백 년 전 화재로 천정은 무너진 지 오래로 그 구조는 물론 형상마저 알 수가 없었다. 아무 소득이 없었던 먼 여정의 허탈함과 초췌한 기색으로 다시 피렌체로 돌아온 그는 집에 당도하여 아내의 마중을 받는데,

"여보, 내려간 일은 잘 되었나요?"

"아니⋯. 시간도 없는데 괜히 내려갔어. 그나저나 밥도 재대로 못 먹었어 우선 밥이나 줘."

핼쑥한 얼굴에 핏기마저 없는 남편을 위해 밥상을 차리는데, 몇 끼니를 제대로 못 먹은 사람이 아무리 영양가가 좋다고 티본 스테이크 같은 음식을 바로 접하면 탈이 나기에 아내는 지혜롭게도 소화를 돕는 고등어 생선찜을 내 준다. 허기를 채우기 위해 허겁지겁 먹던 부루넬레스키의 동공이 커지며 탄성을 터졌다.

"아! 이거야! 여보, 고마워! 나 해냈어!"

그렇다. 고등어 생선찜을 다 먹어가던 부루넬레스키는 노출된 생선 등뼈가시의 구조를 보며 아이디어를 착안하게 된

것이다. 연약한 생선살을 가시의 힘이 잡아주는 구조를 대입하여 두오모 천정을 이중뚜껑으로 설계하며 그 내부를 2.3m의 유격거리를 둔 채 그 사이사이를 거대한 목상을 가로 넣어 45m의 내부천정이 가지는 하중을 바깥천정이 잡고 그 자체의 하중은 힘의 분산을 응용하여 팔각 기둥보에 의해 기본 하단틀에 지지한다.

이것이 1420년부터 시작되어 16년간의 공사로 결실을 맺은 세계최초 가장 거대한 돔 천정의 탄생이며 그 아이디어를 부루넬레스키의 '생선가시의 아이디어'라 지칭한다. 물론, 돔의 곡선도 반원구가 아닌 가장 많은 하중을 견딜 수 있는 계란의 타원구조를 수학적 수치로 뽑아 내 시공에 활용했던 것이며 그곳까지 활용된 건축자재들을 인류 최초의 기중기를 만들어 올려내었다. 이렇게 르네상스 건축의 문을 연 그의 천재성은 피렌체 대다수의 바실리카 등급의 성당들과 고아원과 연계되는 인노센티 병원, 그리고 메디치가의 궁까지 이어진다.

특히 그 궁은 르네상스 첫 궁의 이미지를 타고 태어나 르네상스 궁들의 모든 외관에 결정적 영향을 미친다.

건물 외관에서 흐르는 그 모습의 특성을 보자면, 중세로부터 이어진 3개 층의 건축물로 짖는 외적의 침략을 방어하기

메디치 궁

위한 'ㅁ' 자 형태로 그 웅장함을 드러내기 위해 각 층의 높이가 현대 건축물의 약 2층 반에 해당하며, 지상층은 견고함과 시각적 안정감을 위한 거대한 돌벽의 울퉁불퉁한 다이나믹한 질감을 드러내고, 2층은 조금은 다듬어진 돌들로 덜 울퉁불퉁하며, 최고층인 3층은 조금 매끄러운 스타일로써 모든 유럽의 궁들의 이를 따라하여 지상층은 가로줄의 라인이 들어가고 나머지 층들은 별다른 문양 없이 민무늬로 올라간다. 또한, 궁의 칼날 같은 모서리 측면으로는 메디치가문의 휘장인 구슬이 동글동글 박혀 그 위용을 더한다.

이 궁이 위대한 로젠초 대왕이라 불려지는 로렌초 일 마니피코 군주가 태어난 곳이기도 하고, 이 군주의 각별한 사랑으로 미켈란젤로가 어린 시절을 보냈던 궁이다.

이렇듯 도시 미관과 환경을 위한 건축 그리고 예술에 대한 염원으로 그 수많은 예술가들에게 아낌없는 후원을 하고 천재성의 재목을 찾기 위한 열망을 멈추지 않은, 바로 이것이 우리가 알고 있는 르네상스의 연기가 피워지기 시작하는 시점이다.

그리고 그 수많은 콩쿨*concorso*들을 개최하여 최고의 건축, 과학, 수학, 인문학, 의학, 조각, 미술 등의 모든 분야 예술가들에게 물질적 후원과 상금을 장려한 1400년부터 최초의 자본주의 속에 피어난 인간의 지적 욕구의 갈망을, 경합을 통한 최고의 정점으로 유도해보는 것이다.

출신을 마다하거나 장르를 구분하지 않고, 세계 최강을 가리는 콩쿨들은 피렌체를 오늘날 우리 사회에서 말하는 속칭 '강남 8학군'이 되게 만들었다.

그 예가 바로 1419년 세계최초 거대한 돔 천정의 두오모 성당 탄생을 위한 최고의 건축가를 찾는 꾸뽈라 공사 콩쿨이 개최된 이유고, 일명 세례당이라 불리는(원어는 S. Giovanni Battistero) 건축물에 천국의 문이라 불리는 동쪽의 문과 북쪽의 문을 위한 콩쿨이 그러하며, 시뇨리아 광장의 넵튠 분수상 콩쿨이 이를 말해준다.

이렇듯 극대화되는 경쟁심리가 최고의 실력들을 더 한층 업그레이드하여 가능한 최고가 되기 위한 무한 경쟁 속으로, 그리고 대외적으로 문화적 국력도 최강이 되는 것이다.

재능만 있다면 모든 분야의 장인과 예술가들이 최고의 우대를 받는 시기, 인간의 본질을 우대하고 그 가치의 탐구를 위해 상금을 거는 것이 바로 르네상스 정신이며 메디치가의 정신인 것이다.

그런 인재들을 아끼는 마음은 가톨릭이 절대적 권력을 가졌던 시기에 르네상스 초기의 거장인 '수도사 휠리포 리피

*Filippo Lippi*의 환속과 결혼 성사라는 커다란 이슈를 낳았다.

1406년생인 휠리포 리피는 피렌체 출생으로 르네상스 미술, 조각, 건축의 3대 선구자 중 미술의 선구자인 마사초 *Massacio*의 영향력을 직접 받은 이로 베아토 안젤리코*Beato Angelico*, 도메니코 베네치아노*Domenico Veneziano*와 함께 르네상스 초창기 미술계 3인방이다.

그의 탁월한 채색화법은 채도를 낮게 표현하여 마치 수채화 같은 맑은 기운을 불어 넣는 특이한 기법이었다.

그래서 그의 최고의 작품 중 하나인 〈마리아와 아기 예수 *Madonna col bambino*〉는 세계적으로 유명한 미술관에 전시된 작품 중 최고로 아름다운 마리아라 칭송 받으며 우피치 미술관에서 그 빛을 발하고 있다.

어찌 그토록 맑은 영롱함을 그렸을까? 화가라는 직업 외에 수도사라는 다른 직업이 또 있었기에 그러한가?

그 당시는 서양미술의 최초 재료인 템페라*Tempera*화를 바르던 시기였다.

템페라화는 이미 중세로부터 시작되었다.

인류의 문명을 일으킨 4대 문명 속을 봐도 이미 그림들은 존재해왔음을 알 수 있다. 고대 이집트 문명을 봐도, 동물의 피나 숯 등의 자연 염료를 발라 그린 그림이 존재한다.

하지만 그것은 벽화일 뿐이지 회화라고 하지 못한다.

회화는 다양한 컬러링의 요소를 충족해야만 하는데, 그런 합당한 시기가 바로 800년에서 1200년 사이의 건축물들에 나타난다.

그런 연대의 성당들을 문 열고 들어가면 천정 가득한 곳에 피어오르듯이 발라진 아니, 새겨졌다고 해야 옳을 것이다. 그것이 바로 모자이크화의 탄생인 것이다.

온갖 컬러들의 돌들로 조각조각 붙여 넣은 모자이크 Mosaico화가 성스럽게 금장색과 어우러져 새겨져 있다.

유난히 금장색이 많은 그림들을 일명 비잔틴 양식이라고 일컫는데, 그 의미는 로마제국 시대에 광활한 영토의 통치 문제로 동서 로마로 분할되고, 476년 이탈리아 반도 위를 통치하던 서로마제국은 게르만에 의해 아쉬운 막을 내린다.

그래서 전쟁 시에도 칼이 아닌 도끼로 찍는 미개한 게르만 아래 예술의 의미를 찾을 수 없는 많은 예술가들이 로마의 문화를 아직 계승하고 있는 동로마제국으로 이주를 감행한다.

현재의 터키 땅 이스탄불을 썼던 동로마의 수도는 비잔티

움*Byzantium*이었으며, 그 제국의 별칭도 비잔틴제국*IMPERO BIZANTINO: l'impero romano d'oriente*이라 불린다.

그 속의 사람들은 로마어보다 그리스어를 더 구현하며 많은 예술인들이 그 문화의 꽃을 피웠다.

그 문화 속의 하나가 가장 신성하고 변치 않는 것을 '금'이라고 알고, 가장 빛을 내는 것도 금이 최고라 인식했기에 그 금을 입혀 조각으로 천정화에 신성한 하나님의 나라라 여겨질 하늘나라의 여백과 성인의 표식인 후광을 금으로 장식했던 것이다.

그래서 금장색을 많이 띄고 있는 중세의 그림들을 하나 같이 비잔틴 양식이라 일컬으며, 그때의 파생으로 초기 르네상스까지 금색의 사용이 부각되었던 것이다.

이렇듯 비잔틴의 문화는 지금 터키의 원조인 이슬람의 오스만투르크 족으로부터 침략을 받는, 1453년 제국의 멸망까지, 역사적인 르네상스를 맞이한 초기까지 그 역할이 사뭇 중대하지 않다 말할 수 없다.

모자이크화의 보급은 어려운 라틴어의 성경책 내용을 쉽게 전달할 종교화의 활발한 보급과 회화적인 요소의 충족으로 너무 좋았지만, 시간이 흐르면서 단점이 발견된다. 그것은 바로 돌조각으로는 명도단계를 섬세하게 표현하는 그라데이션*Graduazione*을 할 수 없었던 것이다.

그래서 5,000종이 넘는 각종 자연 대리석들, 특히 그 속에 2,000종의 준보석류의 돌들을 다 갈아, 젖은 벽에 그 다양한 컬러들을 섬세하게 바르는 프레스코*Affresco*화가 탄생한다.

즉, 준보석류 돌들은 그 밀도가 높아 갈기는 어렵지만, 갈고 나면 그 고운 분말의 부드러움은 색소화가 되는 것이다.

그래서 그 이전인 1200년까지의 로마네스크 건축양식 속의 모자이크화와 다른 고딕시기인 1200년대부터 아름다움의 최고인 프레스코화는 그 활성화가 1,400년의 르네상스를 들어서며 최고조까지 오르게 되어 최고의 천재 레오나르도*Leonardo*와 기를란다요*Ghirlandaio*(미켈란젤로의 스승) 등을 통해 그 정점을 찍게 되는 시간까지 가게 된다.

하지만, 프레스코화는 아무리 아름답다 해도 벽에 바른 그림이라 들고 가지 못하는 단점이 부각되어, 성경책처럼 이동이 가능한 나무 보드 위에 그림을 그리려 시도한다.

그러나 나무보드에 돌가루가 발라질 수 없는 것을 알고 물을 적셔 이겨 발랐지만, 이내 떨어져 나온다. 그것을 보완하기 위해 끈적끈적한 매개체인 달걀을 섞게 되었던 것이다.

그 성분은 미끌거리고 촉감이 좋지 않지만 시간이 흐르

면 당겨주는 응집력은 최고다. 그래서 우리네 엄마들이 눈가의 주름을 없애기 위해 팩을 할 때 달걀을 섞어 발랐던 것이다. 여하튼, 촉촉하며 끈끈한 계란의 노른자와 돌가루, 그리고 물을 혼용해 가며 발라주니, 쫀득쫀득 잘 달라붙고, 단백질과 인의 성분으로 시간이 흐를수록 윤기도 반질반질 나서 좋았지만, 또 다른 문제가 있었다. 여성들이 매니큐어를 칠할 때 한 번에 칠하지 않듯이 나무 판넬의 균열과 채색감을 유지하기 위해 여러 번을 덧바르는데, 경화되는 시간 동안 똥파리들이 달려든다는 사실이었다.

그래서 최종의 아이디어는 식초를 타는 것이었다.

드디어, 돌가루+계란+물+식초가 혼합된, 서양미술의 최초 용액이자 최고의 유화를 이끌어 낼 템페라화*Pittura a Tempera*가 등장한다.

이름하여, 르네상스 이전인 1200년대부터 1500년 이전까지 활성화되어 사용된 재료이며, 유화가 활성화되기 전까지 최고의 재료였던 것이다.

그래서 그 시간 속인 약 300년 동안의 그림들은 그 가치가 부르는 것이 돈이며, 구 할 수도 없는 작품들인 것이다.

세계 속의 3대, 5대, 7대 미술관들을 논할 때도 항상 우피치 미술관이 그런 미술관들과 경쟁할 필요 없이 의미상 단연

랭킹 1위에 마크되는 이유 중 하나가 가장 많은 템페라화를 보유하고 있기 때문이다.

유화의 보급도 12세기 중반이라는 주장도 있지만 구체적 사실은 바사리*Vasari*의 논거에 의해, 1390년 출생의 벨기에 피앙드레*Fiandre* 출신인 잔 반 에이크*Jan van Eyck*가 템페라의 동일 재료에 기름*Oilo*를 가미한 시작으로 하여, 15세기의 피앙드레*Fiandre*가 구심점이 되어 1400년 르네상스 초기에 우르비노*Urbino*, 페라라*Ferrara*, 피렌체*Firenze*, 나폴리*Napoli*, 로마*Roma*, 베네치아*Venezia* 순으로 피아밍고 기법*Pittura Fiamminga*의 화가들에 의해 활성화된다.

그 시작점의 화가들이 나폴리의 안토넬로 다메시나*Antonello da Messina*, 피렌체를 중심으로 한 토스카나지방의 첸니니*Cennino Cennini*와 피에로 델라 프란체스카*piero della Francesca*, 베네치아의 조반니 벨리니*Giovanni Bellini* 등이 된다.

휠리포 리피는 1406년 피렌체에서 백정의 아들로 태어났다.

하지만 더 불행하게도 두 살 때 부모를 여의고 동생 조반니와 함께 고모 집에 살게 되지만, 그것도 여의치 않아 1414년 살림이 어려웠던 고모에 의해 여덟 살 나이로 카르미네 수도원*Convento Carmine*에 맡겨지게 된다.

성장하며 성직자로서의 삶에 선택의 여지가 없었지만, 그의 즐거움은 종교화를 그리는 그림분야에서 환희를 찾아갔다.

1421년 열다섯 살 나이에 좋은 평가를 얻으며 실력의 꿈나무로 인정되어, 1424년 르네상스 미술, 조각, 건축 분야의 3대 선구자 중에 미술의 선구자인 마사초*Masacio*의 작업인 브란카치 가문의 사당 공사에 동참한다.

이것이 르네상스 미술 선구자 마사초와의 인연이었으며, 그의 영향력 속에 살아있는 듯한 원단의 최고 영상미가 새로이 창작된다.

그의 작품세계는 살아있는 영상미인 표정과 눈빛의 표현력, 그리고 의류의 흐드러지는 듯 접힌 질감의 표현 능력이 탁월하다는 것이다.

특히 그는 자화상을 그리고자 노력한 화가들 중 첫 테이프를 끊는 사람이다.

즉, 자화상을 세계에서 처음으로 자신의 작품 속에 그려 넣는다. 그리고 사랑스런 두 자녀와 영혼을 멎게 만드는 반려자까지 함께였다.

성직자가 어찌 자녀를 두었단 말인가?

그 사연은 이렇게 시작된다.

세계 최초의 자화상, 휠리포 리피

그림 속에 비친, 휠리포 리피가 사랑하고 그의 아내
가 된 수녀

휠리포 리피는 피렌체의 위성도시인 프라토Prato에서 최고를 달렸던 화가이자 성직자였다.

그 시기 메디치가에 몇몇의 작품도 납품했으며, 메디치가의 2대 군주 코지모Cosimo il Vecchio도 그의 실력을 귀족들에게 칭송할 정도로 명성이 자자한 예술가이다.

1456년 어느 날, 휠리포 리피는 프라토 시의 수도원(산타 마르게리타 성당)에 천정화 공사를 하고 있을 때, 하마터면 떨어질 뻔했다.

그림 그리기에 심취되어 발을 헛디딘 것도 아니라, 우연찮게 바라본 아래에 성당 안으로 들어서는 한 줄기 성스럽고 아름다운 빛을 보았던 것이다.

성당 안에 새롭게 모습을 드러낸 화사한 한 수녀.

이미 50을 넘긴 그는 성직자로서 종교생활과 예술로 인생을 달관하며 살아가는 사람이었는데 이렇듯 새로 들어온 스무 살 수녀에게 영혼을 매료당한다.

풋풋한 비누향처럼 코끝과 정신을 혼미하게 하는 체취와 초절정의 아름다움을 가진 루크레지아*Lucrezia Buti*, 그녀의 눈동자는 하늘의 그 어떤 별빛과도 바꿀 수 없는 영롱함 그 자체였다.

늦은 나이에 찾아 든 아니, 성직자로 살아오며 반세기 동안 달관했던 이성을 향한 끌림!

시간의 흐름 속에 그녀를 향한 목마름으로 휠리포 리피는 초췌해져만 간다.

날마다 아침도 먹지 못하고 천정에 올라 천정화를 그리는 척 높은 곳에 매달려, 지나가는 그 수녀 루크레지아의 모습만 봐도 피가 멎는 듯, 정신이 혼미해진다. 그는 이제 그림을 그릴 수가 없고, 마음을 가라앉히는 기도도 통하지 않았으며, 식사도 하지 못했다.

하루하루를 누렇게 뜬 얼굴로 침대에 누워 있는데, 천정 가득히 피어나는 그 수녀의 얼굴.

"아… 성모시여. 저를 정녕 시험하시려 하시옵니까…?"

그 순간 방문 밖으로 인기척이 들렸다.

"사제 계신가?"

"네…."

나오지 않는 목소리로 겨우 대답하니, 수도원장(추기경)이 인기척을 알린다.

"날세. 건강이 얼마나 안 좋은 건가?"

"네…. 아마도 좀 더 쉬어야 할 듯합니다…."

"아니 자네, 이 식은땀 좀 보게…. 이를 어쩐다…."

상심한 얼굴의 원장은 말을 잇지 못하고 머뭇거렸다.

"그런데, 무슨 하실 말씀이 있으신지요?"

휠리포 리피는 만사가 다 귀찮지만, 혼자 있고 싶은 마음에 용무를 채근해본다.

"음…. 사제의 몸이 좋지 않아 입이 떨어지지 않네만…. 어찌 날짜는 지나가는데 천정화의 진도가 영 나가질 않으니…."

불편한 심기를 드러내는 원장 앞에, 수사 휠리포 리피는 더욱 할 말을 잊었다.

"저… 원장님. 사실 요즘 그리기가 조금 어려운 게…."

"그래, 그래서 말인데… 자네 천정화가 좀 지치고 무료해졌다면 좀 쉬기도 할 겸 색다르게 조그마한 그림 하나를 그리며 기분 전환을 좀 해보면 어떻겠나?"

"네? 무슨…?"

"다름이 아니라, 내 교황청을 방문해야 하는데 마땅한 선물이 없군. 자네가 성모 마리아 하나만 그려주겠나?"

뜻밖의 새로운 작업에 안색이 더 어두워지는 수사 휠리포 리피.

"네? 그건 좀…. 아니 추기경님, 지금 제가 그림 그릴 분위기가 아니라… 정말 죽을 지경인데…."

속내를 몰라주는 그의 말에 이내 찌푸려지는 안색으로 손을 내저으며 원장에게 짜증을 내고 마는 휠리포 리피, 그런 모습에 더 이상 채근하지 못하고 돌아서는 원장이었다.

그런데 휠리포 리피가 황급히 다시 원장을 불러 세웠다.

"아, 추기경님!"

그는 머릿속에 한 줄기 빛이 내려옴을 느낀다.

"가능합니다."

"정말인가? 그래, 고맙네! 허허허!"

"그런데 청이 있습니다."

기쁜 표정의 원장은 뭐라도 들어줄 태세로 채근한다.

"말해보게."

"사실 거룩한 성모님을 함부로 그리면 안 된다고 생각합니다. 또 제 상상력의 한계가 있습니다. 저는 모델이 있어야 그릴 수 있거든요. 그래서 말인데…."

"그럼 나보고 모델을 구해 달라는 말인가?"

당황하며 의아해하는 원장의 눈빛에 의미심장한 미소를 지은 수도사 휠리포 리피.

"성모 마리아를 닮은 눈빛의… 새로 들어온 수녀님이 청정한 눈빛에 그와 같은 아름다움이 있던데, 이름이 루크레지아라던가…"

"오, 그런가? 어찌 이름도 알아 뒀는가? 그렇다면 어렵지 않지! 그렇게 해주겠네!"

"정말이십니까?"

"그럼. 일주일에 두세 번 보내주면 되겠는가?"

"무슨 말씀입니까. 감을 놓지 않기 위해서는 매일 봐야 합니다. 그리고 제 예술적 영감이 저녁에 오를지 새벽에 오를지 모르니 같은 방을 써야 할 것 같습니다."

"뭐? 같은 방을 쓴다고?"

당황한 기색의 원장이 반문하지만, 휠리포 리피는 순간 언변술로 정색하며 그의 생각을 막아 버린다.

"아니, 뭘 의심하십니까? 제 나이가 50이 넘었습니다! 추기경님은 어떻게 그런 망측한 상상을 하십니까?"

"음, 뭐 그렇다면야…"

"그리고 제가 몸이 좋지 않아 천천히 그려야 하니 시간을 여유 있게 주셨으면 합니다."

그의 부탁을 예술가의 열정의 연장으로 알아들은 원장은 큰 문제는 아니겠지 하는 마음으로 이내 허락을 내렸고 약 1년이 넘게 성직자 휠리포 리피와 수녀 루크레지아는 매일 같은 방에서 시간을 보내게 되었다. 그렇게 미묘한 눈빛의 수사 휠리포 리피의 사랑이 불 붙어 버린다. 그리고 그것이 바로 또 다른 삶의 빛으로, 희열로 아름다운 성모 마리아 모습이 되어 그의 그림 속에 투영된다.

시간의 흐름 속에 그림은 완성되어 갔지만 성당 주변은 무성한 소문이 떠돌았다. 문제 중 하나는 그들이 작업 중 문을 잠그고 있었다는 것이다.

그 시대는 추기경도 아이를 만드는 시기였다. 가장 아름다운 수녀를 가까이 하는 휠리포 리피에 대한 시기심으로 온통 일그러진 수도사들, 또 주변 사람들은 그 이후로 성당 내에서도 그 수녀를 본 적이 없어 둘이 그렇고 그런 사이라거나 심지어 겁탈했다는 말까지 했다. 더 나아가 휠리포 리피가 수녀를 납치했고 수녀가 그의 아이를 낳았다는 이야기까지, 점점 소문은 추문으로 치닫고 있었다. 성직자가 계율을 어기는 것도 보통 문제가 아닌데, 더군다나 그 상대가 수녀이니⋯

"원장님, 이건 엄연한 불법 감금입니다!"

"원장님, 그 수녀의 미색이 출중한지라 아마도 안에서 네 쌍둥이라도 만들었을 겁니다. 당장 가톨릭의 엄한 규범으로 다스려야 합니다!"

수도원장 역시 그 소문을 접하고 충격을 받아 여러 수도사들의 시기심 어린 원성으로 결정을 내린다.

"이런 고얀 놈을…. 내 그 죄를 내 엄히 물을 것이다! 어서 문을 따고 들어가 연놈들을 잡아라!"

사실 그 시대에는 성직자들의 이런저런 부정이 알게 모르게 많이 일어났지만, 대다수는 쉬쉬해가며 덮었고, 마을에까지 소문이 걷잡을 수 없이 퍼지면 마녀사냥이 이루어진다. 바로 화형식으로 그 본보기를 보이는 것이다.

하지만 휠리포 리피와 각별한 사이의 선임 수도사가 만류했다.

"원장님, 어차피 그림이 끝나면 나올 것 아닙니까! 조금만 기다려 보시지요."

"좋다! 어디 그림만 끝나 봐라…."

휠리포 리피의 신분 역시 일반 수사는 아닌지라 부탁한 그림이 완성되기 전까지 추궁을 미룬 원장은 그림 완성만을 초조히 기다리고 있었다.

초조한 휠리포 리피는 이제나저제나 그림 완성을 기다리고 있는 수도원장의 눈을 의식하며 문책을 당하기 전에 무언가 돌파구를 찾아야 했다. 지금까지의 관행대로라면 정분을 쌓은 수도사나 수녀는 화형에 처해지게 된다.

벼랑 끝으로 내몰리는 수사 휠리포 리피.

그러던 어느 날, 그는 식은땀을 흘리며 줄행랑친다. 바로 일생일대 절명의 위기 속에 종종걸음으로 메디치가를 찾아온 것이다.

그때의 군주는 2대 코지모 국왕이었다.

그가 누구인가. 르네상스의 기틀인 각종 콩쿨을 주최하고 천재들에 대한 후원을 장려하며 건축, 미술, 과학, 철학, 인문 등 모든 분야의 예술인들과 재능 보유자들을 우대하여 그 가치를 격려해주는 군주가 아닌가!

"폐하. 휠리포 리피라는 수도사가 배알하기를 청하옵니다."

시종의 보고를 받은 국왕 코지모는 놀란다.

"오, 프라토의 그 명인 말이더냐?"

"네. 그림 하나를 올릴 것이 있다고 하옵니다."

국왕은 휠리포 리피의 명성을 어느 정도 알고 있었기에 그를 기쁜 얼굴로 맞이한다.

"어서 들라 하라."

이윽고 초조한 기색의 휠리포 리피가 들어오며 부자연스런 미소를 띄운다.

"폐하. 옥체 강녕하셨는지요?"

"오, 수사. 당신이 찾아와 주어 무척 기쁘오."

인사말을 나누는 동안 근위병들이 그림 하나를 가져왔다.

"그런데 어인 일로 오셨소? 또한 저 그림은 무엇이오?"

"네. 다름이 아니오라 이번 작품을 폐하께 제일 먼저 보여 드리고 싶어서 이렇게 줄달음으로 찾아왔나이다."

"그러신가? 나 역시 수사의 명성을 익히 듣고 있었는데 이렇게 찾아 주니 고맙군."

"그 무슨 황공한 말씀을…. 우선 작품을 좀 보시옵소서."

휠리피 리피는 감읍하며 그림을 가까이 올린다.

"오, 이럴 수가! 어찌 이리도 천상의 아름다움을, 이토록 맑게 성모를 그릴 수 있단 말인가!"

터져 나오는 감탄의 말은 놀라움과 함께 극찬으로 이어진다.

"과찬의 말씀에 그저 황공할 따름이옵니다."

"나는 지금껏 이토록 아름답고 맑은 성모를 보지 못했소! 어찌 이다지도 뽀얀가…! 내게는 이런 그림이 없소. 이 그림을 내게 주지 않겠소?"

홍분을 감추지 않는 국왕의 말이 이어진다.

"내 후한 상금을 내리겠소. 얼마를 주면 되겠는가?"

"수도사인 제가 어찌 돈을 원하겠습니까! 사실 이 그림은 저희 수도원의 원장님을 위해 그린 것이지만 예술을 좋아하시는 폐하께 올리는 기쁨이 더욱 크옵니다."

국왕 코지모는 황급히 손을 내저었다.

"어허. 이런 명작을 내 어찌 빈손으로 취한단 말인가! 내 마음을 생각해서라도 무엇이든 좋으니 말해보시게."

"정 그러시다면… 청이 하나 있나이다."

"무엇이든 말해보게나."

"송구하옵니다만, 사실 원장님은 이 그림의 대가로 제 목을 노리고 있습니다. 저는 죽을 수 있습니다. 하지만 우리 수녀는 살려 주십시오."

대략적인 정황을 들은 국왕이 말한다.

"그렇다고 이런 천재를 죽여서야 되겠는가! 내가 막아 봄세."

그렇게 국왕 코지모는 휠리포 리피의 높은 천재성과 예술적 가치를 존중하여 그의 삶 그리고 그 운명적인 사랑을 지켜주기 위해 공문서를 작성하여 교황에게 전달한다. 문서는 상단에 메디치가의 휘장인 구슬 여섯 개가 새겨진 채 봉인되었다.

메디치 문장

　이미 주변 국가는 물론이고, 교황청까지 자금력을 지원하고 있기에 메디치가의 요청문서는 제1순위로 결재가 되는 것이 관례였다.

　그날도 문서는 메디치가의 휘장이 봉인된 채 교황에게 배달된다.

　　제 휘하에 두고 있는 예술가 필리포 리피, 하나님의 제자로서 하나님을 사랑하는 무한한 신앙심과 예술을 사랑하는 최고의 아름다운 영혼이, 오늘 상처를 입고 구원을 기다리나이다.

　　뭇 사람들에게 오르내리고 있는 수녀와의 추문을 과장하여 생각하지 마시고 그 아름다운 운명을 어여삐 여기시어… 저의 간절한

마음과 장서를 감안하여 적극적으로 검토해주시기를 바라며… 수
도사 휠리포 리피의 맑은 영혼과 그 예술성을 높이 치하하시어 환
속의 요청과 그 혼인의 인가를 요청 드립니다.

"뭐라? 아무리 메디치가의 요청이라도 이런 문서를 인가할
수는 없다!"

처음 접해본 내용이라 교황 역시 호락호락 인가하지 않아
1년 이상 보류되었지만 메디치가의 자금력에 의존하는 교황
청은 계속 이를 미룰 수만은 없었고 독촉장을 접하며 할 수
없이 결재해준다.

그리고 결재가 지연되는 사이 휠리포 리피와 그 수녀는 메
디치가의 보호를 받아 생명의 위협을 피할 수 있었다.

이리하여 집행 허가서가 전달되기 전에 국왕 코지모의 영
향력으로 임신 중이었던 수녀는 그 다음해인 1457년 아들 휠
리피노*Filippino lippi*를 낳았고 그 7년 뒤에는 딸 알렉산드라까
지 낳는다.

이 이야기는 네 가족의 목숨을 살렸던 미담인 동시에 피
렌체 세상에는 그 천재적인 재능이 인정되면, 부는 물론이고
그 삶에서 미래까지 보장받는 세상이 열렸다는 것을 암시한
다. 몰려드는 재능을 가진 이들이 천재로 탈바꿈되는, 천재

들의 르네상스 시대!

이것이 30년의 나이 차이를 극복하고 사랑의 결실을 얻은, 메디치가의 후원과 힘 그리고 아름다운 수녀를 아내로 맞이한 휠리포 리피 삶의 대전환기이다.

그녀를 모델로 그린 첫 그림은 그때 메디치가의 소유가 되어 메디치가의 별장*Villa Medicea del Poggio Imperiale* 에 보존되다가 1796년 우피치로 들어오게 되며 그 작품에 등장한 아내가 되는 그 수녀는 언제나 주인공화되어 그의 삶 속에 그려지게 된다.

이렇게 제2의 삶을 시작한 그는 메디치가에 더 많은 작품으로 감사를 대신하며, 그의 아들 휠리피노도 아버지의 피를 물려받아 이름을 떨치는 예술가로 변모하게 된다.

그 아들 휠리피노의 작품 중에는 절친인 레오나르도의 미완성작을 재완성한 작품 〈동방박사의 경배*Adorazione dei magi*〉가 우피치 미술관에 아버지의 작품 옆으로 자리 잡고 있다.

하지만 그의 작품에서는 그 섬세한 수채화 같은 투명한 아버지의 특출한 기법을 만나볼 수 없다.

가엾게도 그는 어린 시절부터 수도사와 수녀의 부정으로 태어난, 신성모독이라는 자책과 그것을 지탄하는 배타심의 동네 사람들의 질시와 멸시로 인한 돌팔매를 견디기 힘들어 했다.

그는 수녀의 아들이라는 수치심이 대인기피증으로 심화되어 어둠 속 지하에 혼자 있는 시간들이 많았고 그 괴로움을 떨치기 위해 아버지의 영향을 받아 타고난 성향으로 미술에 대한 몰입과 또 다른 천재성을 보여주는 그림들을 그린다.

하지만 시간이 흐르면서 그 원망스런 마음은 아버지에 대한 미움으로 이어진다. 더군다나 아버지 휠리포 리피는 자신이 범한 하나님에 대한 모독(수녀와의 결혼)의 회개 심리로 아들 휠리피노를 수도사로, 딸 알렉산드라는 수녀로 만든다.

아이러니하게도 자신은 사랑을 찾아 인생의 참된 아름다움을 만끽하며 살아갔지만, 자신의 아들은 그런 아버지의 원죄로 사람들에게 질타와 미움을 받았고 더욱이 아버지로 인해 수도사로 쉽지 않은 삶을 살 수밖에 없었다. 그는 아버지를 이해할 여유로운 마음은커녕 미워하는 마음으로 가득 차 삶의 고뇌와 아픔을 지고 갔을 것이다.

그래서 그는 아버지의 기량인 그 최초의 투명성이 담긴 기법을 배우지 않게 된다.

그 기법은 후일 휠리포 리피의 제자로 입문한 〈비너스의 탄생〉의 주인공 보티첼리가 그 기량을 다 전수받아 메디치가의 궁중 화가로서 제2의 인생으로 도약한다. 의아하게도 제자가 되는 보티첼리 역시 그의 그림에는 한 여성이 계속 주인공화되는데….

여하튼 이 스토리가 바로, 1461년 교황 피오 2세*Papa Pio II*로부터 내려진, 세계 최초로 수도사와 수녀의 환속과 결혼이 인가를 받은 사건이다.

이것이 바로 메디치가의 힘이며 그들은 예술적 가치를 알고 이를 지켜주고 싶어 했다.

그런 아낌없는 지원과 재정의 뒷받침으로 르네상스를 실현하고자 하는 그 메디치 왕가의 힘! 이것이 피렌체에서 시작된 르네상스의 이유라고 의심 없이 말할 수 있다.

물론 길드 조합들이 쌓아 온 기술력의 증폭과 아이들이 가진 잠재력과 천재성을 최고의 기술력과 현장감으로 연계시킬 수 있던 사회의 잠재력도 한 몫을 했다.

Chapter 2

르네상스의
꽃을 피운
유럽의 세종대왕

미켈란젤로를 비춘
행운의 빛 한줄기

메디치가의 4대 군주로 '위대한 로렌초 대왕'으로 불리는
'로렌초 일 마니피코*Lorenzo il Magnifico*'는 우리가 알고 있는 르
네상스의 꽃을 피웠던 주인공이다.

그는 우리의 세종대왕의 호칭을 가지고 있는 사람, 아니 너
무나 세종과 닮은 사람이다.

첫 번째 공통점은, 세종이 조선의 4대 국왕인데, 그 역시
피렌체 메디치가의 4대 국왕으로 '대왕'의 호칭으로 불린다는
것이다.

다시 말해 그의 이름은 이전의 한국어 책에서는 '로렌초'
로만 표기되는데, 대왕이라는 뜻을 갖고 있는 '일 마니피코
il Magnifico'를 항상 같이 써서 웅대함과 장엄함을 표현해야
한다.

두 번째 공통점은 문학과 과학, 그리고 예술을 최고로 사
랑한 군주라는 것이다. 그는 동 시대에 살았던 레오나르도,

보티첼리, 도메니코, 미켈란젤로 등 수많은 천재적인 예술가들의 무한경쟁을 만들었다.

어느 누구는 우연한 기회에 천재들의 도시 피렌체라 한다. 천재들이 우연히도 많이 태어났기 때문인가?

그런 말을 하는 사람들은 그 진실을 모르는 사람들이다!

선대의 할아버지 군주 코지모 일 베쿄Cosimo il Vecchio로부터 시작된 예술을 더욱 장려하고 콩쿨을 더 후원하여 인류 역사 최고의 르네상스의 꽃을 피운 것이다.

또한 가슴 아픈 사연을 겪으며 마음속 슬픔과 한탄이 묻어있는, 본인 자신이 타고난 예술에 대한 감흥으로 지은 시와 문학들이 지금도 상당수 전해진다.

특히 어느 역대의 군주보다 더 백성을 사랑하는 맘과 합리적인 통치 철학이다.

우리의 세종대왕도 재위 초임, 오랜 가뭄에 백성들의 피폐가 이루 말할 수 없다는 상소에 마음이 아파 국왕이 직접 거름을 주고 농사일을 거들며 백성들의 아픔을 같이 하려 했던 이야기가 있다.

그 역시도 백성들을 사랑하였기에 합리적인 통치와 신뢰를 바탕으로 제위기간 속에 오로지 한 명을 처형했을 뿐이다.

세 번째의 공통점은 같은 15세기를 지구의 반대편에서 최고의 문화로 이끈, 등극 연대가 가히 근사치로 너무나 닮았다는 것이다.

세종대왕은 1418년 등극하여 아버지였던 태종의 집착으로 22년부터 통치를 시작하여 문화의 꽃을 피워대고, 그는 정확히는 1469년 피렌체 국왕이 되어 지구 반대편에서 르네상스의 꽃을 피웠던 군주인 것이다.

하지만, 같은 15세기!

즉, 세종대왕이 기력을 다해 갈 때 지구 반대편에서 로렌초일 마니피코 국왕이 새 생명의 기운으로 시작된다.

왜? 우리가 알고 있는 레오나르도 다 빈치, 미켈란젤로 부오나로티, 라파엘로 산죠, 산드로 보티첼리 등등의 희대의 천재들이 왜 한 시기 속에 살고 있었을까?

천재들의 도시 피렌체는 태어난 것이 아닌 만들어진 것이다.

르네상스의 꽃인 그 시기를 '로렌초 일 마니피코' 국왕이 만든 것이다!

바로 예술에 대한 사랑으로 시작된 그 집념으로!

그는 아버지인 3대째 군주 피에로*Piero il Gottoso*가 집안 내력인 유전병으로 5년의 짧은 임기로 세상을 떠나게 되어 그 뒤를 이어 20살 나이로 집권을 시작한다.

재위기간으로 5년밖에 차이가 나지 않는 할아버지 군주의 영향력으로 사색과 문학, 시 그리고 예술을 좋아했던 군주 로렌초 일 마니피코는 불안정한 왕권 하에 길드 조합장들이자 막강한 재력을 보유한 신흥 귀족층들과 군신 간의 강압보다는 신뢰를 바탕으로 하는 문민정부처럼 돈독한 관계를 유지해왔다.

그러던 중, 정책의 변화를 가져오는 큰 사건을 겪게 된다.

어느 날, 늦잠 자기를 좋아하는 동생 줄리아노*Giuliano*를 꾸짖듯이 나무랐다.

"줄리아노야, 어서 그만 일어나거라! 아바마마가 돌아가시면서 뭐라 하셨더냐? 이 형님을 주축으로 가문의 영광을 이어가라 하셨지 않았더냐!"

그는 눈살을 찌푸리며 말을 이었다.

"이렇게 게으름을 피워서 어찌 메디치가의 왕자라 할 수 있으며 누군가에게 귀감이 되겠느냐! 어서 준비하거라! 오늘 우린 두오모 성당의 미사에 참석해야 하는데, 성가대 음악 발표회까지 있어 꼭 가야 한다."

"형님. 저 오늘 몸도 좋지 않고… 그냥 궁에 남고 싶습니다."

동생 줄리아노가 왠지 오늘따라 힘겨워하며 행사에 참석하기 싫어하며 말꼬리를 흐렸다. 하지만 그 태도 역시 하나의 게으름이라 생각한 로렌초 국왕은 언성을 높였다.

"그러지 말고 메디치가의 왕자답게 일어나라! 어서 가자!"

일찍 세상을 떠난 아버지를 대신해 동생들을 보살펴야 한다는 올된 생각의 로렌초 군주는 가지 않겠다는 동생을 다독이며 함께 나란히 메디치 궁 문을 나섰다. 삼삼오오 줄을 맞춰 뒤따르는 호위 근위병들도 어색한 분위기 속에 묵묵히 걸었다.

로렌초 군주는 미안한 마음에 동생에게 기분 전환을 시켜 줄 심산으로 도란도란 담소를 나누며 두오모 성당으로 들어섰고, 몇몇의 귀족들과 추기경들은 예를 갖추며 맞이했다.

하지만 동생인 줄리아노가 유난히 가기 싫어했던 그날… 그날이 동생과의 마지막 시간이 될 줄 몰랐다.

피렌체의 두오모 성당은 1296년 베쿄 궁전*palazzo vecchio*을 짓는 아르놀포 디 깜뵤*Arnolfo di Cambio*에 의해 시작된 산타 레파라따*S. reparata* 성당의 증개축 공사로 시작되어 그 규모가 프란체스코 탈렌티*Francesco talenti*에 의해 더 가중되어 1412년 지금의 정식 명칭인 산타 마리아 델 피오레*Santa Maria del Fiore* 성당으로 대성당의 위용으로 1436년 꾸뿔라(돔 형식 천정) 공사까지 완성된다.

베쿄 궁

규모로는 지금껏 세계 5위의 거대함으로, 물론 그 순위도 건립 연대를 무시했을 때이고 연대 순으로 나열하자면 단연 1위의 영광이 묻어나는 고딕양식으로 지어졌다.

물론, 르네상스 초기까지 완성시기가 넘어 가지만, 꾸뽈라 공사를 제외한 골조 공사가 1419년 완공된 고딕 양식이다.

평면상의 십자가 형태 중 날개에 해당하는 가로가 99m, 세로의 길이가 155m, 높이는 무려 107m를 자랑하는데, 내부는 당연히 어둡다.

말 그대로 스테인드글라스(낮은 조도에 빛의 투과를 이용하여 성령과 같은 아름다운 성서 내용을 온갖 컬러의 유리로 한 공예)가 많이 발달되었기에 그만큼 실내의 조도가 낮다는 것이다.

규모 역시 두오모라는 애칭처럼 피렌체에서 가장 큰 크기에 국가의 자존심이 걸린 그리고 대주교*Arcivescovo*가 관할하는 의미의 카테드랄레*Cattedrale* 등급으로서 중간중간 있는 기둥들의 둘레만 해도 성인 약 7~8명은 너끈히 몸을 숨길 수 있다.

두오모 성당

이런 장엄한 두오모 성당에서 잊을 수 없는 비극이 시작된다.

1478년 4월 26일 아침,

교황의 날 행사와 맞물려 시스토 4세 교황*Papa Sisto IV*과 피사의 대주교인 프란체스코*Arcivescovo Francesco Salviati* 등 내·외빈을 모신 큰 행사가 시작된다.

많은 군중들의 환호를 받으며 존경을 받는 로렌초 대왕과 그 동생 줄리아노 왕자도 어느새 두오모 성당 안에 이미 마련된 귀빈석으로 나란히 자리를 잡는다.

대주교의 인사말로 시작된 행사는 미사로 접어 들려는데, 귀빈석의 일부에는 메디치 왕조와 껄끄러운 경쟁상대로 이미 적개심을 머금은 파찌*Pazzi* 가문도 자리를 잡고 있었다.

그들은 이미, 제 식구만을 챙긴다는 교황 시스토 4세의 마음을 이용해 그 교황의 조카 라파엘레 리아리오*Raffaelle Riario*를 끌어들여 정변의 거사를 계획했던 것이다.

그 교황의 조카는 열여덟 살의 나이에 추기경 반열에 올라 그 가문의 위세도 만만치 않았다.

정변은 미사 속에 울리는 조토의 종탑 첫 종소리를 기점으로 그 시작을 계획하여 안팎의 자객들이 친다는 계략이었다.

하지만, 왕을 시해하려는 초조함 때문이었을까?

계획과는 조금 다르게 초점이 맞춰졌다.

조용히 시작되는 미사시간에 추기경 복장을 한 두 명의 귀족이 국왕 로렌초가 앉아 있는 단상 앞으로 다가설 때 누군가가 달려들며 비수를 날렸다.

곧이어 어둠 속의 기둥으로부터 난데없이 튀어나오는 자객들의 함성과 섬뜩한 칼날들….

먼저 날아 온 비수는 동생 줄리아노 왕자에게 치명상을 안겨준다.

기둥마다 숨어 있던 예상치 못한 자객들의 매복, 그중 하나가 또다시 튀어 나오며, 갑작스런 상황에 정신 없는 로렌초 국왕의 얼굴을 알아보고 검을 내리친다. 검은 치명상은 아니었지만, 국왕의 어깨와 목선을 긋고 지나간다.

차가운 비수가 지나간 자리의 처절한 고통을 느낄 겨를도 없이 다행히 검을 차고 있던 국왕 로렌초는 반사적으로 칼을 빼 들며, 그 일대는 아수라장으로 변해 간다.

놀란 근위병들도 같이 무기를 빼 들었지만, 두오모 성당 내부는 이미 피비린내로 얼룩지게 되며 불과 30여 분 만에 생지옥으로 변해가고, 이곳저곳에서 쓰러지는 분간하기 어려운 병사들….

어두컴컴한 두오모 성당 내부에서 번뜩이는 칼날과 비명들은 생지옥을 방불케 하며 피비린내로 자욱했다.

출혈이 적지 않았던 군주 로렌초는 두 명의 근위병들 도움으로 간신히 살아남아 두오모 내부 뒤편의 교구실로 옮겨지지만, 그곳까지 밀려드는 자객들을 피해 또다시 메디치 궁으로 탈출을 감행했다.

해방이 묘연해진 국왕 로렌초를 찾기 위해 자객들의 말발굽 소리는 돌바닥에 부딪쳐 피렌체의 골목 사이로 울려 퍼지며 마치 세상을 뒤집을 듯이 공포로 몰아넣고 있었다.

"오늘 메디치가 놈들의 뿌리를 뽑아야 한다! 모두 죽여라!"

하지만 시간의 흐름 속에 국왕을 찾아 죽이지 못한 반란군들은 점점 열세로 몰리며 실패를 직감하게 되었고 결국 대주교가 지휘하는 정부군에 밀려나, 베쿄 궁으로 피신한 반역 무리들은 서서히 그 말로를 맞이한다.

3일 만에 이 끔찍한 정변을 계획한 파찌*Pazzi* 가문의 젊은 프란체스코*Francesco Pazzi*가 알몸이 된 채 궁의 창밖으로 매달려 처형된 것이다.

곧이어 매달리는 주모자 여섯 구의 시신들….

국왕 로렌초는 흐르는 핏물로 정신을 잃어가면서도 가쁜 숨을 몰아 쉬며 동생의 상황을 묻는 다급한 몇 마디.

"여봐라! 내 동생은…? 줄리아노가 안 보인다!"

걱정의 눈빛으로 호소하듯 채근하는 말도 이내 힘을 잃은 시선과 함께 꺼져 버린다.

며칠이 흘렀을까….

안개 속의 한줄기 빛처럼 시야가 조금씩 떠진다.

"음… 온몸이 왜 이렇게 무겁단 말인가…."

고통의 얼굴로 눈을 뜨는 로렌초 군주에게 몽롱한 정신 속
처럼 꿈결과 같은 말이 들린다.

"폐하! 정신이 드시옵니까?"

"음… 여기는…?"

조금씩 선명해지는 시야와 함께 밀려오는 엄청난 고통을
느낄 사이도 없이 군주는 "내 동생 줄리아노는 어떻게 되었
느냐?"고 물었다.

갑자기 일어나는 마지막 긴박한 순간의 기억들이 군주의
몸을 떨게 했다.

"황공하게도… 줄리아노 대군은…."

미처 빠져 나오지 못했던 동생 줄리아노는 그날 검도 지니
고 있지 않아 성당 내에서 여덟 군데에 칼을 맞고 절명했던
것이다.

동생을 지켜주지 못했던 미안함과 괜히 싫다는 동생을 데
리고 나와 죽음으로 내몰았다는 자괴감은 유난히도 길게만
느껴지는 그날, 깊은 어둠으로 군주의 흐르는 눈물과 비탄이
피렌체의 밤을 더욱 구슬프게 했다.

아버지 군주의 말씀이 귓가를 맴돌았다.

"애야, 너는 이제부터 피렌체의 군주이니라!"

"아바마마, 어찌 저희들을 남기시고 가시려 하십니까…!"

"피렌체의 군주가 눈물을 보여선 안 되느니라…. 또한 너는 어린 동생들을 잘 보살피며 내가 다 못했던 대업을 이어가거라."

"아바마마, 아직 전 아직…."

"아니다! 넌 해낼 수 있다. 백합문장을 높이 휘날리며 최고의 국가 피렌체를 만들어다오!"

가문의 불치병인 유전병으로 병마에 힘들어 하면서도, 선대부터의 엄청난 자금력의 힘과 외교적인 회합으로 프랑스 루이 11세*Luigi XI* 국왕으로부터 그들의 궁정문양(백합 세 송이의 형상 문장) 'Gilgli'를 받아왔던 그가 아닌가!

아쉬움의 3대 피에로 델 고투오조*Piero del Gotuoso* 군주가, 군주로서의 면모가 아직 갖춰지지 않은 나이 스무 살의 로렌초 일 마니피코에게 남겼던 말이다.

아버지의 말을 지키지 못하고 동생을 지켜주지 못한 로렌초 국왕. 참극 이후부터 밤이면 더욱 동생의 마지막 처참한 모습이 어두운 창 밖으로 비치는 것만 같다. 그의 운명이 끝나는 날까지 동생의 참혹한 마지막 모습을 지울 수 없는 슬픔을 달래기 위해 술과 향락이 아닌, 예술과 문학을 가까이하며 일생을 보내게 된다.

이 사건을 계기로 국왕 로렌초는 귀족층들과의 일정한 거리를 두고 왕권 강화를 시작하며, 지리했던 동생 줄리아노가 희생된 그 정변사건의 수사는, 그 모든 내막이 3년 만에 베일이 벗겨져 배후 주동자 파찌 가문의 조종으로 천하에 드러나게 된다.

좌. 동생이 죽고 슬픔에 잠긴 로렌초 국왕(바사리 작으로 우피치 소장) 우. 살해당한 동생 줄리아노 왕자

로렌초 국왕이 백성을 사랑하여 제위기간에 오로지 한 명만을 처단한 그 사건, 법정을 열어 동생의 살인범을 찾아내고 살인죄와 반역죄로 사형을 집행하기에 이른다.

그 순간에도 자신의 정치와 결정에 사사로운 감정과 과오가 없음을 후대에 남기기 위해, 그 처형장면을 자신이 마음에 두었던 예술가를 입회시켜 그리도록 한다. 그것이 바로, 레오나르도가 그린 스케치 중의 교수형 장면이다.

마음속의 상처와 동생의 마지막 슬픈 모습들, 지워지지 않는 후회스러운 판단의 잘못들…

모두를 원망하고 자신을 끝없이 자학해도 돌이킬 수 없는 동생에 대한 그리움이 군주의 마음을 더 아프게 한다. 어느 군주라면 향락에 젖을 법도 한데, 군주 로렌초는 근신이라도 하려는 듯 회상과 좀더 치밀하지 못한 행동들의 아쉬움으로 자신을 괴롭힌다.

그날도 잠을 이루지 못한다.

꿈속처럼 동생의 슬픈 마지막 모습이 눈앞을 어른거려 한숨을 못 이루고, 어지러운 마음을 떨치러 창문의 커튼을 열어 제치니, 어느덧 여명이 어둠을 밀어 내고 있었다.

"아… 안 되겠다. 바람이라도 좀 쐬어야겠구나"

새벽녘의 차가움이 메디치 궁을 벗어난 군주의 발걸음을

어느덧 산 마르코*Piazza S. Marco* 광장으로 향하게 한다.

그곳은 늘 군주에게 납품을 위해 적잖은 복원품과 새로운 조각들을 깎아 내는 큰 조각공방이 있는 곳, 바로 아카데미아*Galleria Academia*와 통하기도 하는 곳이다.

"음, 나도 모르게 여기까지 왔구나!"

어디 마음 하나 가눌 곳 없이 배회하던 군주 로렌초 일 마니피코는 혼잣말로 되뇐다.

"아…, 이럴 때 레오나르도라도 있었다면…."

대군을 형성하는 프랑스의 팽창주의를 막기 위한 혈맹관계인 밀라노 공화국*Reppublica Milano* 국왕 루도비코*Ludovico*의 긴급 요청으로 많은 인명을 살상할 수 있는 전쟁물자의 공급을 위해 무기 발명가를 보내 달라는 전문을 받아들여 아끼던 레오나르도를 떠나 보낸 지 이미 7년이 흘렀다. 군주는 쓸쓸한 마음과 레오나르도에 대한 그리움을 털어내며, 그곳으로 들어선다.

여명이 오기 전의 어둠 속으로부터 들려오는 돌 깨는 소리.

"깡! 깡! 깡, 깡, 깡!"

"아니, 이 소리는? 누가 이른 새벽부터 조각을 하고 있단 말인가?"

어지러운 생각의 군주 로렌초의 호기심을 자극한 이 소리의 주인공은 누구일까?

천천히 발걸음을 소리 나는 곳으로 옮겨보는 군주는, 아무리 자세히 봐도 눈에 익지 않은 사람이란 걸 알고 직접 물어본다.

"여봐라! 여기서 작업하는 이들은 내 여럿 봐서 좀 안다만, 너는 처음 보는 아이로구나?"

"네. 들어온 지 얼마 되지 않았습니다."

"그랬구나. 이름이 무엇이냐?"

"네, 미켈란젤로입니다."

"음, 미켈란젤로라…. 나이는 몇이나 되었느냐?"

"네, 열다섯 살입니다."

"이렇게 어린아이가 이른 아침부터 조각을 한단 말이냐?"

군주 로렌초는 의아함과 총명한 눈초리의 소년 미켈란젤로에게 호기심으로 다가섰다.

"너는 대단한 열정을 가졌구나! 무엇이 이토록 너를 새벽부터 하게 하느냐?"

미켈란젤로는 물론 마음속으로는 '돈 때문에요!'라고 하고 싶었다.

"네, 열심히 하여 최고가 되고 싶습니다."

이렇듯, 궁극적인 내심이 최고가 되어 최고의 돈을 벌고 싶다는 바람을 숨긴 채, 초롱초롱한 눈빛을 치켜 세운다.

"허허. 기특하구나! 필시 대단한 놈이 되겠는걸? 내 너를 기억해 두마!"

"네, 감사합니다. 폐하."

"하지만 너무 새벽부터 하다간 몸 상한단다."

흐뭇한 미소의 로렌초 군주는 미켈란젤로에게 남다른 시각과 관심을 갖기 시작한다.

공방사장이 납품을 갈 때면 종종 따라 나섰던 미켈란젤로는 그 산 마르코 광장의 공방에서 오랜 유명세를 떨친 조각가 조반니*Bertoldo di Givanni*의 작품을 거들며 조각을 배우고 있었다.

물론 그 조반니는 르네상스 조각의 선구자 도나텔로*Donatello*의 제자였기에 미켈란젤로에게는 최고의 도나텔로 기법을 볼 수도 있었고, 배울 수 있는 더 없는 기회이자 행운이었다.

그러던 어느 날, 혼자서 갈 수 있다고 자청하며, 메디치 궁으로 향한다.

언제나 웅장하고 멋진, 궁에 들어가 보는 것은, 어린 미켈란젤로에게 너무나도 큰 호기심과 국왕을 만날 수도 있다는

도나텔로의 〈다비드〉. 르네상스 최초의 조각(피렌체, 바르젤로 박물관 소장)

희망으로 한껏 부풀어 기쁜 일이었다.

배달되는 묵직한 조각을 들고 쉬엄쉬엄 궁에 올라 2층 복
도를 막 들어서는데, 화려한 의상은 입은 여러 귀족들의 말
이 중단되고, 일제히 시선이 어린 미켈란젤로에게 향한다.

그때 시종 중 한 명이 황급히 미켈란젤로 앞으로 다가섰다.

"이놈아. 이곳까지 들고 오면 어떻게 하느냐! 냉큼 아래로
내려가 아래층에 내려 놓거라!"

낮은 목소리로 황급히 끄는 시종의 모습 뒤로, 화려한 의

상의 귀족 같은 모습의 사람이 말을 건넸다.

"여봐라, 그건 무엇이냐?"

"네. 이번 달 주문하신 조각들 중 한 개를 먼저 가지고 왔습니다."

"너는 미켈란젤로가 아니냐? 여기까지 왔구나!"

다가선 화려한 의상의 그 귀족은 기품까지 배인, 바로 국왕 로렌초였다.

반가운 기색으로 구면의 미켈란젤로를 알아보고 말을 이어간다.

"요즘도 이른 새벽부터 조각을 하느냐?"

"네. 할 일도 많지만, 조각을 할 때면 아무 잡념이 없어 좋습니다."

"허허. 부지런한 것은 좋지만, 천천히 하거라."

미소를 지으면 돌아서는 군주가 다시 말을 이어갔다.

"미켈란젤로, 너는 혹시 오래된 진품들의 조각을 본 적이 있느냐?"

"음… 공방에서 작업하면서 다른 선배님들의 작업실에 몇 개가 있는 것으로 아는데, 그것도 많이 볼 수는 없었습니다."

"너같이 총명한 아이가 그리스와 로마 시기의 엄청난 조각들을 보면 금방 실력이 늘 것인데…."

아쉬운 표정 속의 군주는 얼굴색이 밝아지며,

"나를 따라 나서거라."

의아한 미켈란젤로는 군주를 따라 총총히 어느 큰 방문 앞에 도착했다.

군주의 명령으로 그 화려하고 육중한 문이 열리며, 눈앞에 펼쳐지는 별천지!

"이 조각들은 추기경들이 와서 부탁해도 보여주지 않는 고가의 진품들이다. 나의 할아버지 군주로부터 사들여진 그리스와 로마 때 작품들이지. 한번 둘러 보거라!"

두 눈이 휘둥그레지며 상기되는 얼굴의 미켈란젤로. 그도 그럴 것이 그 표현기교를 몰라 여러 날을 새벽부터 돌을 깨오지 않았던가!

그 섬세함… 그 웅장함의 동선과 매끄러운 선들….

시간 가는 줄 모르고 돌아보는 미켈란젤로에게 이 군주는, 하늘에서 내려지는 성령과도 같은 한줄기 빛이었던 것이다.

"오늘은 그만 보거라. 내 너의 아쉬움을 위해 언제라도 이 방에 들어올 수 있도록 허가해주마."

흐뭇한 미소로 말을 하는 국왕의 모습은 미켈란젤로의 맘속에 뜨거운 기운을 불어 넣는다.

"이 사람만 잡으면… 내 이 기회를 놓치지 않을 테야!"

그날 저녁부터 공방구석에서 아무도 모르게 천막으로 가려가며 무언가를 열심히 깎기 시작하는 미켈란젤로.

군주의 사랑을 독차지해야 인생의 성공을 얻을 것 같다는 열망으로 아버지의 고뇌인 가문의 영광을 일으킬 날이 머지 않았다고 되뇌며 하루하루 그 조각에 심혈을 기울인다.

부조의 형태였기에 조금은 쉬워, 5개월 만에 피어나는 이것이 바로 인생의 첫 조각인 〈계단 위의 성모 마리아*Madonna sulla scala*〉이다.

1490년 미켈란젤로의 계단 위의 성모 마리아(피렌체, 바르젤로 박물관 소장)

작품명은 성모 마리아가 아기 예수에게 젖을 물리는 장면이 계단 입구에 있다 해서 붙은 것이다. 물론 순수 창작은 아니고 언젠가 봐 두었던 조각의 선구자 도나텔로의 작품을 떠올리며 똑같은 부조로 내용 역시 성모가 계단 위에서 아기 예수를 놓아 두고 난간을 잡고 멀리 응시하는 모습을 담은 원작을 살짝 바꿔 계단에 앉아 젖을 물리는 장면으로 변형한다.

하늘과 운명은 미켈란젤로 편인가?

그 조각이 완성된 날, 공교롭게도 공방의 호실 바깥에서 들려오는 여러 사람들의 인사소리. 그중에 또렷이 들려오는 낯익은 목소리. 그에 앞다투어 뛰어나가는 선배들.

"아니? 이건 폐하의 목소리…?"

점점 가까이 들려오는 국왕 로렌초의 목소리가 미켈란젤로의 마음을 뒤흔든다.

얼굴 가득 웃음꽃을 머금고 뛰어나가는 미켈란젤로.

"안녕하셨습니까?"

"이게 누구냐!"

"저를 기억하시는지요?"

"당연하지! 우리 꼬마 예술가 미켈란젤로구나! 그래, 많이 배웠느냐? 작업은 할 만하고?"

"네, 폐하. 어찌…."

"종종 이곳을 지날 때마다 네가 생각이 나더구나!"

이어지는 흐뭇한 미소와 관심으로 응대해주는 군주의 인사말은 미켈란젤로를 기쁨으로 들뜨게 하며 눈물이 핑 돌게 한다.

"네, 저도 항상 폐하를 그리워했습니다. 아! 그래서 폐하, 제가 온 마음을 다해 선물을 준비했습니다."

"날 위해?"

"네, 잠시만 기다리시지요."

말이 끝남과 동시에 달려간 미켈란젤로.

돌아오는 그의 손에는 사각형의 액자 같은 대리석 작품이 들려져 있었다.

"마마. 마마를 위해 이것을 드리고 싶었습니다."

"아니? 정녕 네가 깎았단 말이냐? 날 주려고…?"

휘둥그래진 놀라움의 눈빛으로 국왕 로렌초는 말을 채 잇지 못하는 감격으로 미켈란젤로를 끌어안는다. 그의 놀라움과 감동은 열다섯 살 소년의 작품이 대단해서가 아니다.

예술을 사랑하는 맘도 중요하지만, 늘 자기를 그리워하며 깎았다는 말에 감동이 물밀 듯이 밀려왔다.

더군다나 새벽마다 깎아 댔던 그 작품을….

"귀중한 첫 작품을 내게 주면 어떻게 하느냐? 아, 이를 어쩐다! 이런 꼬마가 인생의 첫 작품을 내게 주니…. 아, 정말 기쁘구나."

군주는 감격으로 격앙된 말을 이었다.

"얘야. 나도 그냥 받을 수는 없고 무언가를 보답해야 되겠는데, 무엇을 원하느냐?"

"네? 무슨 말씀인지…."

"그래. 네 소원을 들어 주마. 무엇이든 말해보거라!"

자신의 각본대로 돌아가는구나 싶었던 미켈란젤로는 주변의 웅성거림 속에 어깨가 으쓱해져 기쁨의 얼굴로 떨리는 목소리로,

"아… 폐하. 정 그러시다면요…."

이때 시종 한 명이 황급히 다가와 그의 말을 막고 국왕 앞에 아뢴다.

"폐하, 지금 궁에 급한 일의 결재가 기다리고 있어 지체할 시간이 없사옵니다!"

이를 본 미켈란젤로가 입을 삐쭉거리는데, 그런 모습을 본 국왕은 빙그레 웃었다.

"상심할 것 없다. 내 급한 일을 마무리하고 다시 오마! 그래서 말인데 오히려 너에게는 잘되었구나, 내가 다시 돌아올 때까지 필요한 게 무엇인지 생각해두거라."

미소와 함께 언약을 하며 총총히 사라지는 그의 뒷모습을 바라보며,

"폐하. 그럼 빨리 다녀오세요."

상기된 얼굴빛 속에 묘한 웃음이 피어오르며 뒤돌아서는

찰라, 미켈란젤로의 한층 힘이 들어가는 어깨 사이로 쏟아지는 차가운 시선들이 있었으니….

공방 가득 몰려있는 여러 선배 조각가들이 도끼 눈빛으로 노려보고 있었다.

"저 자식 대체 뭘 한 거야? 조그만 놈이 맹랑하네!"

"저런 여우 짓은 어디서 배운 거야?"

모두가 경쟁을 해대며 생활하는 공방 속은 예술가들의 시기심으로 만만치 않았다.

지금의 우리네 생활에서도, 그런 상황에 축하를 해주지 못하고, 가슴속 밑의 부러움이 날 선 시선의 시기심으로 변해 마음을 괴롭힌 적이 있을 것이다.

그때 유난히도 핏발을 세우며 의기양양한 미켈란젤로 앞으로 다가서는 한 사람이 있었다.

"야! 이 자식 미켈란젤로! 너 나하고 얘기 좀 하자!"

멱살을 잡아 끄는 그에 놀란 미켈란젤로가 손을 뿌리치려 했다.

"이거 놓으세요!"

"너, 정말 눈에 뵈는 게 없냐?"

감정이 깔린 듯한 음성은 바로 공방에서 최고의 관심과 실력을 지녀 국왕 로렌초의 신임으로 촉망 받고 있는, 미켈란젤로보다 세 살 더 많았던 열여덟 살의 조각가 피에트로*Pietro*였다.

그는 자신을 향한 군주 로렌초의 관심이 어느 순간부터 줄어들고 있다고 생각해왔는데, 어린 미켈란젤로가 오면서 자신이 관심 밖으로 내몰렸다는 것을 느끼고 있었던 것이다. 그런데 거기다 한 술 더 떠 작품을 기증하는 미켈란젤로를 보고 시기심으로 눈이 뒤집혔다.

"무슨 말씀이세요?"

움찔 놀라며 물러서듯 대답하는 미켈란젤로.

"그런 것을 깎으면 깎는다고 미리 말했었어야 할 것 아냐!"

격앙된 목소리는 그렇지 않아도 감정이 끓고 있다는 것을 느끼게 한다. 그런데 퉁명스럽게 내뱉듯이 말하는 미켈란젤로의 대답이 그 감정을 더 상하게 한다.

"아니, 내 손으로 내가 깎는다는데 왜 얘기를 해야 합니까?"

"이 자식, 정말 예의도 없는 놈이네? 너 당장 이리 나와!"

감정이 폭발하여 먹살잡이로 미켈란젤로를 끌어내 화장실로 간 피에트로. 결국 미켈란젤로의 코가 그의 주먹에 박살 나게 된다.

훗날 미켈란젤로가 평생 동안 일그러진 코를 갖고 살아가는 이유가 된 바로 그 사건이다.

쏟아지는 피와 아픔으로 울먹이며 며칠을 앓던 미켈란젤로는 맞은 상처보다 수치심과 모멸감 때문에 더 아팠다.

"내가 꼭 성공하여 오늘 이 수모를 잊지 않고 저놈의 코를 눌러주리라!"

미켈란젤로는 강한 의지와 함께 충혈된 눈으로 창 밖을 응시하며 회상에 젖어 든다. 설움으로 가득 찼던 배움의 시기, 그 미술공방에서 쫓겨날 때의 시간 속으로….

미켈란젤로의
상처와 절박한 꿈

"뭐? 공방에 다닐 수강료를 달라고?"

격앙된 목소리의 아버지 루도비코가 목소리를 높였다.

"야, 이놈, 미켈란젤로야! 생활비도 없는데 미술 배울 돈을 달라고? 너야말로 말 잘했다! 다른 아이들은 7~8살부터 길드조합의 가게에서 세공 같은 일을 배우며 아르바이트를 한다더라. 너야말로 돈 좀 벌어와라!"

아버지의 성화로 미술공방에 다니지도 못한 미켈란젤로는 열두 살에 이미 아버지 손에 이끌려 집안 살림에 조금이라도 보탬이 될 수 있는 액자 만드는 가게에서 아르바이트를 시작한다.

"액자를 만들면서 미술도 조금은 배울 수 있겠지…."

하지만 곧 예술로의 길이 멀다는 것을 알게 된다.

쉴 새 없이 만들고 배달 다니는 통에 그림 볼 시간은커녕, 배우는 것은 고사하고 월급도 제대로 타 보질 못했다. 그나마 몇 푼 되지 않는 월급도 아버지가 월급 전날 다녀가 다 가져가 술로 탕진했던 것이다.

그래서 미켈란젤로는 집을 떠나야 성공할 것이라고 생각한다.

> 아버지, 제가 곧 아버지가 염원하는 엄청난 돈을 벌어 가문을 일으킬게요. 그날이 올 때까지 열심히 살아갈게요. 그러니 아버지도 건강히 잘 계세요. 곧 성공해서 돌아올게요.
>
> —미켈란젤로 올림

미켈란젤로는 아버지에게 편지를 남기고 가출한다. 그리고 액자를 만드는 공방에서 소문으로 들었던 최고의 미술공방으로 한숨에 내달아 바로 열세 살 나이로 최고의 프레스코화 전문인 기를란다요*Ridolfo del Ghirlandaio* 미술공방에 입문하게 된다.

면접을 치렀던 사람은 스승님이 아닌 스승님의 형님인 사장이었다.

그 공방은, 중세시기 속 첫 원근법의 표현으로 유명한 조토*Giotto*와 르네상스의 3대 선구자 중 미술 분야 선구자인 마사초*Masaccio*의 테크닉을 전수하는 곳이다.

스승이 되는 기를란다요*Domenco Ghirlandaio*는 공방 사장의 동생으로 특히 르네상스 상반기 최고를 달리는 레오나르도와 보티첼리의 동기동창이다. 그 시간 속에 최고의 프레스코화의 일인자였던 것이다.

그래서 우리가 알고 있는 밀라노가 가지고 있는 레오나르도의 최후의 만찬과 동급으로 유네스코에 등재된 피렌체의 최후에 만찬이 바로 이 스승의 작품인 것이다.

가문 자체가 3대째 프레스코화를 그리는 예술가 집안 출신인 기를란다요 가문의 공방.

미켈란젤로는 스승님이 산타 마리아 노벨라*S. Maria Novella* 성당 내의 또르나부오니 가문의 사당 공사를 하고 있을 당시 입문하게 된다.

성당 내에는 성당공사에 많은 기부금을 낸 가문 별 사당을 내부에 지어 그 의미를 부여 했었다.

참고로, 그 또르나부오니*Tornabuoni* 가문은 로렌초*Lorenzo il Magnifico* 군주의 어머니 가문으로 왕비를 위한 작업들, 다시 말해 메디치가의 오더를 받는다는 얘기는 최고 실력자 중 하나라는 것이다.

그 명성만을 알고 무작정 달려 온 미켈란젤로는 면접을 치르게 되었다.

"그래, 예술이 뭔지를 아느냐?"

그득한 짙은 수염 사이로 배어 나오는 낮은 목소리는 듣기만 해도 범상치 않은 인물임을 느끼게 해준다.

"잘은 모르지만, 전 해야만 합니다!"

단호한 어조로 대답하는 꼬마 미켈란젤로는 그 눈빛만큼은 간절함이 묻어 있었다.

"그래? 그 절박함이 무엇이더냐?"

"그냥 미술이 제 꿈입니다."

물론 가슴 속에는 최고의 돈을 받을 수 있는 콩쿨에서 1등을 하는 것만이 많은 돈을 벌 수 있는 방법이고, 그것이 예술을 택한 이유이자, 그토록 아버지가 원했던 가문을 다시 세우고 아버지를 기쁘게 해드리는 방법임을 알고 있다고 하고 싶지만, 그럴 수는 없다.

그리 말하면 왠지 돈도 없이 온 자신이 문전박대를 당할 것이라 생각했기에 본심을 살짝 감추었다.

"음… 좋다, 너의 타고난 예술성이 얼마만큼인가는 시간이 지나면 알게 될 것이고…. 수강료는 가지고 왔느냐?"

"아… 그것이… 좀…."

고개를 떨구는 미켈란젤로는 다시 한 번 간절한 눈빛으로 말을 잇는다.

"무슨 일이든 할 수 있으니 저를 받아주세요. 누구보다 열심히 할 수 있습니다."

"허어, 참. 맹랑하네…. 수강료도 없이 왔다?"

총명해보이는 눈빛이 절박함을 머금고 애원하는 미켈란젤로를, 한참을 고민하며 응시하던 사장은 말문을 연다.

"그래, 좋다! 허드렛일 할 놈도 필요했으니…. 하지만, 열심히 해야 하느니라!"

"정말이요? 여부가 있겠습니까!"

이렇게 허가를 해준 사람은 스승이 아닌 스승의 형님인 공방의 사장이었다.

그 다음날 대면한 스승으로부터는 따뜻한 눈빛 한 번 없이 힘든 일이 시작되었다.

"음, 어제 들어 왔다고?"

"네, 열심히 하겠습니다. 전 어떤 붓을 잡을까요?"

"야, 이놈아, 어딜 넘보는 게야! 넌 기초도 없으니 무엇을 해야 하느냐면…."

퉁명스런 눈빛으로 그를 응시하는 스승은, 이미 수많은 아이들이 예술가의 꿈을 돈과 명예로 생각하며 찾아 왔었기에 '무엇을 중히 여기는 놈인지 한번 두고 보면 알겠지!' 하였다.

허드렛일을 거드는 조건으로 수업료 면제와 숙박을 제공

받기에 누구보다 열심히 하는 미켈란젤로, 하지만 힐끗힐끗 보이는 다른 동문들의 작업실력에 피어오르는 시기심은 하루하루가 지친 몸과 답답한 마음의 조바심으로 일렁이기 시작한다.

"미켈란젤로야. 넌 오늘 저쪽 방의 재료들 정리하고, 흰색 돌가루를 갈아 놓고, 모든 돌자루들을 컬러별로 다 날라 자재창고에 쌓아놓고, 시간이 남거든 물도 길어 놓고…"

날마다 반복되는 노역 같은 의미 없어 보이는 일들이, 점점 조바심으로 애달파 하는 미켈란젤로의 입을 튀어 나오게 만들었다.

"공방에 입문한 지 두 달이 넘어가는데, 그림 그리는 방법은 고사하고 붓도 잡아 보질 못했네…"

미켈란젤로는 특히 자존심으로부터 우러난 욕심과 오기가 남달리 많았다.

"미치겠네! 이러다가 난 언제 배워 언제 떼돈 벌어!"

볼멘소리와 함께 그의 조바심은 높아져만 갔다.

허드렛일을 할 때마다 기웃기웃 쳐다보니, 그 시간 동안 다른 수강생들은 최고의 스승으로부터 뭔가를 많이 배우는 것 같아 속이 아파 편하지 않다.

그러던 어느 날, 더 이상 참을 수 없는 마음으로 자질구레

한 허드렛일을 내팽개치고 스승 옆에 살며시 미친 척 수강생들 사이에 끼어 있었다.

"이런 것은 기본 여백을 빽붓으로 이렇게 표현하는 것이고…"

스승이 여러 제자들에게 둘러싸여 설명과 그림 작업을 보이고 있었다.

"누가 거기 큰 빽붓 좀 줘봐라."

눈치 없이 미켈란젤로가 머리를 디밀고 있다가 자기가 잘났다고 잡아 건네주는데, 받아 들던 스승과 눈이 딱 마주친다.

의아한 표정으로 스승이 묻는다.

"미켈란젤로, 너는 왜 여기 있는 거냐?"

"네? 아니, 그게 아니고요…"

"너 내가 시킨 일은 어쩌고?"

"그건 아직…. 나중에 하려고요…"

"뭐라고?"

역정이 배어나는 말투로 스승이 다그친다.

"누구 마음대로 시킨 일을 미뤄! 그리고 넌 지금 여기 있을 자격도 못 되는 거 알아, 몰라?"

안 그래도 눈치를 보며 앉아 있었는데 여기 있을 자격도 되지 않는다는 말에 자격지심으로 눈물이 핑 돈다.

"스승님, 제가 수강료를 못 내서 그러시는 겁니까?"

"이놈아! 자격이 안 된다는 말이 무슨 뜻인지 모르더냐? 돈이 문제가 아니라 넌 기초가 없어 아직 이 단계를 봐도 이해를 못한다는 거야!"

얼굴을 떨구고 있는 미켈란젤로의 머리 위로 스승의 노여움이 이어진다.

"기초부터 차근차근 배울 생각도 하지 않는 네놈의 저의가 뭐냐?"

이어지는 질책.

"넌 내가 우습냐? 아니면 예술이 우스워?"

"아니… 그런 게 아니라…."

"내가 어련히 알아서 기초부터 시켜줄 것을 욕심을 낸다고 될 일이 따로 있지!"

"아니, 스승님…. 제가 맨날 허드렛일 하는 동안 다른 애들은 많이 배우잖아요…."

눈물이 고이려 하는 눈을 들어 스승에게 볼멘소리로 대답한다.

곧 어이없어하며 스승의 꾸짖음이 이어진다.

"너는 원래 그런 일을 하도록 입문한 것이다. 너의 노력하는 모습이 기특해보여, 그나마 기초가 되는 일들을 순서적으로 시키고 있는데… 너는 내가 우습냐?"

진노한 목소리가 미켈란젤로의 귓가로 계속 파고든다.

"다른 아이들은 그 과정을 넘은 것이고, 너 역시 그것을 해야만 이것을 이해할 수 있는데, 그 쓸데없는 조바심과 욕심은…. 쯧쯧. 내가 어련히 알아서 계획 속에 지시하고 있거늘…. 넌 예술이 네 욕심대로 하루아침에 달성될 것이라 보느냐? 무엇이 그렇게 조바심을 내게 만드느냐?"

질타와 꾸짖음에 이어 미켈란젤로는 예술로의 입문 동기까지 추궁받게 된다.

"저는 최고의 예술가로 성공하고 싶습니다…. 아니, 해야만 합니다."

눈물이 맺히는 미켈란젤로의 눈이 빨갛게 충혈이 되어 간다.

하지만, 여세를 몰아 다그치는 스승.

"그래, 그 성공이라는 것은 무엇을 얻는 거냐?"

"돈을 많이 벌잖아요…."

"뭐라? 네놈의 예술로의 궁극적인 목표가 돈이었던 게냐?"

파르르 떨리듯 스승의 진노한 목소리는 이내 고함으로 터지고 있었다.

"당장 나가거라, 이놈아! 너 같은 놈은 예술가가 될 수 없다. 아니, 되어선 안 된다! 달려드는 눈망울이 배우고자 함의 열성인 줄 알아서, 그나마 마음에 두고 지켜봐주었거늘…. 내 일찍이 네놈이 그 따위 정신이었다는 것을 알았다면 받지도 않았을 것이다. 뭐? 돈을 벌려고? 너는 길을 잘못 들어섰다. 너 같은 놈은 장사를 배워야 하느니라!"

이렇게 문 밖으로 쫓겨난 미켈란젤로.

집에 돌아가봐야 또다시 아버지의 구박이 시작될 것이다. 자존심이 강했던 미켈란젤로는 이것으로 끝낼 수 없다는 강박관념으로 하염없이 흐르는 눈물로 밤을 지새운다.

어린 시절부터 어머니와 함께 하지 못했던 그 슬픔과 그나마 아버지의 희망이라 불리던 미켈란젤로 뼛속 깊이 새겨진 것은, 기필코 성공하여 나를 무시한 아버지지만, 은연중에 자기를 하나의 희망으로 생각하는 아버지의 소원을 들어 주고 싶은 욕망, 그것뿐이었다.

최고의 영애로써 가문의 영광까지 일으키고야 말겠다던 그 하나의 집념!

고집의 미켈란젤로. 몇 시간이 흐르는 와중에 그를 내쳤던 스승은 신경 쓰이는 울음소리에 지친 듯 문을 열었다. 그리고 차가운 어조로 말한다.

"시끄러워 미치겠구나! 너 정말 안 가냐? 좋다! 그러면 네 놈이 돈벌이로 생각하는 예술의 시간이 얼마나 고된지를 먼저 가르쳐주마! 내일부터 각오해라! 며칠을 버티나 두고 보자!"

이렇게 시작되는 진정한 미술을 향한 시간들은 다시 쫓겨 나기 전 1년 반 동안 미켈란젤로에게는 잊을 수 없는 운명의 시간들이며, 후에 별다른 교육 없이도 〈최후의 심판〉이나 〈천지창조〉 등의 명작들의 탄생을 가능하게 한다.

더 나아가 조각가로의 빛을 발한 것도 이때 터득하는 드로 잉 실력이 잔재되어 있기 때문인 것이다. 즉, 드로잉은 모든 예술의 기초가 된다.

물론 스승의 노여움 속에 펼쳐진 스파르타식의 교육은 가 치관을 뜯어 고칠 정도의 바른 예술혼을 심어 주고 싶은 마 음으로 얼굴에 미소 한 번 없이, 예술인의 정신과 철저한 교 육정신으로 미켈란젤로는 그 기간 동안 눈물 마를 새 없이 스승의 뒤를 쫓아다녔다고 기록된다.

다시 말해 미켈란젤로의 천지창조는 그의 천재성으로 그 려졌다는 것보다 그 스승의 노고가 녹아 있다고 해야 한다.

흐르는 시간 속에 미켈란젤로의 실력은 오기와 자존심으 로 매달려, 최고의 장점인 노력이 가미되어 하루가 다르게 변모되고 있었다.

서서히 예술에 대한 느낌을 알아가며 몸이 근질근질 해오고 있었다.

아마도 태권도 검은 띠보다 더 무서운 것이 노란 띠라는 말과 일맥상통할 것이다.

뭔가 실력 발휘를 해보고 싶은 충동이 일렁이는 어느 날, 스승과의 인연이 끝날 사건이 펼쳐진다.

"여기 스승님 계신가?"

범상치 않은 복장의 한 사람이 공방을 방문했다.

"아뇨. 스승님은 외출 중이세요. 그런데 무슨 일로…?"

화려한 복장을 한 귀족이 말을 건넨다.

"어디 가셨는가?"

"글쎄요…. 요즘 작업량이 많아서요. 공방 내에도 일이 많지만, 외부에 프레스코화 현장이 많아 언제 오실지 모르겠습니다."

"아… 그럼 어쩐다…?"

조금은 상심이 있는 듯한 표정에 미켈란젤로의 궁금증이 시작된다.

"아니, 무엇 때문에 그러시는데요?"

"요사이 비 때문에 우리 집 천정 한쪽에 물이 세서 천정화가 살짝 희석되고 곰팡이도 생겼네. 그래서 그 복구 작업을 의뢰하려고 한다."

이 말에 미켈란젤로의 눈이 유난히 반짝인다.

"아, 그러시구나…. 아마 스승님이 요즘 바빠서 만나시기 힘들 거에요."

귀족의 눈빛을 읽던 미켈란젤로가 회심의 미소를 머금는다.

"그 정도는 제 선에서 가능할 것 같은데요?"

"뭐라고? 자네가 누군데?"

"제가 스승님의 수석 제자거든요."

"정말인가?"

"그럼요. 이렇게 공방까지 맡겨 놓고 나가신 걸 보면 모르시겠어요?"

"아! 그 정도인가? 그렇다면 맡아 주겠나?"

"몇 번을 말씀드립니까. 당연히 가능하다니까요! 그러니까 실질적인 얘기를 해주세요. 재료를 공방에서 못 가져 가니, 착수금 같은 걸 주셔야 할 것 아니에요."

"맹랑하구나! 좋다. 네가 그리 자신 있어 하니 내 금화 10냥을 주고, 잘 되면 상금까지 얹어 주마!"

"알겠습니다!"

'그래, 내 명성을 알려줄 수 있는 기회이자 내 실력을 검증

받을 수 있겠지. 그리고 돈도 벌 수 있다.'

하지만 이 일이 이틀 만에 스승의 귓가로 들어가면서 다시는 돌아올 수 없는 스승과의 이별길을 걷게 된다.

다시 한 번 미켈란젤로에게 실망하고 진노한 스승은 세상에서 제일 싫어하는 '돈 밝히는 예술가' 그 길을 가는 미켈란젤로를 용서하지 않게 된다.

"네놈은 내가 진작에 내쳤어야 할 놈이었다! 당장 나가거라!"

"스승님…. 사실, 그게 아니고요…."

"변명 듣자고 말하는 것도 아니고, 네놈 얼굴은 보기도 싫다!"

"아니 스승님, 그게 아니라니까요…! 제 말 좀 들어보세요."

"다시는 꼴도 보고 싶지 않다! 내가 너의 스승이었다는 사실도, 네놈이 내 제자였던 사실도 없던 일이다! 너와 난 만난 적이 없는 것이다. 알겠느냐!"

"스승님… 아니, 그게…."

"감히 네깟 놈이 예술을 해? 감히 예술을 돈 벌이용으로…! 그럴 주제도 못 되는 놈이! 그리고 더 이상 내 이름도 팔아먹지 마라!"

이어지는 노여움의 말들은 미켈란젤로의 가슴으로 비수처

럼 꽂혀 들고 있었다.

울어도 소용없음을 안 미켈란젤로는 충혈된 눈으로 어금니를 꽉 깨물게 된다.

"좋습니다! 두고 봅시다. 오늘의 일을 후회하게 만들어주겠습니다! 꼭, 나보다 오래 사십시오. 그래야 나의 명성이 당신보다 더 높다는 것을 보고 죽을 테니까요! 내 오늘의 설움을 꼭 기억하여 나를 내친 것을 후회하게 만들어 드리지요!"

하지만, 미켈란젤로 자신도 알게 될 것이다.

이 스승의 강한 교육에 모든 예술의 기본이 되는 드로잉 실력이 얼마나 소중히 길러졌는지를….

미켈란젤로를 흠모했던 예술가 조르조 바사리*Giorgio Vasari*는 모든 서양미술사의 원조가 되는 그의 책 『Le Vite de' piv eccellenti pitori, scultori, architettori』에서 이때의 상황을 아래와 같이 적었다.

미켈란젤로는 스승에게 감사하며 돌아섰을 것이다. (스승은 그의 알량한 자존심을 훼손하여 후에 큰 거장으로 거듭날 수 있는 오기를 심어 주었다.)

그때의 진노한 스승님의 얼굴이 다시 상기되며, 지그시 눈을 감아 회상에 잠겼던 미켈란젤로가 두 눈을 번쩍 뜬다.

긴 회상 속에 잠겨 쭈그려 앉아있던 미켈란젤로 앞으로 선배 하나가 서서 발을 툭 찬다.

"미켈란젤로, 여기 이러고 있으면 어떻게 하나!"

"왜요?"

상처의 아픔으로 3일 동안 울고 있던 미켈란젤로, 사실 코뼈가 부러진 아픔보다 자존심이 상해 더 서러웠다.

초점을 잃은 듯 대답하는 미켈란젤로에게,

"지금 폐하가 너를 찾으셔서 난리가 났어! 빨리 나가 봐! 어서!"

"네? 폐하께서…? 로렌초 국왕 폐하께서요?"

그 말은 미켈란젤로에게는 한 줄기 하늘의 빛처럼 온 맘을 요동치게 했다. 그리고 눈물 자국을 지워가며 기쁜 마음으로 뛰어 나간다.

"폐하!"

"미켈란젤로야, 잘 있었느냐? 지난번에 하던 이야기를 마저 하자. 네 소원을 들어주려고… 아니, 그런데 네 얼굴이 왜 그 모양이냐?"

고개를 숙이고 있던 미켈란젤로의 얼굴이 점점 자세히 보이자 국왕 로렌초는 놀라움이 역력한 얼굴로 채근하듯 다시 물어본다.

"무슨 일이 있었던 것이냐?"

"폐하, 별일 아닙니다…."

"별일이 아닌 게 아니지 않느냐! 네 얼굴 상태를 좀 봐라! 코가 어쩌다 그렇게…. 대체 무슨 일이냐? 어서 말해보거라!"

"사실은… 폐하…!"

조심스레 말문을 열려던 미켈란젤로는 흠칫 놀라 말을 잇지 못한다. 언제 와 있었는지, 자기를 해코지 했던 피에트로가 옆에 따라붙어 험악한 얼굴 표정으로 주먹을 들어 보이며 귓속말로 속삭이고 있었던 것이다.

"말 잘해라… 잘못하면 너하고 나하고 오늘 죽는 날이다!"

"…"

얼어버린 듯 말문이 닫힌 미켈란젤로. 잠시의 정적을 깨고 답답한 듯 로렌초 국왕의 다그침이 들려온다.

"괜찮다! 무슨 일이 있었는데 얼굴이 그 모양이 되었는지 말해보거라. 어서."

옆에서 노려보는 피에트로의 시선을 본 미켈란젤로는 말을 얼버무린다.

"그냥 길을 가다 넘어진 것입니다…."

"뭐라? 넘어졌다? 도무지 이해가 되지 않는구나. 어떻게 하면 코가 저 지경이 될 수가 있느냔 말이다."

무언가 필히 사연이 있을 것이라 직감한 국왕은 재차 답을 채근한다.

"그건 아닌 것 같은데… 어서 말해보라니까!"

"사실… 더 이상 묻지 마소서. 단지 더 이상 편안한 마음으로 이곳에서 작업하기가 두렵다는 것만 말씀드릴 수 있습니다…"

그의 두 눈에 눈물이 고이며 고개를 떨군다.

로렌초 국왕은 이내 상황을 눈치채게 된다.

"음…. 내 너희들의 시기심을 어느 정도 아는데, 어떤 이가 몹쓸 짓을 한 것 같구나."

측은한 시선으로 미켈란젤로를 바라보는 군주.

"미켈란젤로, 차라리 잘되었구나. 내 너에게 마땅한 선물도 찾지 못했는데…. 당장 짐을 챙기거라! 우리 궁으로 가자!"

이것은 최고의 미래를 보장하는! 열다섯 살의 소년 미켈란젤로를 메디치 궁에서 먹여주고, 재워주고, 공부시켜주려는 군주의 마음이었다.

특히 궁 내는 2대 할아버지 군주가 사들인 수많은 기원전 조각들로 채워져 있었는데, 국왕 로렌초의 배려로 미켈란젤로의 조각 실력은 습작을 통해 하루가 다르게 변모되어 간다.

특히나 돈에 집착하여 메디치 궁을 종종 벗어나 며칠씩 다

른 곳에서 아르바이트를 하고 오는 미켈란젤로를 알아가는 군주는 어느 날,

"미켈란젤로야, 너는 이런 조각들을 똑같이 깎아 볼 수 있 겠느냐? 똑같으면 하나당 18냥의 금화를 하사하마."

"네? 당연히 할 수 있죠!"

"좋다! 한번 해 보거라."

"하하하!"

이렇듯 로렌초 국왕은 예술로! 조각의 세계로! 아낌없는 격려와 함께 미켈란젤로 인생에 날개를 달아 준다.

이렇게 미친 듯이 깎아대는 미켈란젤로의 조각 실력은 갈 망했던 것에 대한 동기 부여를 해줌으로써 재능이 조금 있는 아이를 천재로 바꾸는 힘이요, 이것이 바로 오늘날 최고로 평가받는 예술가 중 하나인 미켈란젤로를 만든 원동력이었 던 것이다.

좌절 속에 돋아나는
미켈란젤로의 운명

국내에 출간된 여러 권 책에서 엮어댔던, 거장 미켈란젤로
가 마치 엄마 뱃속에서부터 손에 대리석과 망치를 들고 태어
나 타고난 천재성으로 조각을 했다는 의미가 담긴 문헌들,
그 속에는 몰랐던 또 하나의 진실이 숨어 있다.

그것은 바로 이 군주의 각별한 배려와 사랑이 있었기에 오
늘날 거장 미켈란젤로가 르네상스 시대 조각의 일인자 중 하
나로 두각을 나타낼 수 있었다는 사실이다.

스승으로부터 퇴출되며 자존심이 상해서 포기했던 미술
분야도 훗날 최고의 걸작 〈다비드〉로 인해 조각의 일인자로
군림하며 그가 그렸다는 타이틀과 함께 최고가로 판매될 수
있었던 기틀을 마련해주었던 것이다.

로렌초 국왕이 미켈란젤로에게 얼마나 많은 사랑과 배려를
주었는지, 그 부분을 오역한 몇몇의 한국 책들은 국왕이 그
를 양자로 삼았다는 이야기가 나올 정도였다.

하지만 양자를 삼은 것은 아니다. 그 이유 중 절대적인 사실은 국왕 로렌초의 아들이 셋이나 있었기 때문이다.

어느 날 이른 아침 로렌초 국왕에게 아침 문안인사를 드리기 위해 아바마마를 찾은 피에로 왕자Piero II가 화사한 얼굴로 인사했다.

"아바마마, 지난밤에는 잘 주무셨는지요?"

"음… 그래."

막 방을 나서려던 국왕 로렌초는 어디엔가 정신이 팔린 듯 건성으로 대답하며 몸을 일으킨다.

"저… 아바마마. 드릴 말씀이 있습니다."

"아침부터 무슨 일이냐? 나는 지금 미켈란젤로가 한 어젯밤 작업이 몹시도 궁금하다. 너의 이야기는 나중에 듣기로 하자."

그는 서운함이 역력한 피에로 왕자를 두고 문을 나서버린다.

"제길! 그놈의 미켈란젤로가 오고 나서…!"

피에로 왕자의 어금니가 굳게 다물어진다.

너그러움과 총명함을 갖추기보다는 유난히 샘이 많던 바로 그 피에로 왕자가 국왕이 되면서 로렌초 국왕의 사랑을 많이 받았던 미켈란젤로가 큰 곤욕을 치르게 된다.

　풍요로운 메디치 궁에서의 미켈란젤로, 내부 정원부터 각 층의 연회장에 이르기까지 즐비한 그리스와 로마 제국 시기의 진품 조각들은 그의 하루하루를 희열과 열정의 도가니로 만들어주었다.

　특히 새로 들어온 조각이 있을 때마다 미켈란젤로는 국왕 로렌초의 부름을 받곤 했다.,

　"미켈란젤로야, 어제 새로 들어온 조각을 보았느냐? 한꺼번에 몰려서 보다가는 깨질 수도 있으니 네 방으로 옮겨 어떻게 만들어졌는지 연구해보도록 해라."

　예술 방면에서 최고의 스승은 습작이라 했던가!

　이렇듯 군주의 특별한 사랑 속에 미켈란젤로의 실력은 진품을 따라하는 조각 카피 전공으로 두각을 나타냈고, 후일 최고의 조각가로 발돋움할 기틀을 다졌던 것이다.

　이런 특별한 사랑도 시간의 흐름을 막지 못했다.

　1492년 4월 9일 짙은 먹구름과 천둥소리가 우르릉거리며 하늘의 노여움인지, 슬픔인지를 쏟아낸다. 어두운 하늘이 요동치고 섬뜩한 번개가 두오모 성당 타워 꼭대기의 금공에 떨어진다.

문헌에서는 암울하고도 불길한 징조의 서막을 알린 이 사건을 하늘도 울었다고 기록한다.

그날 성군 로렌초 일 마니피코 국왕이 숨을 거둔다.

르네상스의 진정한 꽃이 떨어진 것이다.

무수한 예술가들을 발탁하며 문학과 예술, 과학을 좋아하며 최고의 대우로 장려했던, 그래서 그의 이름에는 '장엄한', '웅대한' 의미를 가진 'Il magnifico'가 붙는다.

아버지보다 더 큰 사랑을 주었던 성군의 죽음은 미켈란젤로의 인생을 바꿔 놓았다.

슬픔이 채 가시기도 전에 미켈란젤로는 새로운 국왕의 부름을 받게 된다. 선왕 때 마음 깊이 서운함을 갖고 그를 벼르고 있었던 피에로 왕자가 새로운 국왕이 된 것이다.

"부르셨습니까? 왕자님."

미켈란젤로가 석연치 않은 얼굴로 인사를 건넨다.

"예전 호칭을 부르면 어떻게 하나? 나는 이제 왕이다!"

"아, 정말 죄송합니다. 왕자… 아니 폐하."

"너도 이제 아바마마의 시대가 끝났다는 걸 알겠지?"

"아, 네…."

불현듯 스치는 로렌초 국왕의 사랑에 미켈란젤로의 눈에

눈물이 핑그르 맺힌다. 그러나 여운이 채 가시기도 전에 새로운 국왕의 말이 이어진다.

"너 말이야. 우리 아버지 시절에는 참 잘나갔었지?"

조금 비아냥거림이 섞인 왕의 말투에 움찔 놀라 얼굴을 쳐다보니 회심의 미소가 번득이고 있었다.

"앞으로 궁에서 뛰어다니지 말도록 해. 물론 아바마마의 유언이 있으니 피오리노(피렌체 금화: Fiorino 또는 Duchi)는 매달 18냥씩 지불하지. 하지만 그 대가로 앞으로 한 달에 하나씩 조각을 가져오도록 해라!"

깜짝 놀란 얼굴의 미켈란젤로는 애써 억지웃음을 지었다.

"저… 폐하. 잘 모르시는 것 같은데, 원래 조각 하나를 제작하는 데는 최소 1~2년은 걸립니다."

"누가 모르는 줄 아나? 하지만 넌 아바마마가 인정한 천재가 아니더냐. 그러니 그 천재성을 나에게도 보여 줘야지."

"…"

미켈란젤로의 등줄기로 식은땀이 흐른다.

"아마 조금 바빠지겠군? 하하하!"

농담인지 진담인지 알 수 없지만, 그 섬찟한 웃음소리가 미켈란젤로의 귓가를 파고든다.

그로부터 약 한 달이 다 되어 가는데, 아직 군주의 부름은 없다.

"아닐 거야… 설마 농담이겠지…. 한 달에 조각 하나를 깎는다니…."

이런 생각에 잠겨있을 때 요란한 발자국 소리를 앞세운 근위병들이 불안한 얼굴을 한 미켈란젤로의 방문을 거침없이 연다.

"어이, 천재 미켈란젤로. 이번 달에 내게 줘야 할 조각은 어떻게 된 건가?"

소스라치게 놀라 당황한 미켈란젤로.

"아, 네…. 이, 이겁니다."

미켈란젤로는 엉겁결에 혹시나 하는 마음으로 깎던 조각상을 하나 들었다.

"누가 이렇게 작게 만들라고 했나?"

이어지는 군주의 질책과 트집은 미켈란젤로를 더욱 힘들게 한다.

"하지만 크기는 말씀하시지 않았는데요…."

"뭐라? 거기다 이 밑둥치도 아직 다 안 깎았군?"

"아… 그건 원래 그대로 두는 겁니다."

"허허. 이놈의 주둥이 하곤! 내가 지금 장난하는 줄 아나?

좋아. 이번 달은 첫 달이니 한 번 봐주도록 하지. 다음 달은 어떻게 되나 한 번 두고 보자!"

새로운 국왕은 싸늘한 말투와 함께 어김없이 조각을 쓰레기통으로 던지며 문을 나선다.

"후…. 앞으로 어쩌지…?"

하루하루 곤경에 빠지는 미켈란젤로, 근심 속에 불편한 궁 생활은 도저히 미래가 보이지 않았다.

머지않아 왕의 계략에 걸려들겠다고 생각한 미켈란젤로는 밥도 먹지 못하고 미친 듯이 조각을 깎으면서도 서서히 마음의 준비를 한다.

새 국왕의 등극 이후 3개월이 지난 어느 날, 하얗게 질린 얼굴의 미켈란젤로가 두 눈을 번쩍이며 서두른다.

모두 잠이 든 새벽 세 시. 그는 가방을 챙겨 메디치 궁을 빠져 나와 쏜살같이 내달린다. 아르노 강을 넘어….

누가 볼 새라, 누가 쫓아 올 새라, 다급한 마음으로 산토 스피리토*Bascilica S. spirito* 성당의 문을 두드린다.

수도사의 안내로 수도원장 앞에 다가선 미켈란젤로는 호소력 짙은 목소리로 간청한다.

"원장님, 제발 저 좀 숨겨 주세요…. 지금 새 국왕이 저를 괴롭혀 도망쳐 나왔습니다."

　그동안의 힘거운 상황에 대한 대략적인 설명에 그리고 또한 하나님의 구원의 손길이 있는 성당이라서인지 이유를 막론하고 미켈란젤로의 청을 들어 준다.

　당시 피렌체의 시국은 이전 시간부터 오랜 시간 동안 신성로마제국의 황제파*Ghibellini*와의 알력 싸움 속에 힘을 잡았던 교황파*Guelfa*가 1269년 콜레 전투*Bataglia di Coll*e에 대승을 거두며 세력을 키웠지만, 흑색당*Neri*과 백색당*Bianchi*으로 나뉘며 그 가톨릭 교구의 양태는, 제1등급 바실리카인 도메니크

산토 스피리토 성당

Domenco 족들의 산타 마리아 노벨라*Bascilica S. M. N* 성당과 제2 등급인 프란체스카니*Francescani* 족들의 산타 크로체*bascilica S. Croce*성당이 각각 종교적·정치적·경제적 힘을 모으며 충돌하며 대치하고 있었다.

그들은 정치적·종교적으로 힘을 구축하기 위해, 메디치 가문과의 연대를 꿈꾸며 그 통제 선상에서 탐색 정보를 제공할 수 있었으나, 제3등급인 아우구스티아*Augustiani* 족들의 산토 스피리토 성당은 조금은 중요시되지 않았다.

여기서 우리는 가톨릭 성당의 호칭에 대해 알 수 있다.

지역 속의 작거나 일반적인 성당들은 포괄하여 '키에자*chiesa*'라는 호칭으로 불리고, 대형 성당들을 대성당 '바실리카*Bascilica*'라고 한다. 이들의 특징은 정면에서 중앙의 큰 문과 좌우의 문을 도합하여 세 짝을 가지고 있으며 내부로 들어가면 중앙의 메인 통로와 좌우측의 통로를 가지고 있다는 것 그리고 그 운영권을 추기경*Cardinale*이 지니고 있다는 것을 알 것이다.

그리고 그 바실리카 등급의 성당 속에 그 도시국가에 가장 큰 규모의 성당에 대주교*Arcivescovo*가 있을 시 '카테드랄레*Cattedrale*'라는 호칭 또는 그 애칭으로 '두오모*Duomo*'라는 호칭을 부여한다. 이는 바로 '대주교'를 상징하는 용어로서 그 어원은 라틴어이며, 그 도시국가의 대표적 최고의 성당이라는 것과 교황이 해당 도시국가를 찾을 때는 그곳을 방문한다는 의미를 담고 있다. 그래서 피사를 가면 피사 두오모, 시에나를 가면 시에나 두오모가 존재한다.

좋은 예로 밀라노의 두오모*Duomo*도 돔 천정이 없는 구조의 고딕 말기의 뾰족한 지붕이지만 이 역시 두오모이고, 동일 형태의 독일의 쾰른 대성당이 독일어로 'Dom'이라 표기되어 있는데, 뭇 사람들이 이야기하는 것처럼 두오모의 뜻이 영어의 돔 형태 천정인 뚜껑의 의미는 아닌 것이다.

어하튼 위대한 성군 로렌초 대왕의 임종이 있던 1492년부터의 위기는 산토 스피리토 성당으로 도망의 길이 열리며, 또다시 새로운 운명이 미켈란젤로를 맞이한다. 그것은 고난 속에 또 다른 커다란 행운이었다.

그 성당의 수도원장은 무연고 부랑자들의 시신과 사형수들의 시신에 염을 해줄 수 있는 자격이 있었다. 즉, 무연고 시신들을 처리할 수 있는 권한을 갖고 있다고 해도 과언이 아니었기 때문에 모든 무연고의 시신들은 성당 지하실로 옮겨왔다.

도피생활로 오갈 데 없는 미켈란젤로, 그는 성당 지하실에서 피신생활의 답답함과 궁금증 그리고 호기심으로 시신들 몇몇을 훼손하여 장기를 끌어내 스케치를 해보기 시작한다. 물론 그 시대는 시체를 훼손하는 해부학이 불법으로 간주되어 금지되어 있었기에 굉장한 위험이 있는 행위였다.

시간이 흐르면서 성당 주변에 피비린내가 난다는 주민들의 수근거림에 원장은 주변 사람들을 성당 광장에 불러 모았다.

"모두 잘들어라! 성당 주변과 지하실에 옛날부터 아귀가 사는데, 해거름이 되면 주변을 돌다 사람의 영혼을 잡아먹는다. 그러니 절대 성당 주변을 돌아다녀서는 안 되느니라!"

이렇듯 세심한 원장의 배려와 도움으로 후대에 예술사의 획을 긋는 힘줄과 근육의 탁월한 표현을 담아 해부학의 의미가 깃든 조각 〈다비드〉의 탄생과 로마 교황청의 〈천지창조〉 프레스코화 내 각각의 그림군인 〈아담의 창조〉 등의 베이스로 인간 뇌의 단면이나 간, 콩팥 등의 장기가 형상화될 수 있었던 것이다.

특히 약 40년 동안 미켈란젤로와 같은 성공을 염원하는 예술가들 사이에 급속도로 근육미의 과장하는 미켈란젤로의 매너리즘Manierasmo으로 선호되기 시작했다.

즉 헤라클레스 같은 원래 근육이 있는 남성들은 이미 그리스 로마 시대의 조각에도 나타나 있었으나 미켈란젤로는 그런 상식의 범주가 아닌, 근육이 없어야 할 상대들에게도 과도한 근육질을 조각에 피력하며, 그 특이함의 유명세로 그림에서도 울퉁불퉁 근육의 과장미로 어필한다.

그 시작이 성서 속 15세 소년의 의미를 지닌 다비드가 아닌, 건장한 힘의 다비드를 구현한 것이다.

여하튼, 1493년 숨어든 지 1년 반이 지나는 산토 스피리토 성당 안에서의 어느 날.

"원장님, 저 이제 그만 나가고 싶습니다…"

"아직 이른데… 왜…?"

두 눈이 퀭한 채 미켈란젤로가 떠날 것을 간청한다.

"너무 답답하기도 하고요. 이젠 피 냄새만 맡아도 토가 나옵니다…"

"그래, 뭐. 가고 싶으면 가는데 그전에 나에게 감사 표시 정도는 해줄 수 있겠지?"

"그게 무슨 말씀입니까?"

"뭐 조각 같은 기증품 말이야."

"아… 물론입니다."

미켈란젤로는 시간을 단축하기 위해 대리석이 아닌, 목재로 조각을 시작한다.

원장의 도움에 보답과 감사한 마음으로 목각의 예수 그리스도 상을 한 달 반 만에 깎아 남겨 두어 아직도 그 원본이 성당 내의 성물 안치소*Sagrestia* 내부에서 빛을 발하고 있다.

좌. 성당 내부 좌측의 성물 안치소 우.미켈란젤로의 목각 예수상(1493, 산토 스피리토 성당 소장)

그런데, 다급한 마음 때문이었을까? 아니면, 돈이 되지 않는 기증 작품이었기 때문일까? 이상하게도 그 유일한 목각 조각은 돌보다 더 쉽고 해부학을 공부한 뒤의 첫 조각임에도 미켈란젤로 특유의 근육질은 표현되지 않았다.

아마도 새로운 군주로부터 절박한 심정으로 도망친 그는 초조함으로 마음의 여유가 없을 것이다.

물론, 이 조각 역시 그간 눈에 익혀온 조각의 선구자 도나텔로의 섬세한 목각 예수상을 자연스레 재현한 카피본이라

할 수 있지만 근육질이 드러나지 않는 밋밋한 모습은 부루넬레스키의 작품 스타일과 더 닮아 있다.

아무튼 그때 당시에 비해 미켈란젤로 죽음 이후에는 피렌체에 보존된 그의 유일한 목각 조각이라는 높은 가치로 현재까지 그 빛을 발한다.

여하튼, 미켈란젤로는 감사의 마음을 목각 조각으로 남기고 성당 문을 나섰다.

"미켈란젤로는 국왕의 명을 받들라!"

쩌렁쩌렁한 목소리가 들리고 말을 탄 근위병들이 어떻게 알고 왔는지 성당 앞을 에워싸고 있었다.

"아… 이런…"

침울한 얼굴로 다시 메디치 궁으로 호송된 미켈란젤로는 국왕 피에로를 만났다.

수소문 끝에 미켈란젤로의 소식이 새 국왕인 피에로 왕에게 보고되었던 것이다.

1494년 1월 한파에 의한 피렌체가 폭설로 파묻히게 되던 시기였다.

미켈란젤로의 줄행랑으로 몹시 화가 났던 시기가 흘러서인지 조금은 누그러진 목소리로,

"미켈란젤로, 반갑구나! 내가 자네를 찾느라 얼마나 고생

했는지 아는가?"

"아… 네…! 죄송합니다, 폐하…."

"내가 그렇게 자네를 힘들게 했나?"

입가로는 웃음이 베어 나오지만 눈빛만큼은 아직 분노가 남아 있음을 알 수 있다.

"아닙니다. 그게 아니라… 돌조각을 어떻게 한 달에 하나씩…."

눈빛과 말을 떨며, 앞으로 어떤 일이 펼쳐질까 눈앞이 막막한 미켈란젤로에게 국왕 피에로는 미움이 가득한 눈빛으로 말을 이어 간다.

"그게 힘들었단 말이지? 나는 그저 자네의 천재성을 보고 싶었는데 말이야. 내가 많이 힘들게 했나 보군, 그래? 그래서 말인데, 이제 돌조각은 시키지 않도록 하지! 이번에는 이 많은 눈을 치우기도 할 겸해서 눈으로 조각을 좀 해보는 게 어떤가? 하루에 하나씩 큼직하게 말이야! 알겠나? 정말 재미있겠군!"

그때 당시가 1월로 피렌체에는 엄청난 폭설이 내려 있었다.

"네…? 어찌…."

또다시 억하심정의 군주에 걸려든 미켈란젤로는 눈조각을 하루에 한 개씩 여덟 개를 만들다가 또다시 일주일 만에 도망쳐서 잠적한다. 그때 바로 볼로냐를 거쳐 베네치아까지 도주하게 된 것이다.

그리고 그곳의 성당에 몇몇의 기증용 조각을 남기며 생활하던 미켈란젤로는 얼마 되지 않아 놀라운 소문을 듣는다. 자신을 괴롭히던 피렌체의 젊은 군주 피에로가 전쟁의 여파 속에 쫓겨 나갔다는 소문이었다.

"흥. 그렇게 나를 괴롭히더니… 꼴 좋구나."

웃음을 참아가며 미켈란젤로가 또다시 피렌체로 내려 온다.

1494년 9월 프랑스의 샤를 8세*Carlo VIII*가 이끈 20만의 대군에 의해, 밀란 공국부터 유린된 이탈리아반도 땅은 경제력의 최대 부국이었던 피렌체 땅을 관통하여 나폴리까지 점령하는 전쟁이 벌어진다.

피렌체는 프랑스에 비해 군대의 힘은 미약하다.

특히 전쟁 경험이 없는 메디치가의 젊은 국왕 피에로 2세가 이끄는 군대로는 상대적으로 강한 프랑스 군대와 맞서는 것이 역부족임을 깨닫고, 그때 마침 내각을 책임지는 국무총리급인 수도사 사보나롤라*Girlamo Savonarlola*는 메디치가의 위기를 좋은 기회로 보고 여세를 몰아 그들을 축출하기 위한 계략을 꾸민다.

"폐하, 프랑스 대군은 나폴리를 차지할 심산으로 밀어 닥치고 있습니다. 밀란 공국 꼴 당하지 말고 우리는 길만 터주고 전쟁자금을 지원하는 조건으로 빠지면 될 것입니다."

"뭐? 정말 그러면 되는 건가?"

우왕좌왕 형국 속에 젊은 군주 피에로는 그의 계책에 말려든다.

선대 군주 로렌초 일 마니피코가 하늘에서 얼마나 통탄해했을까…

피렌체에 며칠을 구슬프게 비가 내린다.

나폴리로 향하는 프랑스 대군의 길을 열어주는 조건으로 희생을 줄이자는 묘수의 수도사 사보나롤라*Girlamo Savonarlola*(로렌초 일 마니피코 국왕 시 정책 보좌관직 수행)의 변절과 계략으로, 고군분투에도 불구하고 피렌체 군대는 무장해제를 당하며 메디치가의 피렌체는 유린된다.

결과적으로 메디치가의 축출을 노린 계책과 전쟁의 피해를 최대한 줄이자는 두 마리의 토끼를 잡은 신혁명정부가 탄생된 것이다.

프랑스에 대한 전쟁 자금의 보상과 재정의 충당을 약속하며, 메디치 가문의 방대한 채권들을 몰수하며 프랑스에 친밀 관계를 유도한다.

반면, 패주했던 피렌체의 젊은 군주 피에로 2세는 재기를 다지기 위해 한 달 만에 야음을 틈타 은밀하게 피렌체에 돌아오지만, 이미 변절한 귀족층들과 신혁명정부를 돕는 무리들에 의해 현상금까지 걸린 자신의 모습과 믿을 수 없는 상황에 치를 떨며 도망칠 수 밖에 없었고 급기야 추적까지 당한다.

가중되는 신변 위협과 이미 대다수의 귀족들은 채무의 이행을 하지 않아도 된다는 이점으로 축출되는 메디치가에 등을 돌린 상태에서 어쩔 수 없이 몇몇의 시종들과 후일을 기약하며 쓰라린 마음으로 또다시 패주한다.

이제 피렌체에는 신혁명정부가 들어서고 메디치가의 피눈물 나는 시련의 시간이 시작된 것이다. 불과 몇 년 전에 세종대왕 같은 로렌초 국왕의 서거이후 그 찬란했던 메디치 왕조! 아니, 풍요로운 메디치가의 피렌체는 이제 어두운 운명을 맞이한다.

메디치가를 몰아낸 무리 속의 수도사 사보나롤라*Girlamo Savonarola*의 혁명정부가 탄생한 것이다.

물론 군주제를 다시 진정한 공화정치로 돌렸다는 역사적 의미를 부여하고 있지만 언제나 그렇듯이 역사는 이긴 자의 시각으로 비춰진다는 속설을 여실히 보여준다.

혁명의 정당성과 이것이 신의 계시임을 주장하고, 부르주아의 상징인 메디치가와 그 경영철학을 반대하는 슬로건으로, 마치 프롤레타리아 혁명론처럼 엄격주의*Rigorismo* 속에 다시 공화정을 선포하며 메디치가와 적대적 관계였던 몇 명의 귀족층들과 연합한 세력은 사치를 금하는 법령까지 선포한다.

물론 삶이 녹록지 않은 평민들은 귀족들의 사치를 범법화로 몰아가는 혁명정부가 좋아 보일 수 있었지만, 그것도 한때이다.

서서히 궁핍해가는 생활을 느낄 수밖에 없게 되며, 시간의 흐름 속에 메디치가의 번영기를 그리워하게 된다.

여하튼, 리고리즘의 본보기로 메디치 가문에 의해 소장되었던 수많은 고가의 예술품을 사치품이라 규정 짓고, 시뇨리아 광장에서 약 200점의 미술품을 태워 버린다.

또한, 모든 사치라는 예술 활동을 금지 시킨 피렌체의 암울한 시기가 시작되었다.

그런 피렌체에 돌아온 미켈란젤로는, 이제서야 제대로 돈 좀 벌겠구나 했지만 그 광경에 눈이 휘둥그레진다.

그런 와중에 눈에 띄는 벽보 하나.

조각 분야(특히, 카피 능력자)에 탁월한 자 우대 선발 중

—혁명정부 백

이런 불안정한 시기에도 미켈란젤로는 현실적응 능력이 탁월하다.

과도기 혁명 정부의 통치자 사보나롤라의 영향력에 승계된 정부 관료를 찾아간다.

"저… 제가 조각 카피는 좀 할 수 있습니다."

"이름이 뭐냐?"

"미켈란젤로입니다."

"음, 어디 보자… . 그러고 보니 너! 메디치 궁에 살던 놈이었구나!"

인명부를 열람하던 정부 관료는 놀란 표정으로 올려다본다.

"네. 그것이 문제가 되요"

"아니, 문제라기보다… 그런데 거기서 조각을 했다는 건 실력이 높다는 건가?"

"아, 네. 조각 카피는 전문이라 할 수 있지요."

"좋다! 우리 혁명정부의 위상과 혁명의 정당성을 위한 조각 좀 해보자!"

이렇듯, 메디치 가문과 적대시한 혁명정부와 그 가문의 의뢰를 받아 입지조건을 확고히 한다.

이러한 격동의 시간 속에 미켈란젤로는 은혜를 베풀어 주었던 메디치 가문에 대한 감사는 고사하고, 자신의 입지조건과 명성, 그리고 부를 위해 달려 나간다. 물론 살기 위해서라면 할 말은 없을 것이다.

아… 유전무죄 무전유죄인가!

흉흉한 정국 속에 기회를 얻어가는 미켈란젤로….

지금 현실 속 대다수 누군가의 삶처럼, 성공만을 위해 나와 내 가족만을 위해 주변도 보지 않고 달려가는 삶의 대변자인가?

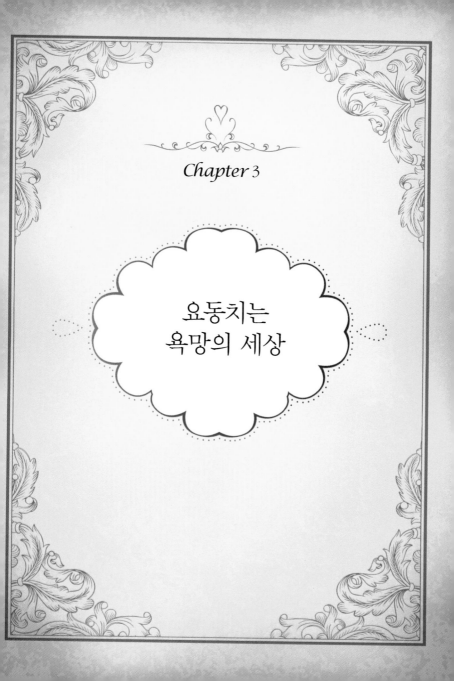

Chapter 3

요동치는
욕망의 세상

오로지 성공을 위한
미켈란젤로의 비열한 선택

메디치 궁에서 조각가로 명성을 날렸다는 소문으로, 미켈란젤로는 습작의 일환인 조각 복사 실력을 인정받게 되며, 이 시기의 혁명정부는 귀족층과 백성들에게 혁명정부의 정당성을 부각하기 위해 몇몇 그리스와 로마 조각들에 대한 복사 의뢰를 하게 되었다. 나날이 바빠지는 미켈란젤로에게 바쁜 손을 덜어 준다면 누군가 다가오는데…

어느 날, 몇몇의 추기경들과 귀족들의 아름을 많이 갖고 있는, 이름하여 VIP고객과 거래하는 유통업자가 그를 찾아왔다.

"어이! 미켈란젤로, 당신의 조각 실력이 유명세로 대단하다 하니, 내 당신을 위해 다리를 놓아주겠소. 동업합시다!"

이어지는 유통업자의 설득,

"바쁜 당신이 직접 쫓아다닐 필요 없고 물량의 오더는 내가 다 따 줄 테니, 당신은 깎기만 하면 되는 거야. 얼마나 편

한가. 우린 떼돈을 벌 수 있을 거야!"

"음… 생각 좀 해보겠소…."

한참을 고민하던 미켈란젤로는,

'저 사람은 인맥이 넓으니 내 작품들이 더 많이 유통될 것이고… 더 많은 유명세와 부를 한꺼번에 얻는, 성공이라는 것이 더 빨리 당겨질 수 있는 것 아닌가!'

이렇듯 빠르게 결론을 내린 미켈란젤로는 "좋소! 이익금은 반반 나누는 조건이오." 하고 승낙했다.

두 사람의 동업은 새로운 희망으로 시작되었다. 하지만 그 꿈은 시작된 지 얼마 되지 않아 큰 사건으로 미켈란젤로의 기함을 토하게 한다.

돈 벌기에 탄력 받은 미켈란젤로가 작품 〈큐피드〉를 비롯해 몇 개의 그리스 시기의 조각을 복사 해 대지만, 어느 날 유통업자로부터 받은 첫 돈은 피렌체 금화 18냥*Duchi*.

"아니… 조각값을 이것밖에 안 쳐주면 어떻게 하나?"

불만에 섞인 목소리의 미켈란젤로가 의아한 시선으로 물었다. 그러자 유통업자가 정색하며 말꼬리를 잡는다.

"무슨 뜻이야? 그 정도면 많은 거야! 그래도 나 정도 되니까 그 정도를 받아왔지!"

"그래도 이것보다는 많이 받았을 것 같은데…."

"이보게, 미켈란젤로. 자네 지금 날 의심하는 거야? 그래 좋다, 좀 더 받았다! 하지만 시원하게 말 한번 해보자. 자넨 혼자 다 고생하는 줄 아는데, 이거 왜 이래? 내가 더 힘들어. 매일 같이 쫓아다니며 상전처럼 추기경이나 귀족들에게 아부해가며 영업하는 게 쉬운 일인 줄 아나? 내가 더 먹어도 한참을 더 먹어야 하는데, 나 정도 되니까 그래도 반반 나눈 줄 알게!"

"알았네. 아니면 아니지, 뭐 그리 화를 내고 그러나…."

유난히 촉이 좋은 미켈란젤로는 더 받았을 것이다 라는 의구심은 갔지만,

"이렇다 할 증거도 없고…. 어쩔 수 없지."

체념하고, 한 달이 지나가던 어느 날.

미켈란젤로는 그 지불금액의 원의뢰자인 로마의 추기경 라파엘레 리아리오*Raffaele Riario*를 우연히 길에서 만나게 된다.

"혹시, 자네 요즘 이름을 얻고 있는… 미켈란젤로 아닌가?"

"아… 네, 맞습니다."

"아니, 이런 예술가를 여기서 만나다니…! 내 자네의 명성을 듣고, 뭐라도 하나 자네 작품을 가지고 싶어서 조각 카피본이라도 이리저리 수소문했었는데, 한 달 전에 받았어!"

어렴풋이 기억은 나는데, 곧 이어지는 말에 머리가 한 대

맞은 것처럼 멍해진다.

"자네가 깎았다 해서 내 후하게 쳐주지 않았던가! 왜 기억이 안 나나? 200냥 준 거 말이네!"

"뭐라고요?"

그때 금화 200냥이 지불되었다는 것을 알게 되며, 자기 자신은 18냥을 받았다는 충격과 배신감으로 기절하게 된다.

"다시는 남과 동업하지 말아야지!"

밤새도록 이어지는 반성 속에 결심은 굳어간다.

그 후로부터 유통 구조에 눈을 뜬 미켈란젤로는 모든 프로젝트를 직접 거래하게 되며, 심지어 돌을 사러 마차를 몰아 직접 가게 된다.

국내에 출간된 몇몇의 책들에 적힌 대로 보면 최고의 걸작을 위해 최고의 재료를 직접 고르러 갔다고 할 수도 있겠지만, 사실 원문에는 유통마진을 최대한 줄여 제일 낮은 단가로 그중에 양질의 대리석을 구입했다고 전한다.

1496년 6월 그 추기경의 도움으로 더 많은 명성과 부를 쌓기 위해 로마로 내려간다.

로마에서의 분주한 생활은 더 더욱 미켈란젤로의 명성에 불을 붙이게 된다.

그리고 이듬해인 1497년 11월 추기경의 알선으로 프랑스의 루이 11세*Luigi XI*부터 샤를 8세*Carlo VIII*까지 파견대사를 역임하는 프랑스인 추기경*Jean de Bilheres Lagranlos*을 만나 역량을 떨치기 시작한다.

그때의 작품이 〈바코*Baco*〉를 비롯한 최고 명작들 속의 〈피에타*Pieta*〉로 명성을 얻게 되어 페트로닐라 성당*chiesa di Santa Petronilla*에 추기경의 사후 묘비용으로 납품되지만, 그 작품성은 뒤늦게 교황 줄리오 2세*Papa Giulio II*에 의해 예술적 가치가 재조명되어 1517년 교황 레오네 10세*Leone X* 시기에 바티칸의 피에트로 성당*Basilica S. Pietro*으로 옮겨지게 된다.

그 작품성으로 1503년에 등극한 교황 줄리오 2세에게 호감을 사 미켈란젤로에게는 교황청의 연락을 받고 면담을 주선받는 계기가 되기도 한다.

여하튼, 작품 〈바코〉는 너무 조바심을 내며 대충 깎아 인수가 거부되는 슬픈 사연도 있었지만, 일곱 살에 세상을 떠난 어머니를 그리워하고 그런 어머니가 일곱 살 난 아이를 놓고 떠나는 슬픔을 표현한 야심작 〈피에타〉는 달랐다.

미켈란젤로의 스물두 살부터 2년 동안의 야심작!

좌. 미켈란젤로의 로마에서의 첫 작품 〈
피에타(Pieta')〉 우. 비탄의 슬픔을 승화
시키는 성모의 감정묘사.

샤를 8세의 대사인 그 추기경은 자신의 묘비용으로 제작된 조
각 〈피에타〉에 흐뭇함을 가지고 교황에게 자랑하고 싶었다.

"교황님, 어서 오십시오. 이번 작품은 피렌체의 어떤 작가
것인데, 아주 잘 만들어진 것 같습니다."

"무엇을 만들었다고 이 성화인가. 어디 한 번 보지!"

웃음을 띤 추기경에 비해 귀찮다는 인상의 교황 알렉산드
로 6세*Papa Alessandro VI*는 어려운 발걸음을 했다.

이윽고, 예술과의 조예가 별로 없는 교황 알렉산드로 6세
는 한참을 응시하다가 입을 뗀다.

"이건 누가 깎았는가?"

추기경 위주로 운집된 사람들 모두 교황의 눈빛만을 보고

있다가 나온 물음에 몇몇의 사람들은 그 의도를 몰라 어리둥절했지만, 대다수의 사람들은 웃음꽃을 피운다.

"작품성이 있다는 말씀이지?"

이때 미켈란젤로 역시 자신감으로 목에 힘이 들어간 채 군중 사이를 헤집고 나오려 한다. 그러나 곧 이어진 교황의 말에 주춤 물러선다.

"누가 깎았는지 신앙심이 개판이군!"

"아니, 무엇 때문에 그러시는지요?"

의아해하는 추기경의 말을 가로채듯 교황이 말을 이었다.

"아니, 이것 보게. 성모 마리아가 이렇게 크고 거기에 비해 예수님은 작고. 거기다 얼굴은 마리아보다 더 늙어 보이는군. 그리고 이 부활을 예고할 수 있는 성스러운 장면에 마리아가 너무 우는 것처럼 만들어졌지 않은가?"

"네?"

모두들 놀란 가슴으로 교황과 추기경을 반복해볼 뿐이었다.

이렇듯, 부푼 꿈으로 로마로 처음으로 달려가 해낸 미켈란젤로의 첫 프로젝트는, 기대 이상의 뭔가로 자리 잡지 못하고 교황청에 연결고리 하나 없이 하염없는 뒷날을 기약하며 피렌체로 발길을 터덜터덜 돌려온다.

피에타의 명성은 아들 예수를 떠나보내는 엄마의 입장으로 이해하며, 자신에게도 일곱 살 때 돌아가신 엄마의 슬픔이 떠오르며 깎았던 감정 이입의 묘사와 재료의 탁월함도 같이 느끼게 한다.

이 작품은 당대보다 그 후에 다시 부각되는 로마에서 미켈란젤로가 만든 인생 첫 조각으로 의미가 크고, 그때 이후로 그는 항상 〈피에타〉의 재료였던 까라라*Carrara* 산 대리석을 최고의 돌로 염두에 두게 된다.

미켈란젤로가 가장 싫어한 일 중 하나가 유통마진을 주는 것이다. 그래서 그는 언제나 가장 저렴한 가격으로 재료비를 맞춰내는 알뜰한 조각가가 되며, 한 번 사기를 당한 트라우마로 남을 쉽게 믿지 못해 직접 사러 간다는 후문까지 전해진다.

그 이후 그곳의 대리석들은 모든 조각가들이 선호하는 최고의 재료가 되며, 지금도 이탈리아 조소과 학생들뿐만 아니라 전 세계 조각가들의 로망이 된다.

바로 피렌체로 다시 돌아온 미켈란젤로는 그동안의 시간을 까먹은 것에 대한 보상처럼, 뭔가 큰돈을 받을 수 있는 대형 프로젝트를 찾고 있었다.

"아니, 자네 미켈란젤로 아닌가!"

"안녕하셨습니까?"

"자네의 명성이 높아지더니만 고향 피렌체는 영 잊었는가?"

"그럴 리가요. 그래서 그리움에 다시 왔잖습니까."

"이번에 추천장과 함께 내려간 로마는 괜찮았는가?"

"말도 마세요. 살아온 게 다행입니다."

"허허허. 그렇구만. 그러면 말이야…."

두 귀가 쫑긋해지면서 미켈란젤로는 경청한다.

"자네, 우리를 위해 멋진 프로젝트 한 번 해볼 텐가?"

"뭡니까?""

"지금 두오모 광장 성당공사 작업장에 가면 5m 돌이 있는데, 두 놈의 조각가가 하다가 말았던 것이 있네. 아마 대충 초벌 깎기는 되었을 텐데…. 그걸 맡게나!"

"무엇을 깎는 겁니까?"

"이번에 우리 신혁명정부에 의해 피렌체가 다시 태어났지 않는가!"

"그런데요?"

"이렇게 답답하기는…. 아직도 마음속에 메디치가의 통치시기를 흠모하는 세력과 그 메디치의 뒤통수를 칠 수 있는 엄청난 의미의 조각상이 필요하단 말이네! 그래서 말인데, 성서의 그 다비드 말일세! 덩치가 커다란 적장 골리앗을 돌멩이 하나로 때려 부수는 다비드 말이야!"

"그것이 무슨 의미가…. 아!"

질문을 이어가려던 미켈란젤로의 입술이 떨려온다.

"덩치가 큰 악덕 골리앗이 메디치가를 상징하는 것이고, 골리앗을 돌멩이 하나로 이긴 다비드가 신의 계시를 등에 업은 우리 신혁명정부란 말일세!"

목에 핏대를 세우고 침을 튀겨 가며 떠드는 혁명정부 관료 앞에, 잿빛으로 변한 미켈란젤로의 놀란 얼굴이 교차된다.

'아…! 이런…. 메디치가를 능욕하는 조각을 했다가는 후환이 두려운데… 이를 어쩌지….'

신혁명정부의 관료는 표정이 일그러지는 미켈란젤로를 다시 채근한다.

"무엇을 망설이는가? 자네 혹시 메디치가의 *끄나풀*인가? 그놈들 잔당들과 내통하는 건 아니겠지?"

"아니, 그럴 리가요…. 하지만…."

말을 잇지 못하는 미켈란젤로의 머릿속에 자신을 따뜻하게 안아 주었던 성군 로렌초 일 마니피코의 따뜻한 가슴과 미소가 떠올라 눈빛이 젖어든다.

"이를 어찌 하면 좋단 말인가…! 인간으로 할 일이 아닌 것 같은데…."

고민 끝에 비장한 얼굴의 미켈란젤로가 대답한다.

"좋습니다. 가능합니다. 하지만, 조건이 있습니다."

"뭔가?"

"사실 그 메디치 궁에서 저를 먹여주고, 재워주고, 공부를 시켜줬기에… 제가 그런 일을 하고 나면 은혜도 모르는 비열한 인간으로 낙인 찍힐 것입니다. 그러니 그 보상까지 비용에 넣어 주십시오."

"좋아. 그것까지 금액적인 보상을 올려 처리해주겠네."

"또 혁명정부가 발표한 사치 금지령으로 예술작품 의뢰가 거의 끊겼는데 오더가 있을 때는 저를 통해준다는 확정을 주십시오."

"음… 그것도 다른 관료들과 상의하여 되는 쪽으로 해주지."

미켈란젤로는 두근대는 가슴을 달래며, 〈다비드〉 프로젝트에 손을 댄다.

인생 최고의 걸작!

그 용도가 더 무서움으로 다가온다.

"메디치가를 짓이겨 준다는 혁명정부의 '다비드'라…."

머릿속은 여러 생각들로 어지러워진다.

"어차피 인생은 한 방이다! 까짓 거 목숨 한 번 걸어보자!"

빠른 머리 회전력으로 판단도 빠른 미켈란젤로 작정을 하고 달려든다.

"음…. 모든 이들에게 메디치가의 몰락을 알려줄 목적으로 성당 위 작은 꾸뽈라 끝 난간에 세울 것이란 말이지. 높이가 약 50m 위라…. 음…."

상념에 잠긴 미켈란젤로는 조각의 컨셉을 잡았다.

이 〈다비드〉는 용도로 보나 크기로 보나 미켈란젤로 자신의 인생과 생명을 걸고 임한 것이라, 이때 책정된 야심작 다비드를 위한 어마어마한 가격의 지불로 1504년 피렌체의 재정이 바닥을 보였다는 이야기와 같은 해에 피렌체 혁명정부로부터 초청된, 이미 페루지아와 시에나 지역에서 최고를 달리는 천재화가 라파엘로*Raffaello Sanzio*에게 그의 작품들 가격 값을 제대로 지불해주지 못했다는 이야기가 나올 정도다.

또한 라파엘로가 진정한 최고의 천재로 대우받지 못한 서운함으로 얼마 지나지 않아 피렌체를 떠나는 이유가 되기도 한다는 후문도 있다.

여기서 잠깐, 세상 모두가 인정할 수밖에 없는, 천재 라파엘로를 만나 보자.

또 다른 천재와의 만남

미켈란젤로와 약 여덟 살 차이로 태어나는 라파엘로.

왜 우리는 그를 천재화가라고 부르는 데 주저할 수 없는 걸까?

이미 왕의 지정화가로 정평을 얻은 그 나라 최고의 실력자, 아버지 조반니 산티*Giovanni Santi*의 역량이 고스란히 라파엘로의 핏속으로 전해졌다.

말 그대로 아버지의 피를 받아 우리나라 최고의 영화배우가 된 하정우 같이, 아버지의 피가 같은 길을 걷는 아들에게 그대로 흐르는….

이렇듯 이미 피부터 미켈란젤로와 다르다.

1483년 3월 28일 피렌체를 중심으로 있는 토스카나 주의 오른쪽에 위치하며, 이탈리아 반도의 동해 바다를 끼고 있는 마르케 주*Regione Marche*의 우르비노 왕국*Urbino*에서 외동아들로 출생한다.

그 당시 이탈리아 반도는, 이미 오래 전 무너진 서로마제국을 대신하여 신성로마제국의 관할로 넘어갔지만, 거리상의 문제와 황제를 임명해준 교황에 대한 예우 차원 하에 조금 등한시되는 동안, 황제를 추종하는 세력들과 교황을 추종하는 세력들로 분파되며 도시국가의 형태를 띠는 소국가 여럿이 형성되어 있었다. 그리하여 중세 말기로부터 조금씩 통폐합되는 영토 확장 전쟁이 늘 끊이지 않았다.

그 때문에 지금의 이탈리아 역시 20개 주 정부로 운영된다.

그렇다면 가문의 성이 '산티Santi'인데, 왜 우리는 '라파엘로 산죠'라고 할까?

이는 그의 위대함을 칭송하기 위해 라틴어의 '산티Sancti'에서의 어원으로 '산죠Sanzio'로 써준다는 것을 알아야 한다.

우르비노 왕국 역시, 르네상스를 일으킨 피렌체 공국의 가장 인접한 국가로 부와 예술적 가치를 알아주는 역대의 왕들과 1503년 등극한 교황 줄리오 2세가 이 곳 왕자 출신이기에 예술적 열정으로 충만하여 지금의 화려한 바티칸으로 바뀌는 내장공사가 시작될 수 있었다.

그런 우르비노 왕국의 지정 화가로 두칼 궁전Palazzo Ducale에서 작업했던 아버지의 예술적 역량으로 이미 여섯 살 때부터 장난감처럼 물감에 손을 댄 라파엘로는 남다른 총기와 예술에 대한 열정이 아버지를 무척이나 닮았다. 아니, 예술을 즐기는 그 마음은 아버지를 능가하고도 남았을 것이다.

외동아들로 금쪽같은 사랑을 받아야 했지만, 그의 어머니는 눈에 넣어도 아프지 않을 외동아들 라파엘로에게 사랑을 다 주지 못하고 여덟 살인 그를 둔 채 유난히도 추울 겨울을 앞두고 찬바람이 시작되는 1491년 10월 7일 세상을 떠난다.

그래서 그의 작품 속에는 무수히 많은 자상한 어머니, 가장 예쁜 어머니, 가장 따스한 어머니가 등장한다. 어쩌면 보고픔에 목이 매여 〈성모 마리아와 아기 예수〉를 그토록 많이 그렸을지도 모른다.

어머니에 대한 그리움이 항상 녹아내리는 듯한 성모마리아와 한 치도 떨어지지 않으려는 듯한 아기 예수의 그림들이 그토록 마음을 짠하게 만들어주는 이유가 그 이유일 것이다.

그의 아버지는 어머니를 갑자기 여의고 그리움과 슬픔에 빠진 여덟 살 라파엘로를 차마 홀로 두고 공방으로 갈 수 없었고 또한 금쪽같은 외동아들의 양육을 위해(사실 누구 좋으라고 그런 것인지는 모르지만) 어머니가 떠난 지 넉 달도 지나지 않아 베라르디나*Berardina*라는 계모를 들인다.

하지만 어머니를 그리워하는 라파엘로에게는 그 자리를 대신할 어떤 사람도 없었다. 아니, 그 여인 역시 자신이 낳지 않은 아이보다 왕의 화가인 아버지의 재산에 더 많은 관심이 있었다.

그런 상황을 이해하기 전 어느 날.

아버지는 뒷모습이 한없이 측은해보이는 라파엘로에게 아버지가 말을 건넸다.

"라파엘로야, 무엇을 하고 있느냐?"

"아버지, 어머니는 이제 정말 다시 오지 못하는 거에요?"

유난히도 깊어 보이는 눈망울이 보는 아버지의 마음을 적신다.

"음… 라파엘로야…. 네 어머니는 하늘나라에서 멋지게 커가는 너를 보고 있을 거다. 마치 성모 마리아처럼 말이지."

"아, 보고 싶어요…. 어머니…."

더 이상 다른 말을 해줄 수 없는 아버지가 아이를 안아준다.

"그런데 아버지…. 이제 어머니 얼굴이 자세히 기억나지 않아요…."

"그래, 엄마가 보고 싶으면 성모 마리아님을 생각하거라."

아버지의 가슴에 얼굴을 묻고 한참을 흐느낀다.

"저 성모님을 그리고 싶어요."

"그래, 어머니가 보고 싶은 만큼 그려 보거라…."

"응! 나도 그럼 열심히 그림을 그려서 아버지처럼 될 거에요!"

"그럼, 아버지를 따라 아버지 그림공방에 갈 테냐?"

"네."

라파엘로를 배려(?)해 맞이한 새어머니의 차가운 눈빛을 알게 된 아버지는 외동아들에 대한 사랑과 걱정에 행여 해코지가 있을까 봐 공방으로 같이 출퇴근했다.

왕의 화가로서 많은 작품 활동을 하는 아버지 옆에, 하루 종일 라파엘로는 무얼 했을까?

그것이 바로 천재적이라는 것이다.

꼬마는 아버지 옆에 보드를 깔고 얼굴에 귀여운 미소를 지은 채 숨을 쌕쌕 쉬어 가며 뭔가를 꼼지락 꼼지락 그리고 있다. 문득 아들을 돌아본 아버지의 얼굴에 빙그레 미소가 떠오른다.

"이런 것도 그릴 줄 아는 게냐? 허허."

"네, 아버지. 정말 재밌어요."

"잘하네. 그런데 이런 건 이렇게 표현해보면 더 예쁘 단다. 붓을 가지고 와봐라."

아버지는 시범을 보여주며 가르친다.

이렇게 여덟 살인 라파엘로는 더 이상 어깨 너머가 아닌 본격적인 미술공부를 하게 된다.

그는 아버지의 공방에서 그림공부인 프레스코화의 표현력

을 습득하며 깨우치고 점점 아버지를 닮아가는, 아니 뛰어넘는 열정을 보여 아버지의 마음을 측은하게 하면서도 기쁘게 했다. 그리고 1년 반 만에 아버지의 테크닉을 마스터했는데, 그때 나이 아직 열 살이었다.

하지만 운명의 시련은 어머니를 일찍 보낸 것으로 끝이 나지 않았고 인생의 지표였던 아버지마저 열한 살의 라파엘로를 남기고 세상을 떠난다.

이 세상에 홀로 남겨질 외동아들에 대한 아버지의 선견지명이 있었을까?

그는 세상을 떠나기 전 자신의 작품세계에 매료되어 이미 친분을 쌓고 있던 거장 페루지노*Perugino*에게 라파엘로를 입문시켰다.

그는 라파엘로 아버지의 기교를 몹시 좋아했고, 동문수학한 레오나르도보다는 두 살 더 많은 사람으로 그의 예술 실력은 르네상스 초창기 선구자인 도나텔로와 비견되는 청동*Bronzo*의 대가로 정평이 나 있다. 물론 조각 전공인 그는 미술 실력도 높은 수준이지만, 레오나르도나 또 다른 동창인 미켈란젤로의 스승 기를란다요처럼 최고를 달린 사람들과의 실력은 채색 면에서는 조금 차이가 있다.

여하튼, 아버지를 떠나보내는 그 힘겨운 시점의 라파엘로는 더해지는 엄마의 그리움을 표현하여 첫 작품이자 프레스코화인 〈성모 마리아와 아기 예수*Madonna col Bambino*〉를 프레스코화로 가문의 집 벽에 남기게 된다.

라파엘로가 열두 살 때 집 벽에 그린 프레스코화(1495)

페루지노 공방에서의 라파엘로는 힘겨운 시간 속에서도 꿋꿋이 그림에 대한 열정으로 아픔을 이겨낸다.

그림을 좋아하는 이들이 작업할 때 수도자의 무념무상을 이해하듯이 시간의 흐름조차 망각하는… 그런, 천재 라파엘로! 이미 학생들 사이에서는 말할 것도 없고, 스승 페루지노도 특별히 가르쳐 줄 것이 없는 타고난 천재성은 그 찬탄과 함께 주변의 예술가들의 입에 오르내리며, 실력은 페루지아*Perugia*와 시에나*Siena*에서 인정받게 된다.

라파엘로는 슬픔을 그림으로 표현하며 꿈을 향해, 아버지를 향해, 더욱 미술방면으로 심취해간다.

다행히 피렌체와의 거리도 그리 멀지 않은 곳이라 르네상스의 바람이 엄청 불던 시기였기 때문에 그는 열여섯 살에 마르케 주*Regione Marche*와 움브리아 주*Regione Umbria*에서 최고가 된다.

물론, 피렌체까지 그의 명성이 전해지지만, '강남 8학군'의 피렌체는 수많은 거장들이 경연을 펼치고 있었고, 그 대열에 당당하게 동참하지 못한 것은 매니저처럼 일을 계획적으로 진행하고 기획하는 아버지가 없는 열여섯 살 소년이었기에 피렌체까지 갈 엄두가 나질 않았기 때문이다.

이미 열다섯 살에 그린 〈성모와 아기 예수*Madonna col Bambino*〉의 평은 희대의 걸작으로 찬탄을 받고 라파엘로의 천재성을 입증하게 된 것이다.

드디어 그의 천재성과 열정은 서서히 피렌체 땅까지 전해지기 시작한다.

피렌체는 이미 메디치가가 축출당하고 과도기 혁명정부가 들어섰던 시기, 그 혁명정부의 귀족들의 입에 오르내리던 라파엘로는 1504년 작품의 의뢰를 위해 피렌체 혁명정부로부터 피렌체로 초대된다.

> 당신의 그림에 대한 천재성과 그 작품성을 보고자 피렌체로 초대하며 아울러 그 보상도 넉넉히 준비될 것입니다.

누구나 선호하는 피렌체의 예술적 가치와 그 르네상스 본고장의 무대에 서고픈 마음은 젊은 라파엘로에게도 자극적인 유혹이었을 것이다. 더구나 세상에서 그림을 제일 잘 그리는 사람으로 아버지를 가슴에 새기고 살았는데, 피렌체에 그런 아버지를 대신할 천재가 또 있다는 이야기를 듣고 마음이 설렜다.

스승으로부터 귀에 못이 박힐 정도로 들어왔던, 또 다른 천재 레오나르도…. 아버지를 그리워하는 마음이 서른한 살 차의 레오나르도를 향한 동경으로 이어진다.

"아… 레오나르도를 만나봐야겠다. 꼭 피렌체에 가고 싶구나!"

물론 미켈란젤로의 명성까지 라파엘로가 있는 곳에 이미 전달되었지만, 그는 레오나르도와의 만남이 더 큰 설렘으로 다가왔던 것이다.

하지만 피렌체에 도착한 라파엘로는 미켈란젤로와의 언쟁에 맘이 상했던 레오나르도가 방금 전 피렌체를 떠났다는 사실에 크게 낙심하여 그림이 손에 잡히지 않는다. 레오나르도는 아버지의 장례를 핑계로 덧없어진 피렌체의 미련을 멀리 하고 떠나고 없었었다.

어린 시절 마음속에 담았던 아버지에 대한 그리움과 더군다나 자라면서 아버지의 힘으로 미술공부에 입문도 할 수 있었지만, 그런 아버지에게 따뜻한 정을 느껴보기도 아니, 아버지의 삶을 이해해보기도 전에 레오나르도의 아버지는 세상을 떠났다.

그 허전한 마음과 시대가 변한 피렌체의 현실이 그곳에 남아 있을 이유를 상실하게 한 것이다.

한편, 라파엘로는 거장 레오나르도와의 만남도 이루지 못했고 그 넉넉한 보상을 책임진다던 혁명정부는 미켈란젤로의 요구로 너무 많은 비용을 〈다비드〉에 책정했기에, 라파엘로의 작품에 대한 비용을 지불하지 못하게 되어 더우기 고대하던 거장 레오나르도를 못만난 그 허탈함으로 피렌체에 대한 마음을 일단 접게 만든다.

더구나 미켈란젤로와의 석연치 않은 첫 감정이 일렁이기 시작한다.

미켈란젤로 역시 시간적 여유가 없는 와중에 조금 친분이 있던 은행장의 의뢰로 그림에 다시 발을 들여놓고 작업한 〈톤도 도니*tondo doni*〉의 작품성이 라파엘로에 의해 무참히도 짓눌린다.

1504년 미켈란젤로의 톤도 도니
(피렌체 우피치 소장)

라파엘로가 그린 〈아뇰로 도니와 그의 아내〉 초상화

공교롭게 같은 사람인 아뇰로 도니에게 받은 1504년의 그림 오더는, 미켈란젤로에게는 반값을 주려하며 자존심을 건드린 그가 라파엘로에게 의뢰한 자신의 초상화와 아내의 초상화에는 정해진 가격 이상의 마음을 전달하는데, 이때부터 라파엘로를 향한 미켈란젤로의 경쟁심은 시기심으로 변하며 극에 달한다.

특히 오기로는 둘째 가라면 서러워할 미켈란젤로는 다시 만날 날에 그에 대한 날을 세우게 되는데, 그 두 번째 경쟁이 1508년 바티칸에서 '천지창조' 프로젝트 시 다시 재현된다.

"이번 여행은 짧은 일정으로 끝내고 머지 않아 다시 와야 하겠다."

라파엘로는 이내 도시 카스텔로*Citta' Castello*의 프로젝트와 시에나의 두오모 공사를 의뢰받아 스승 페루지노의 뒤를 이어 작품을 이어간다. 그리고 그 이듬해 다시 피렌체의 의뢰를 받는다.

거장을 만나보고 싶었지만 만나지 못했던 아쉬움은 피렌체에서 대신 그가 방금 끝낸 작품을 마주하며 가슴으로 달랬다. 그것이 앞으로 인생에 막대한 영향력을 준, 정녕 미술의 최고를 고집할 수 있는, 재질과 섬유질의 색조 기교 극대화인 토날리즘*tonalismo*이다. 사실주의의 그림 세계에서 최고인 가치를 구현하는, 유화의 특성으로 더 가까워진 그 기교!

바로 베쵸 궁전 2층 홀에 그려진 레오나르도의 작품 〈앙기아리 전투*Bataglia di anghiari*〉 앞에서 라파엘로는 전율과 감동으로 얼음이 된다.

꽉 찬 구도 속에 뛰어 오를 듯 힘찬 말의 역동성과 그 기상에 먼지가 일 정도의 사실감! 그것이 레오나르도의 세계로 들어가는 계기가 된다.

그래서 그의 바티칸 공사에 〈아테나 학당〉 등의 명작들이 레오나르도의 투시각도법을 인용하고, 그 수많은 아기 예수의 그림들이 미켈란젤로의 이두박근, 삼두박근의 한 살 반짜리 아기 예수가 아닌 포동포동한 아기 그대로의 피부질감으로 표현된 것이다.

얼마나 섬세한 피부와 의류들의 재질에 묘사가 이루어지는가!

반면에 미켈란젤로의 그림은 사실주의의 최고인 재질의 묘사 즉, 광목인지, 실크인지, 어떤 원단인지를 보여주지 못한다.

사실적인 묘사들은 섬유질의 곡선을 살려 빛의 흐름 속에 원단들의 특성을 표현해내야 함에도 미켈란젤로는 스승 기를란다요로부터 스파르타식의 교육을 받았음에도 1년 반 동안의 세월 속에 8년의 교과 과정을 압축 시켰다 해도, 정작 반복적인 많은 실습과 시간의 흐름 속에 터득할 수밖에 없는 명도조절 단계와 재질의 묘사는 그 한계를 드러낸 것이 아닐까?

아무튼, 그때 작업 된 라파엘로의 명작들 중 〈종달새의 성모 마리아*Madonna del Cardellino*〉와 〈아름다운 경치의 성모 마리아*Madonna del belvedere*〉는 최고 중의 최고라 칭해진다.

이 두 작품은 1506년까지 피렌체에서 그려졌고, 〈종달새의 성모마리아〉는 울 의류의 거상인 로렌초 나지*Lorenzo Nasi*의 의뢰로 작업된 것이며 후에 메디치가의 교황 레오네 10세에 의해 수집되어 현재는 우피치 미술관에 소장 중이다.

1504년 라파엘로의 〈종달새의 마리아〉(피렌체 우피치 소장)

반면, 같은 시기 속의 작품인 〈아름다운 경치의 성모 마리아〉는 따데오 따데이*Tadeo Tadei* 가문의 요청으로 자신들의 사당 내에 걸 용도로 그려진다.

이는 타데이 궁*Palazzo Tadei*에 소장되어 있었지만, 1773년 오스트리아 황제의 수집으로 현재 비엔나 박물관에 소장되어 있다.

두 작품의 아름다움과 유사성은 희대의 걸작이라 칭송된다.

성모 마리아의 그윽한 눈빛과 미소가 있는 듯 없는 듯 모습들은 레오나르도의 〈모나리자*La Gioconda*〉의 작품과 너무 닮아 있다는 말과 그 채색화법과 전체 화면을 차지하는 블루 톤 원거리의 스푸마토 기법*Pittura sfumato*은 나중에 투시도법까지 운용하게 된다.

이런 라파엘로의 명성은 드디어 1508년 교황 줄리오 2세 *Papa Giuglio II*의 부름을 받게 한다. 그리고 10년 남짓 동안의 바티칸 예술의 최고 정점을 찍는 수석 예술가로 그 소임을 다한다.

줄리오 2세 교황의 신임과 사랑 속에 다시 이어지는 차기 교황 레오네 10세*Papa Leone X*의 열정.

그는 더욱이 메디치가의 로렌초 일 마니피코 국왕의 둘째 아들이 아닌가!

예술의 남다른 관심과 사랑은 더욱 라파엘로에게 쏟아져 바티칸 수석 예술가의 직책을 전임 교황 그대로 부여하고, 그의 천재성에 감탄과 찬사로 많은 작품들을 사들이며 여러 프로젝트를 요청한다.

그런 일상 속에 두 거장의 경쟁과 갈등의 시작점은, 얼마 전인 1504년부터 교황청 첫 러브콜을 날린 줄리오 2세와 친분을 쌓아가는 미켈란젤로와 마주치게 되면서부터 시작된다.

미켈란젤로는 후에 줄리오 2세의 무덤으로 화하는 작업(모세상의 단상)의 시작점으로 교황청의 첫 작품에 관여하지만, 정작 그 작품은 의뢰자인 교황 줄리오 2세가 임종하고 나서야 작업한다.

여하튼 미켈란젤로는 1508년 시작된 프로젝트 〈시스티나 성당의 돔 천정화la volta della cappella Sistina〉를 1512년까지 4년에 걸쳐 진행하면서 또 한 번 경쟁심의 불을 당긴다.

라파엘로는 최고를 꿈꾸는 미켈란젤로와의 경쟁 아닌 마찰도 종종 있지만, 되도록 미켈란젤로 작품의 영역을 침범하지 않는다.

그는 나이는 어렸지만 바티칸 모든 예술공사의 총괄자로서 상하의 관계를 떠나 높은 리더십으로, 큰 프로젝트를 분할하며 작업을 끌고 나간다. 또한 그의 품성과 높은 실력에 따르는 이들이 너무 많아 나이 30세에는 이미 천재성으로 표출된 자신의 테크닉을 되도록 많이 전수하기 위해 무료로 공방을 열어 후배와 제자들의 육성과 새로운 프레스코화 색조의 채색연구들에 많은 열정을 보여준다. 이 점이 미켈란젤로와의 커다란 차이점이다.

후에 그런 라파엘로의 유명세와 열정은 밀라노로 다시 간 레오나르도에게도 전해진다. 그는 특히 자신을 만나길 그토록 원한다는 라파엘로를 위해 남부지방의 순회 여행을 마련한다. 그러나 그리 가깝지 않은 밀라노에서 로마까지의 여정은 나이 많은 레오나르도를 지치게 한다. 하지만 무리하지 않는 일정으로 조금씩 조금씩 도시를 지나며 로마에 도착한 레오나르도는 허탈함으로 발길을 돌린다.

라파엘로는 이미 몇 달 전, 미켈란젤로를 포함한 여러 예술가들과 함께 1515년 교황 레오네 10세가 주최했던, 메디치가의 영광을 다시 찾을 수 있는 피렌체의 산 로렌초 성당 전면 개보수 공사 콩쿨 참여를 위해 로마를 비웠던 것이다.

물론 반신반의하며 로마에서 피렌체로 여정을 옮겨 라파엘로를 생전에 한 번은 만나려 애써 보지만 레오나르도가 피렌체에 왔을 때, 라파엘로는 미켈란젤로에게 내준 1등의 자리에 가슴 아파 할 사이도 없이 로마로 내려간다.

"뭐라고요? 거장 레오나르도가 나를 만나러 그 먼 길을 왔었다고요?"

운명의 장난인지 레오나르도가 이미 로마를 떠나 피렌체로 발걸음을 옮긴 것을 모르고 서둘러 떠난 라파엘로, 길은 계속 엇갈린다.

레오나르도는 라파엘로가 떠난 피렌체에 도착해 허탈감과 씁쓸한 마음으로 피에졸레*Fiesole* 언덕에서 그의 꿈이자 인류를 위한 선물을 날려 본다. 그것이 바로 제자들과 함께 '날틀'을 날려 인류의 꿈을 실현시킨 비행 실험! 그는 인류 역사상의 첫 비행을 실험하고 이내 프랑스로 마지막 발길을 돌린다.

서두른다고 급히 내려 왔건만, 한 없이 밀려오는 아쉬움은 라파엘로의 눈을 붉게 물들인다.

이렇게 천재와 천재와의 만남은 기회가 닿질 않았다.

레오나르도를 또 만나지 못했다는 아쉬움과 피렌체의 콩쿨에서 1등을 미켈란젤로에게 놓친 라파엘로는 실의를 달래기 위해서라도 더욱 더 바티칸 공사에 매달리게 된다.

사실 그 산 로렌초 성당 개·보수 공사건의 콩쿨은 미켈란젤로가 우세할 수밖에 없었다. 많은 수백 개의 작품들이 몰려들어 벌어진 경연 속에, 미켈란젤로는 전공인 조각을 살려 목각으로 모델링 샘플 작업을 제출하여 이해력을 더 높였고 그림으로 표현한 라파엘로보다 더한 현실감이 인정될 수밖에 없었던 것이다.

이것이 바로, 미켈란젤로가 야심적으로 처음이자 마지막으로 라파엘로를 이겨본 것이다.

여하튼, 둘의 관계는 라파엘로보다 미켈란젤로가 더 경쟁의식 속에 마음 졸였다.

최고를 위한 무한경쟁은 곧 종착역으로 향하고 있었다.

하늘도 천재를 알아보았는지….

바티칸 수석 예술가로써 너무 많은 중책과 교황 레오네 10세의 후원과 쇄도하는 작품 요청에, 작품 〈아테나 학당〉, 〈교황 레오네의 초상화〉 등 명작들의 계속된 작업과 휴식시간을 할애해 진행한 무료강좌 등으로 누적된 피로와 과로로 쓰러진 천재 라파엘로는 보름을 앓다가 다른 세상의 별빛으로 사라지게 된다.

1520년 4월 6일 천재 라파엘로는 세상을 떠났다. 꿈에도 그리던 레오나르도가 불러서인지 그때가 바로 레오나르도가 세상을 떠난 지 1년 뒤였다. 아마도 하늘나라에서 두 천재는 환한 미소로 서로에게 경의를 표하며 얼싸 안아 보았을 것이다.

그의 운명은 교황 레오네 10세에게도 이루 말할 수 없는 슬픔 그 자체였다. 천재 예술가를 잃었다는 슬픔보다 자신이 그를 과로하게 만들었다는 자책이 너무 가슴을 아프게 했다.

그래서 그 슬픔과 자책감 그리고 그렇게 떠난 천재를 위로하기 위해 그의 장례를 추기경급의 신성한 장례절차와 그를 신들만이 묻힌다는 판테온에 잠들게 한다.

라파엘로는 예술가로서는 최초로 판테온에 묻혔다.

뒤바뀌는 운명

이렇듯 인생 최고의 전환기를 맞이할 수 있는 미켈란젤로, 그에게 조각상 〈다비드〉의 의뢰가 최고의 금전적인 대우와 미래를 약속 받으며 진행된다.

"어차피 하기로 결정했으니 최고의 실력을 보여주자!"

최고의 작품을 위한 사전조사를 하는 미켈란젤로는 두 명의 조각가들이 벌이고 간 초벌 깎기를 끝낸 형체 앞에서 곰곰이 생각에 잠긴다. 5톤이나 나갈 중량의 〈다비드〉를 두오모 성당 중앙 돔 천정 주변으로 돌고 있는 작은 돔 천정 아래 끝 선에 올린다. 더구나 완성되어 가는 조각상의 크기는 4.1m에 육박한다.

"그렇다면 높이가 약 50m에 달하니 밑에서 올려다 본들 잘 안 보일 수도 있는데…. 더욱이 혁명정부의 도전정신과 그 힘을 다비드의 얼굴에 새겨도 잘 보이지 않을 수도 있으니…."

미켈란젤로는 역사에 남을 만한 최고의 조각을 위해, 특히 과도기 혁명정부의 입장을 표현하기 위해 두 눈을 부릅뜬 채 신의 계시 속에 승리에 대한 자신감과 약간의 두려움을 배제하려는 듯한 전투 전의 다비드를 추구한다.

　　바로 1501년부터 1504년에 걸쳐 3년 반 동안 제작된 걸작 〈다비드〉의 탄생이다.

1504년 본래 위치에 있는 미켈란젤로의 〈다비드(David)〉

어두운 공간과 거리 감각을 고려한, 좀 더 구체적으로 어필할 수 있는 그 섬세한 얼굴 감정의 묘사! 그것이 〈다비드〉의 첫 번째 진정한 예술성인 것이다.

그러다 보니 의도적으로 머리의 크기를 확대하게 되어 조금은 가분수적인 구도를 지니지만, 그 의도적인 섬세한 얼굴 감정은 잘 볼 수 있다.

두 번째 예술성은 아름다운 자태 속에 근육과 힘줄이 깃든 최초의 조각이라는 것이다.

하지만 이 말은 뒤에 발굴되는 기원전 헬레니즘 속의 조각 〈라오콘테Laocoonte〉로 인해 수정된다. 다시 말해, 미켈란젤로 이전 수백 년 전 거장들의 조각에서 이미 근육질과 힘줄의 표현은 살아 있었다. 아니, 엄밀히 말해 미켈란젤로 자신도 알고 있는 사항이라는 것이다. 메디치 궁에서 그 시기의 수많은 작품들을 카피해댔으니 말이다.

그래서 조각상 〈다비드〉가 가진 또 하나의 예술성은 해부학이 깃든 최초의 조각상이라는 것이다. 이는 미켈란젤로가 1년 넘게 피신해있던 산토 스피리토 성당에서의 해부학 경험 이 반영된 것이다.

"죽은 사람은 피가 돌지 않지만 살아있는 사람은 피가 돈다는 진실. 목전에 거대한 골리앗을 바라보는 전투 전의 다비드라면 그 긴장감으로 온몸에 전율이 흐르고 맥박이 요동칠 것이며 그 영향으로 혈류는 내려진 손으로 역류되니 그 양도 엄청날 것이다."

실제로 〈다비드〉는 가죽 끈을 들고 메고 있는 왼팔과 내려진 오른팔의 규격 자체도, 그 힘줄의 표현도 다르다.

이것이 〈다비드〉가 가진 진정한 의미이자, 르네상스 시대의 첫 번째 놀라움인 것이다!

그리고 세 번째의 예술성이 르네상스 최초의 가장 거대한 조각상이라는 사실이다.

하지만 그 규격은 미켈란젤로가 인수 이전 당시에 이미 계획된 것이니 미켈란젤로의 영광은 아니라는 것인데, 결과적으로 완성을 했으니 절반의 영광은 돌려도 좋을 것이다.

앞에서 언급한 라오콘테*Laocoonte*는 트로이 전쟁을 다룬 '일리

아드에 나오는 뱀에 물려 죽는 3부자의 형상을 조각한 것이다.

그리스 연합군의 침공을 여러 번 받아 진작 함락되었어야 할 트로이는 성이 너무 견고하여 그리스 아테네군이 고전을 면치 못했다. 이에 아테네군 측은 묘수를 짜 그들이 전쟁을 포기하고 철수했다는 유언비어와 함께 신의 선물로 거대한 목마를 두고 떠난다. 물론 목마 속에는 정예 병사들이 은닉하고 있었다.

이런 목마를 들이면 안 된다고 맞서는 라오콘테는 신이 내린 선물을 거부하는 부정한 인물로 처형을 받게 되는데….

〈라오콘테〉는 이때 그가 두 아들들과 함께 저주를 받아 뱀에 물려 죽는 장면을 조각한 것으로 그리스 헬레니즘 시대인 기원전 2세기로 추정되는 작가가 모호한 청동 작품의 오리지널을 그리스의 섬 로디*isola Rodii* 출신이자 그리스 헬레니즘 예술문화의 요람인 로디아 학교*Scuola Rodia*의 원조 격인 조각가 아제산드로*Agesanro*와 그의 아들 겸 조수 아테노도로*Atenodoro*, 폴리도로*Polioro*가 기원후 1세기경 대리석으로 복원한 작품이며, 그 높이만 2.42m나 되는 거대한 조각이 1506년 1월 14일 로마에서 포도농원의 구덩이 작업 중 발굴되어 여러 사람들을 경악하게 했다.

이러한 내용이 담긴 『예술사』의 원조는 기원후 79년에 폼페이의 화산폭발 조사를 나섰다 생을 마감한 플리뇨*Giao Plinio Secondo*가 라틴어로 기록된 『자연사*Naturalis Historia*』를 본떠 피렌체 출신의 니콜라스*Nicolas Jenson*가 1476년부터

1506년에 발굴된 기원전 헬레니즘 시대의 〈라오콘테〉(바티칸 소재)

1526년까지 출판한 책*Storia della natura*으로 장장 37권에 달하며 각각 기원전부터 역사 속에 펼쳐진 지질학, 지리학, 식물학, 의학, 인류학, 심리학 그리고 나아가 향수 제조와 수목재배 등등의 조사와 탐구를 총망라하여 전하는 기록물을 그 근거로 한다.

특히 예술에 남다른 애정을 가진 교황 줄리오 2세가 농장주에게 즉각적으로 구매하여 조각가 미켈란젤로와 건축가이며 예술가인 줄리아노 다 상갈로*Giugliano da Sangalo*를 불러 예술성과 그 가치를 가늠하게 한다. 그때 미켈란젤로는 그 조각이 이미 알고 있는 그리스 로마 시대 조각인데도 그 표현의 섬세함에 새삼 또 한 번 경악하게 된다.

발굴된 조각상 〈라오콘테〉는 오랜 세월을 땅속에 있었기에 3부자의 팔이 떨어져 나간 모습으로 훼손되어 있었는데, 후에 1520년 메디치가의 교황 레오네 10세*Papa Leone X*에 의해 프랑스의 군주 프랑수아 1세*Francesco I*를 위한 선물용으로 복원된다.

그 복원자가 바로 같은 시기 속에 미켈란젤로를 무색하게 만든 바초 반디넬리*Baccio Bandinelli*라는 거장이다.

1520~1524년에 걸쳐 복원된, 미켈란젤로의 경쟁자 바초 반디넬리의 〈라오콘테〉(우피치 박물관 소장)

그는 미켈란젤로와 여덟 살 차이로 라파엘로와 같은 나이이며 피렌체가 배출한, 엄밀히 말해 메디치가가 만들어낸 또다른 천재이자 같은 시대 속에 동등한 경쟁자로서, 아니 그 이상의 의미를 부여받는 천재이다.

그 증거가 바로, 현재 피렌체의 베쿄 궁전 정문 좌측을 지키는 미켈란젤로의 〈다비드〉와 나란히 그 우측을 지키는 〈헤라클레스와 까코*Ercole e Cacco*〉가 그의 작품으로 당대 코지모 1세*Cosimo I*의 사랑 속에 가문의 사당인 신성한 산 로렌초 성당*Bascilica S. Lorenzo* 앞을 지키는 그의 아버지*Giovanni delle Bande Nere* 모습까지 깎아낸다.

또한 그의 〈라오콘테〉 복원의 작품성은 이루 형언할 수 없는 것으로 조각 분야에서는 그 첫 번째 카피본 자체의 의미도 최고로 부여하지만 무엇보다도 원품에서 볼 수 없었던 훼손된 팔목 등의 인체들과 부서진 뱀들의 동선을 완벽하게 재현하여 그 응용 능력은 레오나르도 다음으로 또 다른 최고의 복원가로 그 가치를 부여한다.

뱀을 뿌려 치려 애쓰는 처절함이 서려있는 팔은 원품의 접혀진 듯한 힘의 구성보다 복원된 작품 속의 모양새가 더 힘을 주는 아니, 줄 수 있는 근육 구조임을 여실히 보여 주고 있기에 뭇 사람들은 팔 하나 깎는 것이 뭐 그리 대단하냐고 할지 몰라도 그것은 그리 간단치 않다.

그 좋은 예가 바로 양팔을 가지지 못한 밀러 지방의 〈비너스〉이다.

이 작품 역시 작자 미상의 조각으로 그리스의 로디아 학교에서 그 유래를 추정하고 있는, 역시 헬레니즘 시대에 태어난 조각으로, 그 형언할 수 없는 매력은 아쉽게도 〈라오콘테〉와 같은 시기의 조각인데도 아직 복원되지 못했다.

유난히 내려온 어깻죽지에 의한 양팔의 동선이 잘려진 팔뚝에 의해 어느 쪽 팔이 앞으로 나왔는지 구도와 동선을 추측할 수 없었기 때문인데, 사실 그 진정한 이유는 이런 거장이 없는 시기인 근대에 발굴되었기 때문이라고 할 수 있다.

어쨌든, 미켈란젤로의 〈다비드〉는 완성 석 달 전인 1503년 10월 공청회를 거친 주최 측에 의해 위치를 급격히 변경하여 메디치가에 굴욕이라는 가장 큰 의미를 되새길 수 있는 시뇨리아 광장의 시뇨리아 궁*palazzo Signoria*(지금의 베쿄 궁전) 앞으로 장착된다.

이 조각상의 위치 변경을 위한 공청회에서 레오나르도는 곤욕을 치르게 된다.

밀라노에서 돌아온 세계적인 거장 레오나르도를 이미 인식하며 경계한 미켈란젤로는 천재들의 경연장인 피렌체 강남 8학군을 접수한 새로운 별로서 목에 힘이 들어가 있었는데 레오나르도의 출현으로 1등의 자리를 놓칠 수 있었다. 아니, 당연히 밀려나야 한다.

하지만 그가 누군가! 그런 걸 용납할 수 없는 자존심쟁이가 아닌가!

미켈란젤로는 의도된 논쟁으로 여러 귀족들과 예술가들 앞에서 의견 충돌을 일으켜 레오나르도의 얼굴을 붉히게 만들었고 둘의 관계는 석연치 않은 사이로 변모된다. 어쩌면 다시 만나고 싶지 않은 사이라고 해야 맞을 것이다.

그것이 자존심과 오기로 뭉친 미켈란젤로의 레오나르도와의 대결이었다.

그런 구차스러움에 레오나르도는 또다시 밀라노행을 선택하게 되고 그 후 고려했던 프랑스의 프랑수아 1세의 초청을 수락하여 프랑스의 궁중 화가 겸 건축가, 발명가로서 피렌체를 영영 떠나게 된다. 어쩌면 세계 최고의 예술 도시 피렌체를 피어오르는 후배들에게 그 무대를 비워주게 되었다고 할 수 있으며, 그 역시도 메디치가의 열정이 없는 피렌체에 더 이상의 미련이 없었을지도 모를 일이다.

미켈란젤로의 〈다비드〉는 경제적 힘을 가진 메디치가를 내쫓고 공화정치의 깃발을 다시 건 피렌체 혁명정부의 힘을 과시하기 위한 것으로, 각 조합장들의 선거 속에 행해지던 집정관 제도를 가진 공화정의 나라 피렌체 공화국*Repubblica Florentia*의 표상이자 그 집무실인 시뇨리아 궁 정문 옆에 지금의 모습처럼 세워졌다.

적지 않은 피렌체 문헌들에서는 미켈란젤로를 '인간말종'이라고 기록했다.

그러나 제자 한 명 키운 적 없는 미켈란젤로를 제 스승인 양 마음에 두었던 조르조 바사리는 미켈란젤로에 대한 언급만 객관성이 조금 결여된 듯『르네상스 시대 최고의 미술가, 조각가, 건축가들 이야기*Le vite di piuri)tia Nere)pittori, scultori ed architettori*』에 기술한 미켈란젤로 일대기 부분에서 '미켈란젤로는 사심 없이 아름다운 청년의 누드를 그냥 조각하고 싶었을 것이다.'라고 전했다.

여하튼, 미켈란젤로는 1504년 1월 〈다비드〉의 탄생으로 확고하리만큼 로마를 비롯한 주변 지역의 추기경들, 특히 피렌체 혁명정부와 선이 닿아있는 각 은행장 등 귀족들의 입에서 입으로 오르내리며 인생의 최고의 정점을 찍게 된다.

이미 〈다비드〉가 노출될 때부터 그 위세로 몰려드는 작품 주문서는 즐거운 비명을 자아내게 하는데, 그러던 어느 날, 자존심을 건 싸움 한 판을 벌이게 된다.

미켈란젤로는 로마 교황청의 부름과 그 속에 더 많은 오더와 돈이 되는 작업을 위해 로마와 피렌체를 왔다 갔다 한다. 받았던 프로젝트를 잠깐 내려놓고 다른 것을 잡기도 하고 또 한 그것마저 완성하지 못하고 또 다른 계약과 예약금으로 눈코 뜰새 없이 아니, 그의 머릿속은 더 바쁘게 돌고 있었던 시기이다.

피렌체 양모조합으로부터 의뢰받은 작품 〈산 마테오*S. Matteo*〉는 미완성으로 중단하지만, 바로 전의 조각 〈톤도 피티*Tondo Pitti*〉, 〈톤도 타데이*Tond Taddei*〉 등의 밀려드는 계약서와 작품 주문서들은 미켈란젤로를 더욱 신명 나고 정신 없게 만들었다.

그중 조금 친분을 갖고 있던 은행장 출신의 아뇰로 도니 *Agnolo Doni*의 주문을 위한 초청이 이루어진다.

"어이, 미켈란젤로, 요즘 조각을 뭐 울퉁불퉁하게 깎는다고 유명해졌다며?"

"네, 뭐. 좀 바쁩니다만, 무슨 일로 보자고 하셨는지요?"

"나도 하나 깎아달라는 거지, 뭐."

<다비드>가 완성단계로 접어드는 시국에 미켈란젤로의 목에도 힘이 들어가 있었다.

"그 다비드 후부터 정신 없이 바빠서 지금도 주문이 네 개나 밀려있어요…."

조금은 서운한 마음과 당황한 눈빛의 은행장 출신 아뇰로 도니가 다시 사정한다.

"에이, 왜 이러나. 조그마한 것이라도 만들어주게. 내 결혼식에 좀 쓰려고 하는 거야."

"아, 글쎄 조각은 안 된다니까요!"

단호한 어조로 거절하는 미켈란젤로에게 무안 당한 얼굴빛을 죽이며,

"그럼, 뭐 그림 같은 것도 안 되겠나?"

"아… 그림이요?"

그림이라는 말에 미켈란젤로의 눈망울이 커진다.

열다섯 살 때 스승님에게 쫓겨 나면서 무너진 자존심으로 그동안 포기했었던 그림!

혁명정부를 도와 깎는 <다비드>로부터의 명성은 최고가 되고 있으니 이제 그림으로의 회환을 꿈꾸게 된다.

"그림은 될 것 같습니다."

"잘됐군. 다름이 아니라 이번에 내가 말이야. 신성로마제국 황제 쪽의 사촌*Maddalena Pitti*과 결혼하는데, 우리 집안 역시 그쪽 집안에 꿇리지 않기도 하고 자네의 명성도 높아지고 있으니, 내 결혼식장에 빛을 더할 수 있게 멋진 작품 하나 해주게나."

"음…. 어떤… 아니, 일반 단가가 아닌 거 알고 계시지요?"

"그런가? 그런데 자네 그림은 본 적이 없는데…. 가능한 건가?"

"이거 왜 이러십니까. 당연히 가능합니다."

"좋아. 그럼 준비해주게."

"그런데 단가는 납품 날짜에 또 달라지는데…. 그 결혼식이 언제입니까?"

"석 달 반 뒤라네."

"네?"

말을 듣고 난 미켈란젤로는 상기된 얼굴로 수첩을 꺼내 들고 적기 시작한다.

"음… 그러시면 일정이 너무 촉박하니 야간수당에, 특수수당에…."

"허, 이 사람. 돈독이 올랐다는 게 소문만은 아니구먼! 뭘 그리 적는가. 그날 걸기만 건다면 내 달라는 대로 주겠네!"

"정말이십니까? 이건 제가 다른 작업들도 많아 못할 상황인데… 부탁하시는 거라 어쩔 수 없이 하는 겁니다. 돈은 이상 없이…."

"속고만 살았나! 그림만 턱 하니 걸면 그날 막 바로 줌세!"

미켈란젤로는 시간의 촉박함으로 다른 일은 잠깐 내려놓고 몇 날 며칠을 그림에 매달렸다.

하지만, 애초부터 문제를 안고 있던 프로젝트가 아닌가!

그 어떤 천재도 석 달 반 만에 템페라 판넬 그림을 완성할 수 없다. 템페라 기법은 달걀의 성분을 믹싱해 그리는 것으로 나무판과 그림의 균열을 방지하고 착색 효과를 올리기 위해 초창기 거장들은 6~7개월마다 반복해 발라 무려 8회까지 칠해야 했다. 제아무리 속전속결을 좋아하는 미켈란젤로라도 할 수 없는 작업인 것이다.

드디어 완성된, 아니 작품을 납품해야 할 시간이 다가오고… 오래간만의 그림에 대한 떨림도 있었으니….

"어차피 인생 이판사판이다! 의뢰자가 은행장 출신이니 그림에 대해 뭘 알겠어? 그냥 걸어주고 '그림은 원래 그런 거다!'라고 하면 될 거야!"

미켈란젤로는 속내를 숨기고 미완성의 작품을 들고 뿌듯한 마음으로 결혼식장을 찾아가 걸어주었다. 그리고 곧장 달려가 아뇰로 도니의 옷깃을 잡아당긴다.

세상에서 가장 정신 없이 바쁜 사람이 결혼식을 올리고 있는 사람이 아닐까?

"축하 드립니다! 저기 제가 그림을 걸었습니다."

"그래? 고맙네만…."

"아, 쇳불도 담근 김에 치렀다고…. 대금을 즉시 주기로 하셨는데요?"

"아니, 이 사람아. 말이 그렇다는 거지, 내 어찌 지금 당장 줄 수 있겠는가!"

"저… 너무 고생한 작품이라…. 걸기만 하면 대금은 바로 준다고 하셨지 않습니까?"

두 눈이 휘둥그레진 은행장 출신 아폴로 도니가 정색한다.

"이 사람아! 내가 그까짓 돈 떼 먹을 사람 같은가!"

아폴로 도니는 조금 불쾌한 눈빛으로 계속 멀건 눈으로 바라보고 서 있는 미켈란젤로에게 말을 이어간다.

"내가 지금 결혼식을 하고 있지 않은가! 나중에 보름이나 있다가 오게. 그때 주지!"

미켈란젤로는 지금껏 한 번도 외상거래는커녕 대금을 늦게 받은 적이 없다. 하지만 상황이 상황인 만큼 이해할 수밖에 없어 역시 기분 좋지 않은 얼굴로 돌아나온다.

"작품 주문할 때는 가져오면 바로 준다더니…. 돈은 받을 때 받아 놔야 하는데!"

초조한 시간이 금방 지나가고 손꼽아 그날만을 기다렸던 미켈란젤로는 다시 아뇰로 도니를 찾아갔다.

"오늘이 대금을 주신다는 날입니다! 기억하시죠?"

아뇰로 도니는 아침부터 돈을 달라고 찾아온 미켈란젤로의 얼굴을 보자마자 그때의 일을 상기하며 욕을 했다.

"어이, 미켈란젤로! 너 잘 만났다. 이리 와봐!"

뭔가 또 다른 구실이 있겠다는 예감으로 미켈란젤로가 한 걸음 더 다가선다.

"자네 말이야, 나를 정말 미치게 만드는구만!"

"무슨 말씀인지…."

"날 뭘로 본 거야? 그날 하객들에게 자네가 그린 그림을 자랑했다가 얼마나 망신살이 뻗쳤는지 아는가!"

"아니, 그게 무슨 말…."

"내 아내가 신성로마제국 황제의 사촌여동생이야. 그래서 그날 대부분의 하객들 모두가 쟁쟁한 귀족들인데, 이따위 그림을 부르는 대로 돈을 다 주는 멍청이가 어딨냐고 하더군! 자네 정말 그림이나 그려본 적이 있는 게야?"

거침없이 토해져 나오는 그의 말에 점점 굳어가는 미켈란젤로는 이미 얼굴이 붉어졌다.

"이것 보시오! 내가 지금 누군 줄 알고 그런 말을…! 내가 지금 피렌체에 조각의 일인자인데, 그리고 내 스승이 프레스코화의 일인자였던 것 모르시오? 당연히 그린 적 있지! 여하튼, 오늘도 핑계 대며 미룰 생각 말고 어서 내 돈 내놔!"

이렇게 옥신각신하던 싸움이 두 시간을 넘어 아뇰로 도니는 그만 혀를 내두르며,

"아, 정말 질기네. 좋아, 내 주긴 준다만…. 자네도 양심이 있다면 이런 걸 부를 대로 다 부르면 안 되겠지? 나도 양심 있는 놈이야. 그러니 자네도 양심껏 불러! 최소한 재료비는 생각해주지! 얼마면 되는가?"

순간 이런저런 생각이 스쳐 지나가지만, 그래도 조금은 호기를 부린 미켈란젤로는 70두끼*Duchi*(피렌체 금화 단위)를 요구한다.

"뭐? 금화 70냥? 꿈도 야무지군!"

아뇰로 도니는 코웃음을 쳤다.

"그림 볼 줄 모른다고 시세도 모를 줄 아나? 하지만 내 최대로 쳐서 40두끼 주지! 얼른 내 눈앞에서 사라지게!"

물론 그 돈을 받아도 밑진 장사는 아니었다.

하지만 그냥 수락한다면 앞으로는 그림을 그릴 때마다 그림당 40냥이 될 것이라는 뻔한 이치를 모를 미켈란젤로가 아니었다.

"뭐요? 당신한텐 더러워서 안 팔아!"

사실 아뇰로 도니는 신부 측 가문을 인식하여 호화 결혼식과 함께 결혼자금으로 이미 막대한 돈을 지출하여 재정 문제가 조금 있었다. 그런 상황에 무리해서 그림을 주문했는데, 하객들에게 호기도 부리지 못해 마음 밑바닥엔 이미 화가 일고 있었다.

반면 열이 이미 올라 있는 미켈란젤로는 말이 필요 없이 그림을 잡아 뜯는다. 그리고는 마차에 실어 자신의의 집 창고에 처박아 둔다.

"허, 이런 경우는 처음이네! 좀 유명하다고 봐주려고 했는데 더러워서 못 사겠네! 가져가게! 내 결혼식도 이미 끝났으니 난 손해 볼 것 없네! 누가 더 손해인지 두고 보자고!"

이렇게 그림 인수 협상은 결렬됐다.

하지만 일주일 만에 그 판도는 역전된다.

결혼식에 참석했던 수많은 친구들이 아뇰로 도니의 집으로 들이닥친다.

"자네 결혼식에 걸었던 그 그림 어디다 둔 건가? 이미 소문 듣고 숨겨 놓은 거야?"

"무슨 그림 말이야?"

"왜 그 결혼식에 걸었던 둥그런 그림 있잖아."

"아 그거? 그런데 그 재수 없는 그림을 왜 찾아?"

"그 작가가 미켈란젤로라며?"

친구들의 수선에 아뇰로 도니는 귀찮은 듯 대꾸한다.

"그래! 그런데 그게 뭐? 그 재수 없는 놈 얘기 꺼내지도 마!"

"이 자식, 지금 수 쓰는 거야? 아니면 그 사람에 대한 소문을 못 들은 거야?"

"아까부터 자꾸 무슨 소리야?"

"그 사람이 〈다비드〉를 깎았다며!"

"난 또 뭐라고…. 그건 당연히 나도 알아. 그래서 그림 오더를 줬던 거지. 그런데 그게 뭐?"

"그게 중요한 게 아니라 〈다비드〉를 깎고 나서 한 달 만에 교황님의 부름으로 오더를 따서 그 오더만 끝나면 그 사람이 만든 모든 작품들은 부르는 게 값이라던데! 자네 진짜 대박 났구만!"

"뭐라고!"

아연실색한 얼굴빛으로 주저앉은 아뇰로 도니.

"이러고 있을 때가 아니지!"

그는 흥분을 감추지 못하고 아우성을 떠는 친구들을 재치고 돈을 들고 허겁지겁 뛰쳐나간다.

이윽고 급하게 문을 두드리는 소리에 미켈란젤로가 문을 열었다.

"어이., 미켈란젤로! 잘 지냈는가?"

억지웃음을 지어가며 아뇰로 도니가 들어선다.

"아니, 웬일이시오?"

감정이 사라지지 않은 얼굴의 미켈란젤로가 들어볼 여력도 없이 퉁명스럽게 답한다.

"내가 사실… 아닌 게 아니라 이번 결혼식에 내 아내가 신성로마제국 황제의 사촌이 아닌가. 그래서 좀 허세를 부려 자금상황이 좋지 않았으니 이해 좀 해주게나…."

"우린 볼일이 끝났다 생각되오만?"

"아니, 이 사람이…?"

아뇰로 도니는 조금은 비굴해지는 자신 때문에 역정을 내며 말을 뱉어 낸다.

"좋아! 자네가 달라던 금화 70냥! 여기 있네! 당장 내 그림 내놔, 그림!"

그는 역시 빈정이 상한 듯, 돈을 미켈란젤로 앞으로 던져 놓는다.

하지만, 미켈란젤로 역시 자존심 하면 둘째 가라면 서러운 사람이 아닌가!

"사실 난 당신에게 팔 마음도 없소. 물론 무릎 꿇고 애원한다면, 내 최소한의 기회는 주지!"

눈에 힘이 점점 더 들어가는 미켈란젤로가 말을 잇는다.

"이젠 내 밟힌 자존심 값까지 받아야겠는데? 그래서 이젠 두 배야! 그것도 오늘 해가 떨어지기 전까지고, 해 떨어지면 내일 가져와야 하는데, 내일은 세 배!"

"아니, 뭐야?"

황당한 얼굴로 몸까지 젖히는 아폴로 도니에게 말은 또 이어진다.

"혹시 모레를 생각한다면… 모레는 내가 당신이 보는 앞에 그림을 다 부숴서 장작으로 어떻게 불을 때나 보여주겠소!"

얼굴이 노기로 가득한 아폴로 도니는 홧김에 돌아섰지만, 아내의 결혼 선물용이라는 점과 이내 친구들의 말이 귓가를 어지럽혀 돈을 꾸어 두 배를 내고 그날 그림을 되찾아간다.

이 사건으로 예술가 미켈란젤로는 '최고의 자존심 덩어리'라는 애칭과 '지독한 돈벌레'라는 말을 듣게 된다.

미완성인 그 그림은 의뢰자의 친구들이 만만치 않은 상류층이기에 또다시 트집이 잡힐까 찜찜했던데다 더욱이 일주일 만에 두 배 값을 받은 미켈란젤로는 약간의 A/S를 핑계로 되돌려 받아 1년 반 동안 재작업한 후 돌려주게 된다.

갈등 속에
등 돌린 상처

〈다비드〉가 끝나자마자 시작된 미켈란젤로의 명성은 피렌체 최고의 가치를 가지는 베쿄 궁전 내의 살롱*Salone* 500호실의 오더를 따는 것으로 증명된다.

그곳은 층고가 그 시대의 건축물 2개 층을 더한 듯한 장엄한 높이를 가지고 있고, 로렌초 일 마니피코 국왕 시절에 정책결정의 심의를 위한 집정관 등 500인으로 구성한 국무회의를 주최하던 공간이다. 현재 우리의 국회의사당의 개념으로 왕의 집무실과 회의실이 함께 있는 곳, 말 그대로 중세 말기에 완성된 최고의 존엄을 가진 피렌체를 상징하는 건축물인 것이다.

그리고 메디치 왕조를 내몰았던 혁명정부로부터 공화정으로의 귀환을 자축하기 위한 일환으로 가로 17m, 세로 7m 상당의 대형 프레스코화의 오더가 내려진 곳이기도 하다.

집정관 좌석으로부터 왼쪽 벽을 레오나르도가 그리고 조

금이 시간 터울을 두고 오른쪽 벽을 미켈란젤로가 진행하게 된다. 그곳은 이미 완성된 거장 레오나르도 다 빈치의 작품과 실력으로 비교될 수 있는 오더였다. 아니 어쩌면 미켈란젤로는 레오나르도라는 거장과 한판 승부를 걸어 볼 심산이었을 것이다.

레오나르도의 드높은 명성에 피렌체의 대다수의 예술가들은 함께 임하는 그 자체를 영광이라고 알았던 시기, 더욱이 지금 레오나르도는 밀라노 파견 후 18년 동안 세계적인 거장이 되어 돌아왔다. 이 어찌 미켈란젤로의 마음을 헤집어 놓지 않을 수 있겠는가.

특히 스승이었던 도메니코 기를란다요와 산드로 보티첼리 그리고 레오나르도 다 빈치, 이 세 사람은 같은 밥을 먹고 동고동락했던 동문이고 모두 베로쿄 공방 *La bottega di Verochio* 출신으로 당대 최고를 다투었던 명실상부한 르네상스 초기의 3대 미술가들이 아닌가!

하지만 미켈란젤로는 자존심만큼은 아니, 오기는 그 누구에게도 뒤지지 않는 최고가 된다.

무언의 경쟁 속에 긴장되는 붓을 잡아야 했던 시간들…

그는 모든 것을 마다하고 꼭 정면 승부를 걸고 싶었던 것일까? 아니면 절대 강자를 내몰지 않고서는 '강남 8학군'인 피렌체의 진정한 일인자가 될 수 없음을 알았기 때문일까?

미켈란젤로의 시기심은 이미 마음 저 밑바닥에서부터 끓어 오르고 있었을 것이다. 그래서 미켈란젤로는 1501년 〈다비드〉를 깎으며 몰입했던 또 하나의 일은 바로 단테의 모든 것을 파헤칠 정도로 탐독하게 된 것이었다.

1265년에 태어난 단테*Dante Alighieri*는, 중세의 최고 문학가로, 사상가로, 철학자로써 더 나아가 정치가로써 피렌체에 최고의 공헌을 했던 인물이다.

특히 그의 생에 첫사랑이 짝사랑이었기에 그 아픔을 마치천국과 지옥을 헤매는 듯 서술된 『신곡』에 토해 내며 갈구했지만 끝내 이루어질 수 없는 사랑이었으랴.

단테는 열두 살 때 이미 집안 사람들에 의해 노타이오 집안과 정략혼이 예정되어 있었고, 스무 살에 젬마*Gemma*라는 앳된 처녀와 결혼한다. 아이도 셋이나 낳았지만, 아홉 살 때 우연히 본 베아뜨리체를 가슴에 담고 살았다.

더 바쁜 나날을 보내며 그녀를 잊고 싶었는지도 모르지만, 처갓집 장인의 연줄로 정치에 입문한 교황파의 백색당*Guelfi Bianchi* 당원으로 그 두각을 발휘하게 된다. 특히 언변술의 달인이었던 그는 1300년 초대 대사로서 산지미냐노*S. Gimigiano*와 시에나 공화국*Reppublica Siena*에 방문하여 몇 해 전 전투로 입었던 피렌체의 손실과 두 나라의 중재 역할을 톡톡히 해낸다.

빛나는 그의 활동은 피렌체 내에 상대 파벌인 흑색당*Guelfi Neri*의 표적이 되고, 그들의 숙청작업의 일환인 전투에 흑색당이 괴멸된다.

그때 단테는 체포되어 처형될 수 있었으나 그간의 공헌이 참작되어 추방령을 받아 영원히 피렌체에 돌아오지 못하는 몸이 되어 유랑 속에 라벤나에서 그 힘겨운 삶을 내려놓는다.

이렇게 단테의 모든 생을 파헤친 이유는 바로 그날을 위해서였다.

1503년 10월 피렌체 혁명정부의 주최로, 미켈란젤로의 〈다비드〉 제막식을 위한 위치 선정의 문제를 다시 거론하기 위해 피렌체의 거장들 대다수와 혁명정부의 관료들이 모인 공청회 자리에서 두 거장의 역사적 만남이 이루어진다.

하지만 그 자리에서의 미켈란젤로와 레오나르도는 〈다비드〉의 작품성과 그 용도에 대한 견해 차이 속에, 더욱이 단테의 구명운동에 대한 의견 충돌로 언성을 높였던 일과 예술의 지향점 자체와 나이 차이까지 많아 서로의 관계는 적대적이라고 볼 수 있었다. 그렇게 두 사람은 내노라하는 이름 높은 거장들과 혁명정부의 귀족들이 모인 자리에서 얼굴을 붉히며 싸웠던 것이다.

이런 레오나르도를 의식해서 미켈란젤로는 베쿄 궁전 500인의 방Salone 500에 마주한 대작으로 승부를 걸고 싶었을 것이다.

그렇다면 그의 실력은 어느 선에 있었을까?

레오나르도는 이미 그 오래 전인 1473년 스승의 별 도움 없이 배워보지 않은 미술실력으로 세계적인 명작 〈수태고지 Annunciazione〉를 완성하며 원거리의 색체 미학을 위한 피아밍고 기법을 한층 더 승화시켰다. 즉 안개 속의 풍경처럼 모호한 선으로 그 깊이를 알 수 없을 정도로 깔아 넣는, 블루 톤을 섞어 그리는 스푸마토 기법의 정점에 한 획을 긋기에 이르렀던 것이다.

또한 피렌체 지역 출신으로는 처음으로 판넬 작업에 속도감과 채색감을 더하기 위해 관행처럼 해왔던 계란을 섞었던 템페라 방식이 아닌, 유화를 최고 수준의 기법으로 표현한 그가 아닌가!

더욱이 동 시대에 그의 영향력은 천재적인 화가 라파엘로와 베네치아 출신의 거장 띠찌아노Tiziano 그리고 피렌체의 또 다른 거장 폰토르모Pontormo와 그의 제자 천재 브론치노까지

망라하며, 재질의 극단적 묘사와 색조의 명도를 초한계적으로 표현하는 색조의 기교인 토날리즘*Tonalismo*은 가히 인간의 한계를 초월하는 그라데이션 최고의 정점까지 치닫는다.

특히 라파엘로는 움부리아 주*Regione Umburia*에 속해 있는 페루지아에서 많은 활동을 하며, 늦은 1504년 잠깐 피렌체를 방문하여 인생의 지침이 될 수 있는 레오나르도의 작품 〈앙기아리 전투〉을 보며 전율과 그 표현력에 압도된다. 그 뒤부터 라파엘로의 그림세계는 레오나르도를 꿈꾼다.

어하튼, 레오나르도는 이미 1494년 밀라노에 프레스코화의 최고 중 하나인 〈최후의 만찬*L'ultima Cena*〉를 남기고 돌아온 후이므로 그의 프레스코화 실력은 그 시기에는 견줄 자가 미켈란젤로의 스승인 기를란다요밖에 없었던 것이다.

1504년 9월 미켈란젤로에 의해 대형 그림인 〈까시나 전투 *Battaglia di Cascina*〉가 채워지기 시작하여 1년 가까이 진행된다.

미켈란젤로의 〈카지나 전투〉

이 작품은 기초 작업인 카르토네Cartone라는 두꺼운 종이에 벽화를 그릴 밑그림 작업을 끝내지도 못하고 교황 줄리오 2세의 부름으로 중단했다가 교황청의 첫 프로젝트가 원활하지 않자 다시 와서 그 밑그림 작업을 마무리하게 된다.

내용은 1364년 피렌체 군대가 눈에 가시 같던 피사 군대를 맞아 피사와 근접한 까시나Cascina라는 벌판에서 대승을 거두었던 사건을 그리는 작업이었다.

반면, 레오나르도 다 빈치는 이미 1503년에 작업이 이미 시작했다.

그의 작품세계는 늘 모험정신으로 가득 차 이 작품 역시 최초의 열사채색법La Tecnica dell'enucausto을 착안하여 중세시대 영주나 기사들이 문장을 찍어 서신을 봉인할 때 쓰는 촛농 같은 고체를 녹여 그리는 방식을 피력하며 그렸지만 이내 1504년 아버지의 죽음과 미켈란젤로와의 마찰로 이미 피렌체에 대한 정이 사라지며 미완성으로 남긴 채 피렌체를 벗어난다.

떠나기 전 그렸던 그림은, 1440년 앙기아리라는 장소에서 시에나Siena 군대를 격파한 피렌체 군대의 대승을 기념하기 위한 '앙기아리 전투' 장면이었다.

어느 누구의 그림에서 이런 역동성과 동선의 흐름이 자연스러울 수 있으며, 말의 근육들과 그 활동성에 먼지가 일 정도의 사실감이 있으랴!

현재 그 그림은 미완성으로 존재하던 것을 코지모 1세 시기에 그의 명을 받들어 실내내장공사를 하던 조르조 바사리 *Giorgio Vasari*가 서른아홉 장의 그림판넬을 천정에 부착하며 치수의 편차를 없애고자 했고, 또한 메디치가에 수치를 줬던 혁명정부의 잔재를 없애려는 노력으로 내장공사에 한 벽을 덧대 메워 버렸으며, 그 위에 바사리가 나름대로 레오나르도의 숨결을 뿜어내듯이 재현했다. 건너편의 미켈란젤로의 미완성 그림까지도….

다시 말해, 어느 누구도 시도하지 못한 특이한 레오나르도만의 최고의 프레스코화가 그 벽 속에 아직도 잠들어 있다는 것이다. 지금도 피렌체 정부가 그 사실을 이미 확인했는데도 겉벽을 깨면 레오나르도의 명작이 같이 부서져 떨어질 위험에 발을 동동 구르고 있다.

현재는 루브르 박물관에 있는 루벤스가 재현한 레오나르도의 전투장면이 그 그림의 가치를 짐작하게 해준다.

위. 레오나르도의 〈앙기아리 전투〉를 카피한 루벤스의 그림(1503, 루브르 박물관 소장)
아래. 베쿄 궁 2층 500인의 홀에 있었던 레오나르도의 〈앙기아리 전투〉의 발굴과 복원 작업의 희망

Chapter 4

르네상스의
또 다른 빛

유난히 푸른
빈치의 레오나르도

이제 레오나르도의 어린 시절로 가보자.

메디치가의 2대 국왕 코지모 일 베쿄*Cosimo il Vecchio*의 통치 속에 금융과 재정의 풍요로 각종 건물들의 건립과 문화와 예술로의 욕망이 치솟았던 피렌체의 르네상스 초기!

1452년 4월 15일, 피렌체의 위성도시인 조그마한 도시 빈치*Vinci*에서 어린 아이의 힘찬 울음이 들려오기 시작했다. 인류를 위한 창조자 레오나르도 다 빈치*Leonardo da Vinci*의 탄생이었다.

빈치*Vinci*는 토스카나 지방의 특유의 광활한 구릉과 그 절경 속에 아른하게 펼쳐지는 끝없는 포도밭과 올리브의 향기 그리고 하늘을 찌를 듯 솟아난 '승천하는 영혼'이라는 이름답게 싸이플러스*Cupressus* 나무들은 구릉의 능선을 채워주어 그 장엄함의 정취가 최고인 축복의 마을이다.

레오나르도의 아버지는 마을의 유지이자 최고의 재력가인

노타이오였고 그의 집안은 이 직책을 증조할아버지 때부터 맡고 있었다.

그래서 빈치 출신이라는 '다 빈치*da Vinci*'라는 성도 증조할아버지 때부터 사용한 것이다.

'다*da*'는 영어의 'from'의 뜻으로 전치사의 역할을 하기 때문에 레오나르도의 성은 반드시 띄어 써 주어야 그에 대한 예우가 된다. 우리네 성씨 중 '남궁' 씨는 이름을 연으로 할 때, 그 표기의 올바름이 '남 궁연'으로 표기하면 실례가 되는 것과 마찬가지다.

유복한 가문에 태어난 레오나르도는 축복 속에 행복한 어린 시절을 보내야 했지만 사실 그리 호사를 누리지 못했다.

그의 아버지는 최고의 가문에 상속도 많이 받았고 직업도 좋았기에 뭇 여성들의 호감과 구애를 적지 않게 받았는데 성품이 단호하지 못하고 결혼을 일찍 할 생각도 없어서 여러 여성과 정을 나누며 연애를 했다.

그래서 레오나르도의 어머니와도 결혼은 생각도 하지 않고 사랑만 하려 했지만 그녀가 아이를 낳았다는 소문을 듣고 단박에 찾아와 핏덩이 레오나르도와 산후 조리가 필요한 어머니에게 불편한 심기를 드러냈다.

"누구 맘대로 아이를 낳은 것인가? 내가 이런다고 결혼해

줄 것 같은가? 당장 꿈 깨도록 하게! 그래도 내 양심상 집 한 채를 주도록 하지. 대신 앞으로 나를 절대 찾지 말게!"

그리고는 한때였지만 사랑을 속삭였던 그녀와 추억을 뒤로 한 채, 도망치듯 사라지고 말았다.

우리는 이미 법적으로 레오나르도가 사생아라는 호칭을 받게 된다는 것을 알고 있다.

레오나르도는 두 살 때 어머니가 재가하여 또다시 버려지며 슬픔을 더했다. 그는 결국 부모 없이 빈치 마을에서 열네 살까지 살게 되었다.

물론 두 살배기가 어찌 홀로 살 수 있겠는가.

레오나르도의 할아버지는 아들이 결혼하기 전에 낳은 아들이 있다는 이야기를 듣고 수소문 끝에 어머니를 찾아냈다.

"소문을 듣고 왔는데 네가 우리 집 핏줄을 낳았다고? 그게 사실이 아니라면 아주 크게 혼날 줄 알아라! 어디 그 증거를 내보여 보거라!"

아들의 행실이 의심스러웠지만 소문은 소문일 뿐일 것이라는 확신으로 노기에 찬 할아버지는 레오나르도의 어머니에게 호통을 쳤다. 그녀는 이제 두 살이 된 아이를 할아버지 품에 던지다시피 하며 소리쳤다.

"이 아이 얼굴을 보세요! 누구를 닮았는지…"

할아버지는 레오나르도의 유난히 빛나는 눈망울을 보고 단번에 자신의 핏줄임을 직감하게 되었다.

"눈만 봐도 알 것 같구나…. 내가 사과하마. 우리 집안 핏줄이 맞아. 그런데 어쩌겠느냐. 우리 아들은 이미 장가를 갔으니…"

미운 정도 정이라고 레오나르도의 어머니는 아버지의 결혼 소식에 눈물만 흘렸다.

"그러니 너도 이제 내 아들을 기다리지 말고 새로운 가정을 꾸리도록 해라. 내 얼마든지 보상해주마!"

그리하여 레오나르도의 어머니는 할아버지의 반강제적 후원으로 재가하게 되고 할아버지는 그 대가로 레오나르도를 데려왔다. 그리고 그때 할아버지로부터 다 빈치*da vinci* 성을 받게 되었다.

부모의 품을 모른 채 자라는 레오나르도였지만 그의 얼굴에는 그늘 한 점 보이지 않았다. 그것은 자신의 환경을 탓하며 늘어지지 않고 별빛 같은 눈망울을 호기심으로 빛내며 자연을 놀이터이자 학습장으로 삼아 뛰놀고 즐거워하는 레오나르도의 타고난 착한 심성 때문이었을 것이다.

가끔 떠오르는 어머니, 아버지라는 말이 주는 그 쓸쓸함을 아니, 그 생각하는 마음 자체를 떨치려는 듯 포근한 자연의 정취와 대지의 기운을 관찰하며 시간을 보내는 레오나르도의 어린 시절은, 손자를 애지중지하는 할아버지의 관심과 정으로 채워졌다. 더욱이 종손에게 거는 기대와 애정이 남다른 할아버지 역시 노타이오였으므로 그 엄청난 부를 레오나르도에게 쓰며 아낌없는 후원으로 그의 인생에서 돈이 아닌, 창작과 창조의 목표에 헌신할 수 있는 밑거름을 배양할 수 있도록 풍요로운 생활을 보낼 수 있게 해주었다.

여유로운 환경에서 자란 탓에 레오나르도는 인생의 목적이 돈이 아니었으며 오로지 인류를 위한 선구자의 마음으로 예술을, 의학을, 생명공학을, 기계공학을, 토목공학을, 돈을 벌 수 있는 분야가 아니더라도 즐겁게 그 탐구심을 발휘하여 오늘날 우리 인류에 안락함을 선물한 것이다.

레오나르도의 생가

레오나르도의 고향인 빈치 마을

그렇다면 레오나르도와 그의 어머니에게 아픔과 슬픔을 안겨주었던 아버지는 어떻게 되었을까? 남의 눈에 눈물 나게 하면 자기 눈에는 피눈물이 나는 것이 인간지사가 아니던가!

레오나르도의 아버지는 양심도 없는 듯, 아니면 그런 사연을 애써 빨리 지우려 했는지, 모자를 버린 그 해 석 달 만에 꽃다운 열여덟 살의 어린 신부와와 결혼했다. 하지만 결혼생활 2년 반 만에 그의 첫 번째 아내는 난산으로 아기만 두고 세상을 떠나고 말았다.

아내를 잃은 슬픔도 잠시, 이젠 결혼했기 때문에 아이를 버릴 수도 없으니 그 아이를 키우기 위함인지, 적적함에서였는지 그는 또다시 스무 살 아가씨와 재혼했다. 하지만 그녀 역시 아이를 낳다가 또 죽음을 맞이했다.

"정말 미치겠군! 내가 정말 죄를 받는 건가…."

두 아이를 두게 된 아버지는 허탈한 마음으로 다시 아이들의 어머니 역할을 할 사람을 찾아 다시 스물네 살의 아가씨와 세 번째로 결혼했다. 그런데 3년 정도 결혼생활을 하다가 그녀 역시 정신상태가 점점 악화되어 내쫓았다.

그는 다시 스물두 살 아가씨와 네 번째 결혼을 했지만 그녀마저 아이를 낳다가 운명을 달리했다.

결국 그는 예순네 살에 마지막으로 열아홉 살의 아가씨와 여덟 번째 결혼을 했다.

그리하여 무려 자식들을 스무 명 넘게 두게 되었는데 그중에서 첫아들인 레오나르도만 버렸다는 죄책감이 마음 한구석에 피어오르고 있었다.

시간이 흐르고 레오나르도는 열네 살에 유일한 의지처였던 할아버지마저 병으로 떠나보내고 정말 고아가 되어 모진 세상에 정면으로 맞서게 되었다.

뒤늦게 이 소식을 듣고 놀란 아버지는 마음 한구석에 자리 잡았던 그동안의 죄책감과 걱정스러움으로 열네 살의 레오나르도를 만나기 위해 수심이 가득 찬 얼굴로 달려왔다.

"레오나르도야, 나를 알아보겠느냐?"

"누구세요?"

"내가 네 애비란다. 어찌 지냈느냐, 지금껏…."

"네…?"

꿈에서라도 보고 팠던 그 아버지, 그렇게 불러 보고 싶던 아버지….

멍든 가슴으로 푸른 하늘을 바라봐야 했던 지난 슬픔이 복받쳐 올랐다.

레오나르도의 두 눈이 붉어지며 눈물이 맺혔다.

"그동안 어떻게 지냈느냐?"

측은한 마음에 눈빛이 젖은 아버지가 다시 말을 건넸다.

"할아버지께서 놀아주고 용돈도 주서서 어려운 것은 없었는데요…."

"음, 그래…. 어찌 지냈는지 짐작이 가는구나…."

아버지 역시 잠시 말을 잇지 못하고 붉어지는 눈시울로 하늘을 올려다봤다.

"음… 뭐 재미있는 일은 없었느냐?"

어린 레오나르도는 고개를 들며 애써 씩씩하게 말했다.

"재작년부터 옆 마을에 예술 공방이 생겨 놀러 다니는데 너무 재미있었어요."

"아… 그랬구나!"

얼굴에 가득했던 수심을 조금 거둔 아버지는 안도의 눈빛으로 물었다.

"레오나르도야, 너는 예술을 좋아하는구나?"

"네! 생각하고, 그리고 만들고… 모든 것들이 너무 즐거워요!"

"그랬구나. 그렇다면 잘되었다! 아무리 생각해도 너를 지금 당장 집으로 데리고 갈 만한 상황이 아닌 것 같구나. 집에는 애들도 많거든. 그러니 네가 좋아하는 그 예술 배우는 곳에 살면 어떻겠느냐? 요즘 예술 공방은 기숙이 허용된다 하니…"

홀로 지낸 시간이 많은 레오나르도는 올된 생각으로 아버지의 상황을 이미 이해하고 있었다.

"아버지, 전 아무렇지 않아요. 예술만 배울 수 있다면 좋아요!"

"정말 기특하구나. 가자! 내 최고의 공방에 보내 주마!"

그의 아버지는 손꼽히는 재력가인 노타이오였으므로 당시 이름 높은 예술가와 선이 닿아 있었는데 그중 르네상스 조각의 선구자 도나텔로와 대등한 실력의 대가가 운영하는 피렌체 최고 공방 중 하나인 베로쿄*Andrea del Verrocchio*공방에 레오나르도를 데리고 갔다. 레오나르도의 손목을 잡은 아버지는 그동안 친분을 조금 쌓아둔 공방의 문을 열고 들어섰다.

"안녕하신가?"

"이게 누구신가? 천하의 재력가 피에로가 아닌가! 어서 오시게!"

"하하하. 별말씀을 다하는군. 잘 지냈는가?"

"뭐, 보다시피 이렇게 요즘도 작업이 한창이지."

"대단하군! 그런데, 저 아이들도 학생들인가?"

"그렇다네. 꽤 배운 애들도 있고, 모두 열심히 하지."

둘은 이런저런 안부와 피렌체 정세를 환담의 주제로 시간을 보낸다.

"레오나르도야, 이리 와서 인사 드리거라. 네 스승님이 될 분이란다."

등을 밀며 인사를 채근하는 아버지에 못 이겨 막 인사하는 레오나르도를 보며 베로쿄가 깜짝 놀란 듯이 물었다.

"뭐라…? 이 아이는 누군가?"

"내 큰아들이네."

베로쿄는 놀란 눈빛으로 아버지의 말을 가로채며 다시 물었다.

"아니, 자네에게 이렇게 큰아들이 있었는가?"

"허허허. 뭐 그 사연까지 말하자면 시간이 좀…. 다름이 아니라 내 아들이 예술을 아주 좋아해. 그래서 자네가 이 아이를 좀 키워줬으면 하는데… 어떤가?"

아버지의 말이 무슨 뜻인지를 짐작한 베로쿄는 단호하게 말했다.

"음…. 무슨 말인지는 알겠네. 그런데 안 되겠어!"

"아니, 왜 그러는가? 이 아이는 정말 내 아들이야."

베로쿄가 채근하는 아버지의 말을 잘랐다.

"아니, 아들인지 아닌지가 중요한 것이 아니네."

"그럼 무엇이 문제란 말인가?"

"이 아이가 올해 몇 살인가?"

"열네 살이야."

"그래서 안 된다는 거야. 지금 제자들도 적은 편도 아니고 이 아이는 다른 아이들에 비하면 너무 어려서 수업을 이해하기도 어려운데다 작업에 방해만 될 뿐이지. 우리 공방은 기초를 익힌 열일곱 살 이상만 제자로 받는다네. 몰랐는가?"

둘의 언성이 조금씩 높아지고 오고 가는 말 속에 레오나르도의 얼굴빛도 어두워졌다.

아버지는 당황하며 겸연쩍은 미소로 작은 소리로 말했다.

"사실 이 아이가 당장 갈 곳이 없어서 그러네. 그러니 예술은 안 가르쳐줘도 되니 그냥 이런저런 일도 시키고 봐주면 좋겠네."

"아니, 이 사람아! 나도 작업을 해야 하는데 애를 데리고 무슨 작업을 하나? 안 되는 건 안 돼!"

단호한 베로쿄의 말투에 아버지도 비장한 눈빛이 되어 애원조로 말했다.

"오늘 맡기지 못하면 다시 데리고 오기가 쉽지 않아…. 그래서 그러니, 제발…."

"아, 글쎄. 안 된다니까!"

베로쿄의 말이 끝나기가 무섭게 레오나르도의 아버지는 서운함과 노여움에 하소연 반 푸념 반으로

"아이고, 이런 우라질… 우정을 믿고 그 멀리에서 왔는데!"

큰소리 치며 레오나르도를 데리고 왔는데 면목이 서지를 않으니 어떻게든 트집을 잡아보려 공방 속의 학생들을 주시하다가 유난히 작은 학생에게 시선을 고정했다.

"그럼 쟤는 왜 여기 있는가? 몇 살인데 여기서 작업하는 거야?"

"누구 말인가?"

공방 안에 있던 유난히 작아 보이는 학생 하나를 가리키며

아버지가 물었다.

"아, 저 아이가 열일곱 살이야."

손을 들어 가리키는 쪽에 한창 작업을 하느라 분주한 학생들이 보인다. 그 속에 자신에 대한 이야기가 오고 감을 알아차린 그가 이쪽을 힐끔 쳐다보았다. 그 학생이 바로 훗날 미켈란젤로의 스승이 되는 기를란다요였다.

또한 그 건너편에는 그보다 네 살이 더 많은 스물한 살의 작업생이 레오나르도를 쳐다보고 있었다. 그가 바로 훗날 〈비너스의 탄생〉을 만든 산드로 보티첼리*Sandro Botticelli*로 열심히 판넬에 그림작업을 하고 있었던 것이다.

온갖 근심으로 가득한 아버지는 어떻게든 그동안 미안했던 레오나르도를 위해, 또한 레오나르도가 좋아하는 인생을 위해, 마지막 히든카드를 내민다.

"이래도 안 되겠는가?"

눈에 힘이 가득한 아버지는 가져온 금화 궤짝 하나를 베로쿄 앞에 집어 던졌다. 쏟아지는 금화를 본 베로쿄는 눈이 휘둥그레졌다.

"아니, 이건…?"

"저 아이의 평생 수강료로 써주게! 이래도 안 되겠는가!"

"정… 그렇다면 되겠지. 하하."

이렇게 시작된 열네 살의 레오나르도와 스승 베로쿄와의 만남.

유난히 총명하기도 하고 다른 제자들에 비해 상대적으로 제일 어린데다 무엇보다도 아버지에게 돈을 많이 받은 터라 흡족했던 스승 베로쿄는 레오나르도에게 당장 가르칠 욕심을 내지 않았다.

"레오나르도야. 우리 공방은 열일곱 살부터 들어오는 걸 알고 있지? 너 똑똑한 것 보아하니 금방 따라 잡을 수 있을 게다. 그러니 좀 더 크거든 배우자구나."

나긋한 어조로 잔잔한 미소와 함께 스승은 앞으로의 공방생활을 일러 주고 있었다.

"그러니 넌 마음껏 놀아도 돼. 대신 다른 선배들에게 방해가 되지 않게 나가서 놀도록 하거라. 선배들 하는 것도 구경하고, 종종 내 심부름이나 하면서, 나중에 천천히 배워보자."

이렇게 레오나르도는 다른 학생들에 비해 체계적인 교육을 받지 않았지만 시간적인 여유 속에 선배들의 그림들을 총총한 눈빛으로 하나하나 담아냈다.

그러던 어느 날. 열일곱 살의 레오나르도는 아르노*Arno* 강변에 스승의 심부름을 나왔다가 황홀한 갈매기의 비행을 넋을 잃고 쳐다본다.

"와, 새가 저렇게 날 수도 있구나! 비둘기하고는 또 달라!"

날개를 쫙악 펼친 갈매기의 활강은 어느 새보다 경이롭고 신기하게 여겨졌다.

"어찌 날갯짓을 하지 않는데, 하늘에서 떨어지지 않을까?"

꼬리에 꼬리를 무는 의구심을 품는 천재!

여러 사물을 관찰하고 색다른 경험을 하며 공방의 생활이 흘러갔다. 그러던 중에 스승 베로쿄의 다급한 목소리가 공방에 울려 퍼진다.

"큰일 났다. 모두 빨리 모여 봐라!"

"무슨 일입니까? 스승님."

의아함에 가득한 얼굴빛으로 스승의 얼굴을 바라보는 제자들.

"너희들도 알다시피 내가 조각이 전공이라 조각에 심취하다 보니 주문을 받고 깜빡 잊어버린 그림이 생각났는데…"

스승 베로쿄가 조금은 심각한 얼굴로 근심스럽게 말을 이어간다.

"그래서 너희들 중에 누가 맡아야 될 것 같은데…"

"스승님이 하시던 건 직접 마무리하시는 것이 어떠세요?"

조금은 걱정스런 말투로 보티첼리가 말한다.

"나는 또 새로운 조각을 주문받아서 이러는 것 아니냐. 그러니 너희들 중에 누가 하는 게 좋겠느냐?"

그는 여러 제자들의 얼굴을 돌아가며 보다가 말한다.

"보티첼리야! 너는 지금 무엇을 하고 있지?"

"저는 판넬 템페라 작업을 네 개나 하고 있습니다!"

보티첼리가 조금은 볼멘듯 여력이 없다는 투로 대답한다.

"그래, 알았다 이놈아! 그럼 지금 맡은 것이나 제대로 해라. 음, 그래도 실력과 연륜이 제일 높은 네가 하면 좋으련만 지금 네가 하고 있는 것이 더 중요하니…"

베로쿄는 아쉬움과 함께 이번에는 기를란다요를 바라본다.

"너는 지금 무슨 작업을 하지?"

"저는 지금 페루지노와 그 프레스코화를 그리고 있습니다."

"그래. 그건 얼마나 걸릴 것 같으냐?"

"아직도 한참 멀었습니다! 9개월 정도는 지나야…"

"그렇구나. 이 일도 급한데…. 그럼 누가 하겠느냐?"

스승 베로쿄의 직접적인 질문에 나머지 제자들도 고개를 숙인 채 자신의 작업에만 몰두하는 척하고 있다.

"이런…! 네놈들을 믿고 무슨 주문을 받아오겠느냐! 허참…"

자학하며 방황하던 스승의 눈빛이 어느덧 뻘쭘하게 서 있는 레오나르도와 마주쳤다.

"레오나르도야, 넌 지금 무엇을 하고 있느냐?"

갑자기 자신에게 돌려진 질문에 조금은 당황한 레오나르도는 접고 놀던 갈매기를 슬쩍 뒤로 숨긴다.

"저요…? 특별한 일은 없는데요?"

"그래? 그럼 네가 맡는 것이 좋겠구나. 그러면 말이다. 여기 내가 그려 놓은 얼굴선 밑으로 살짝 보까시를 주면서 말이다…"

그림 작업에 대한 설명을 하려는 스승 베로쿄의 말을 끊으며 레오나르도가 입을 뗐다.

"저… 스승님. 드릴 말씀이 있습니다."

"뭐?"

"전 그림을 제대로 그려 본 적이 없는데…"

황당한 눈빛의 스승 베로쿄가 깜짝 놀라며 다그친다.

"그게 무슨 말이냐? 전에 뭔가 *끄적끄적* 그리는 것을 내가 봤는데?"

"아, 그것은 풍경인데 연필로만 하고 채색은 하지 않았습니다…"

열일곱 살의 레오나르도가 그린 인생의 첫 작품이 그 연필 풍경화이다.

당황한 스승 베로쿄가 다시 물었다.

"아무리 그래도 그렇지, 그때가 벌써 1년 전인데, 채색을 지금껏 한 번도 안 했단 말이냐?"

"사실 선배들 흉내 내면서 몇 번은 해본 적은 있지만… 저는 그림을 제대로 배워 본 적이 없지 않습니까."

"뭐라? 그랬구나…. 그럼 가르쳐 달라고 말을 했어야지! 이거 정말 난감하구나!"

베로쿄의 목소리가 점점 다급해지고 역정이 난 듯 채근한다.

"아니, 스승님이 천천히 배우라고 하셨잖아요."

"어이쿠. 그래, 다 내 죄다! 넌 갈매기나 접고 놀아라!"

허탈해진 스승 베로쿄는 잠깐의 생각 끝에 체념하듯 결정한다.

"레오나르도야, 이리 다시 와봐라!"

의아한 표정으로 다시 곁으로 온 레오나르도를 빤히 보던 스승 베로쿄.

"레오나르도야, 네가 지금 몇 살이지?"

"열어덟인데요."

"그럼, 됐다. 할 수 없이 지금은 너밖에 없어."

그는 어쩔 수 없이 레오나르도를 붙들고 말을 이어간다.

"레오나르도야, 네가 한번 해보도록 해! 어차피 지금 이 그림을 맡을 사람이 없다. 너에게는 좋은 경험이 될 거야. 물론 내가 새로운 조각을 위해 떠나야 해서 그림을 가르쳐 줄 시간은 없지만 그렇다고 부담을 가질 필요는 없단다. 내가 돌아오면 하나하나 수정도 해줄 것이고, 음… 만약 실패해도 너의 아버지가 돈을 많이 주고 갔으니 그 돈으로 위약금을 물어주면 된다. 알았느냐?"

그렇게 용기를 북돋아 준 스승 베로쿄는 대다수의 배웠다는 제자들도 스승의 작품을 맡는 것에 대한 부담스러움에 모른 척했던 것인데 자신이 그리다 만 그림을 레오나르도에게 맡겼고, 그림을 제대로 배운 적도 없는 그가 스승을 대신하는 첫 작업에 적잖은 부담을 느낄 수 있다는 생각에 떠나기 전날 공방에 들러 보티첼리를 부른다.

"보티첼리야, 네가 선임답게 내가 없는 동안 공방을 맡아주길 바란다. 그리고 레오나르도에게 맡긴 그림이 하나 있는데… 그 아이가 그림을 한 번도 배워 본 적이 없다고 하는구나. 네가 템페라 작업은 최고이지 않느냐. 그러니 시범도 좀 보여주고 거들어주라는 말이다. 알겠느냐?"

당부의 말을 남긴 스승 베로쿄는 한동안 공방을 떠나, 새로운 조각 현장으로 넘어간다.

한편, 베로쿄가 떠난 공방 안에는 한 번도 제대로 채색화법을 배운 적 없는 레오나르도가 스승의 마음을 비운(?) 격려와 함께 붓을 잡고 작업을 시작하고 있었다.

그런 레오나르도를 옆에 놓고, 보티첼리가 먼저 그림 속의 오른쪽 천사 얼굴을 그리며 시범을 보여주며,

"레오나르도, 집중해서 잘 봐! 템페라는 어려운 거다! 하지만 열심히 하면 나처럼 할 수 있어."

그러면서 시범 채색작업에 열중하던 보티첼리의 짜증이 올라온다. 무심결에 고개를 돌려 레오나르도를 봤는데, 자신의 시범에 집중하지 않고 딴 짓을 하고 있었기 때문이다.

"레오나르도! 뭐 하는 거야? 딴 짓이나 하고…"

보티첼리는 짜증을 내며 레오나르도를 보다가 기절할 뻔했다.

레오나르도는 그림 속에 있는 왼쪽 천사의 치맛자락을 표현하고 있었다.

옷자락이 날리는 것처럼 현란한 색상의 그라데이션은 최고의 부드러움을 자아냈고 채색화법을 배워보지 않았다고는 믿기 어려운 그의 솜씨에 말을 잊은 보티첼리였다.

"아니, 너… 그림은 배운 적이 없다며? 이거 어떻게 바른 거야?"

"네, 배운 적은 없는데… 그냥 선배들 보고 몇 번 따라하니 되더라고요."

"에이 뭐야! 재수 없이 잘하네! 그냥 너 혼자 다해라!"

놀란 가슴을 안고 자기 자리로 돌아간 보티첼리는 등 뒤로 식은땀 한줄기가 흐르고 있음을 느낀다.

여기서 논란 하나.

레오나르도가 주관한 첫 작품을 1469년 추정의 〈성모 *Dreyfusot*〉(현재 워싱턴 박물관 소장)로 보는 사람들도 있지만, 사실 그 그림은 같은 베로쿄 공방의 레오나르도의 또 다른 동기인 로렌초 디 크레디*Loenzo di Credi*가 그렸다고 보는 성향과 1475년작이라는 논리에 의해 그리고 그 기법이 유화이기에 그 작품을 레오나르도의 처녀작으로 보는 것은 현실적으로 타당성이 떨어진다.

그래서 레오나르도가 주관한 실제적인 첫 작품은 그 시대의 회화의 보편적 기법인 템페라화로 1472년 작업을 시작한 〈세례 받는 예수*Battesimo di Cristo*〉이다.

레오나르도가 18살 때 그린 〈세례 받는 예수〉(1470)

레오나르도의 〈알림〉(1474, 우피치 박물관 소장)

그리고 그가 그린 〈알림*Annuciazione*〉이라는 두 개의 작품
은 최고의 원근법의 가미인 휘아밍고*Pittura Fiamminga*의 진수
를 보여준다.

이 작품 중 하나는 피렌체의 우피치가 소장하고 있고, 또 하
나는 애석하게도 루브르가 가지고 있다. 루브르의 것은 작품
의 가치가 피렌체의 것보다 조금 떨어질 수 있는데, 옮겨진 이
유도 다소 불투명하다. 베로쿄 공방으로부터 납품된 그 작품
은 도시 피스토이아의 두오모*Duomo di Pistoia* 성당에 보관되었
다가 1685년 파리의 골동품 시장에서 우연히 구매된 뒤로 루
브르에 위탁된다. 아마도 나폴레옹까지 세 번이나 이어지는
프랑스의 커다란 침략 속에 도난된 것으로 추정되고 있다.

여하튼, 레오나르도의 숨은 천재적 재능과 원근감을 표현
하는 기교의 능숙함은 이어지는 작품의 세계에서도 보듯이
그 경지가 최고 수준에 올랐다는 것을 알 수 있다.

이러한 레오나르도의 자세는 현대의 무수한 예술가를 꿈
꾸는 사람들, 더 나아가 디자이너를 꿈꾸는 사람들은 꼭 배
워야 한다. 앞서도 살짝 언급한 일화를 다시 한 번 살펴보자.

열일곱 살이던 어느 날, 스승의 이런저런 심부름으로 피렌
체 시내에서 우연히 들렀던 아르노 강변에 도착한 레오나르

도는 세 시간이 넘게 얼음이 되어 있었다.

"거 참, 멋지단 말이야!"

해양도시국가인 피사와 닿아 있는 아르노 강은 상류 지역인 피렌체에까지 바닷가의 갈매기들을 볼 수 있게 했다.

해양도시국가인 피사로부터의 거리는 약 120㎞ 정도로 내륙으로 들어와 있는 피렌체이지만, 조금 덜 떨어진 갈매기들이 종종 강을 따라 거슬러 들어온다.

"어떻게 날갯짓을 하지 않는데 떨어지지 않을까?"

혼자서 중얼거리며 초롱초롱한 눈망울의 레오나르도는 하늘 속에 시선을 고정한 채 오랜 시간 동안 서 있다.

"아, 그렇구나! 날갯짓을 하지 않고 저토록 자유롭게 오래 비행하는 것은 바람을 타는 것이겠구나!

이는 인류 최초로 새가 날개의 상부와 하부의 기압차로 난다는 원인을 밝혀 낸 쾌거이며 부력, 양력이라는 용어를 만들어낸 것이다. 그는 후일 공기의 저항과 마찰, 그리고 기류를 연구하는 계기가 되고, 인류를 날 수 있게 만드는 원대한 '날틀'의 제작을 꿈꾸게 한다.

"새를 잡아 그 날개의 원리를 알아봐야겠다."

일상 속 사소한 사물을 보면서도 그 원리와 이유를 알려고 노력하는 레오나르도는 내친 김에 갈매기를 잡아와 날개를 접었다 폈다 한다.

"와! 이렇게 나는구나. 이렇게…."

너무 어린 나이에 공방에 들어왔고 스승 역시 빠듯한 일정 탓에 레오나르도에게 정식으로 예술 공부를 가르치지는 않았다. 그저 선배들 등 너머 보는 것으로 작업을 따라해보며 시간적인 여유가 있었던 그가 언제나 끝을 보는 끈기와 탐구욕으로 3년 동안 날개를 접었다 폈다 했던 갈매기는 결국 스트레스로 쓰러지고, 그 후 박쥐의 날개에서 그 실마리를 풀어 새의 깃털을 만들지 못하는 한계를 극복한 부력을 얻을 구조로, 훗날 관절구조도와 함께 날틀을 디자인하게 된다.

이런 탐구욕과 연구 속에서 그가 그린 그림에 나오는 천사의 사실적인 날개 묘사와 수태고지 작품 속에 성모 마리아에게 수태할 것을 예고해준 천사가 이륙을 준비하는 듯한 묘사가 나오는 것이다. 그래서 레오나르도는 세계 최초로 과학적 그림인 그의 작품 〈수태고지: 알림〉 속에 천사의 이륙이 가능한 날개의 힘을 사실적으로 묘사하게 되었다.

이렇듯 준비된 천재 레오나르도는 어느 방면을 연구해도 그 관찰력과 탐구력이 점화되어 모방을 넘어 르네상스의 참정신인 창조를 낳을 수 있었다.

다시 말해, 기초과정 속의 모방과 카피는 최고가 되기 위한 준비과정인 것으로 특히 예술방면에는 최고의 스승이지만 진정한 최고는 이처럼 창조가 있어야 한다는 것이다.

그림의 전개와 내용을 상상력으로 구성하여 채워야 하는 쉽지 않는 작업 속에 한참을 상념으로 앉아있던 레오나르도는 생각했다.

'음…. 스승님이 먼저 그려놓은 예수 그리스도의 머리와 세례자 요한의 모습… 세례 받는 예수…. 그렇다면 그동안의 고행의 흔적이 들어간다면 더 현실적인 표현이 될 것이다!'

이런 집중력과 사고력으로 그림을 이해하고 분석하는 레오나르도. 이제 어느 누구도 따를 수 없는 그의 본격적인 미술로의 입문이 시작된다.

약 1년 1개월 만에 조각을 마친 스승 베로꼬가 공방에 부랴부랴 돌아와 제자들의 작품 활동을 점검한다.

"다들 잘 되어 가느냐? 보티첼리야, 그동안 공방에 무슨 일 없었느냐?"

"스승님, 고생하셨습니다. 별일도 없었고요."

"그래, 너희들도 고생이 많다. 참, 레오나르도에게 준 그림은 어찌 되었느냐?"

보티첼리가 선임답게 나서서 답변한다.

"네, 스승님. 모두 열심히 잘해나가고 있고, 레오나르도도 작업을…."

"왜? 어찌 되었느냐? 어디 한번 가보자."

궁금증과 기대감으로 보티첼리를 채근한 스승 베로쿄는 공방 속 후미진 레오나르도의 작업실로 향한다. 다급히 들어서는 스승님의 모습에 활짝 핀 얼굴의 레오나르도가 황급히 인사를 전한다.

"아, 스승님! 안녕하셨는지요?"

"오, 그래. 레오나르도야, 내가 일전에 한번 해보라던 것은 어떻게 되어 가고 있느냐?"

"아! 그 그림 말씀이세요? 저쪽에…."

레오나르도가 가리키는 손가락 끝에 그 그림이 완성된 채 놓여있다.

한참을 그림을 뚫어져라 본 스승 베로쿄는 경직된 안색으로 보티첼리를 부른다.

"보티첼리야, 빨리 와봐라!"

"부르셨습니까?"

다급한 기색으로 달려온 보티첼리가 답한다.

"내가 도와주라 했는데, 너는 어디까지 거들어준 것이냐?"

"저는 오른쪽에 있는 천사 얼굴밖에 안 그렸습니다."

점점 상기되는 스승의 얼굴.

"그럼 누가 그린 것이냐?"

"나머지는 레오나르도 혼자 다한 것입니다."

베로쿄는 탄성과 함께 말을 잊은 채 입을 떡 벌렸다.

"아… 이것이 정녕 내 제자의 작품이란 말인가!"

상기된 스승의 모습에 당황하는 레오나르도.

"저… 스승님. 제 그림이 좀 많이 부족하지요?"

겸손한 마음의 레오나르도가 걱정스러운 마음으로 다시 묻는다.

"레오나르도야, 너에게 정말 미안하구나!"

"네? 그게 무슨 말씀이세요?"

"내 다시는 네 앞에서 그림 얘기는 하지 않으마! 또 붓도 잡지 않겠다!"

선배인 보티첼리를 능가 하는 것도 믿기지 않는 일인데, 첫 그림 속에 드러난 레오나르도의 기량은 스승의 자질을 능가하는 그 위의 존재감을 보인 것이다.

전공이 조각이며 그림이 부전공인 스승 베로쿄 역시 그림으로 만만치 않은 예술가이고, 불 붙었던 르네상스 시대 최고의 예술가들을 배출하던 명문 베로쿄 공방의 스승이 아니던가!

그런 그가 다시는 그림을 그리지 않는다는 은퇴를 선언하는 이야기는 바사리의 글에도 소개되고 있다.

그래서 우리는 레오나르도가 스승은 있었지만 그 가르침을 체계적으로 받아본 적이 없고, 조각 분야에서 도나텔로와 최고를 겨루는 스승 밑에 있었지만 조각도 정식 교육을 받지 않았는데, 밀라노 파견 근무 시 조각 작품의 하이라이트인 청동 〈마상〉을 깎은 데서 그 힘줄의 표현과 근육질의 기상을 통해 금방이라도 말이 새벽 안개를 제치며 달리려는 기운을 느끼고 그 아름다움을 찬탄하지 않을 수 없다.

이렇듯 레오나르도는 템페라 작업으로 〈세례 받는 예수 *Battesimo di Cristo*〉를 그려 충격 받은 스승을 미술세계에서 은퇴하게 만들고, 그 후 스승의 그림 프로젝트 중 대다수를 도맡았으며 스승 베로쿄의 사랑 또한 엄청났다. 아니, 사실 그 이상으로 스승 베로쿄는 생을 마감하기 전 많은 제자들 중에서 레오나르도에게만 전 재산과 함께 운영하던 공방을 물려준다.

심취되는 해부학과
내몰린 운명

　서로에 대한 경쟁심과 최고가 되기 위한 열망 그리고 노력은 후대에도 다시 피지 못할 예술의 혼이 만개하는 르네상스 문화를 열어 주었다.

　레오나르도 역시 명작 중의 명작인 〈수태고지〉를 그리며 그림 분야에 최고의 정점을 찍게 되었다.

　하지만 스물두 살이던 1474년부터 1478년까지, 약 4년 동안은 작품을 낸 것은 거의 없었고 다른 새로운 분야에 천재의 호기심과 관심이 집중되었다.

　그것은 바로 인류를 위한 또 하나의 쾌거를 이룬 해부학 분야에 관심을 둔 것이었다.

　사실 그는 스물한 살 때부터 이미 인간을 비롯한 뼈구조인 골격학에 관심을 가졌다.

　그러던 어느 날.

　"신부님. 저… 인간의 몸속이 보고 싶어요!"

"뭐라고? 사람의 몸을 들여다보는 것은…."

당황한 기색의 신부는 늘 레오나르도의 후원자로서 그 호기심의 격려와 사랑을 아끼지 않았지만, 이번만큼은 난색을 표명했다.

"레오나르도야, 그건 절대 안 된다! 그건 불법이라 적발되면… 아무튼 그런 호기심은 버리도록 해라!"

"싫습니다! 전 꼭 보고 싶어요! 신부님, 어떻게든 해주세요, 네?"

"너의 호기심은 언제까지고 어디까지인 것이냐…."

석 달 이상 떼를 쓰던 레오나르도의 고집과 탐구욕에 두 손두 발을 다 들고 만 신부는 드디어 자리를 마련해주기로 했다.

"내가 손은 좀 썼지만… 레오나르도야, 조심해야 한다!"

레오나르도는 부유한 어느 신부님의 도움으로 1445년 개설된 종합병원 이노센티*Ospedale degli Inocenti* 병원의 영안실 요원으로 들어가 일을 거들며 해부학의 최고수준까지 깊이 연구하게 되었다.

이노센티 병원은 지금도 운영되고 있는 병원으로 1419년 공사를 시작한 이 건물은 건축의 선구자 부루넬레스키의 또다른 걸작이다. 이 병원을 모체로 하여 1473년 위대한 로렌초 대왕의 지시로 피사 대학의 의과대학이 개관되기도 했다.

새로운 학문에 빠져든 레오나르도는 30구 이상의 시신을 모두 퇴근한 밤마다 해부해보기 시작했다.

특히 그의 관심은 당시 제일 많은 죽음을 당했던 임산부에 더 쏠렸다. 아이를 낳는 것은 우리네 옛 어른들도 고무신을 다시 한 번 보고 들어간다고 했듯이, 미리 죽음을 생각해야 할 정도로 많은 위험의 변수가 산재해있었다.

레오나르도는 단순한 호기심이 아닌, 임산부의 사망 이유를 규명하고, 더 나아가 신비롭고 거룩한 모든 생명의 기원이 되는 메커니즘을 연구하고자 했다. 그래서 출산 중에 사망한 임산부의 배를 갈라 자궁벽의 단면도부터 그 속에 있는 아이 모습과 탯줄, 태반의 형태와 기능에 대해 연구하고 기록했으며, 더 나아가 서른한 살 때까지는 성인 남성들의 근력의 원천인 인대구조, 근육구조, 관절구조도 그리고 혈액순환도를 완성해냈다.

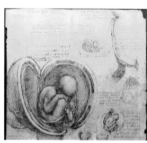
레오나르도의 태아 해부도

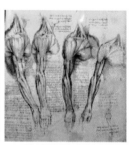
레오나르도의 인대구조도

이렇듯 인류를 위한 기초과학과 의학의 선두에서 기계공학, 생명공학, 토목공학까지 전 분야에 이르기까지 레오나르도의 손이 닿지 않은 학문이 없다.

이 인류의 천재는 뇌 단면도까지 그리며 뇌의 구조와 연관되는 행동 기능까지 연구하려고 했다. 그것이 그 자신의 치명적인 실수로 이어지리라는 것을 까맣게 모른 채 연구에만 집중했다.

그리고 위기는 1476년 어느 날 시작되었다.

1400년 초기부터 형성된 피렌체의 귀족계급이 가진 부는 메디치가와 비슷할 정도로 엄청났다. 그러나 그 풍요로움을 바탕으로 예술방면에 몰입하지 못하는 몇몇 귀족들이 자녀들의 퇴폐 향락 문화에 사용되는 것을 묵인하기 시작하면서 성 도착증 환자와 동성애자들이 많아져 사회의 기강을 어지럽히고 있었다.

이를 인지한 국왕 로렌초 일 마니피코는 재임 기간 동안 세상을 어지럽히는 악행을 근절하고자 대대적인 단속 명령을 내렸다.

최초의 MRI 촬영이라도 하듯이 인간의 뇌를 해부하여 그 단면을 그렸던 레오나르도는 연구에 너무나 심취한 나머지 손대지 말아야 할 임상병리학에까지 손을 댔다.

이는 '이런 뇌 구조를 가진 사람은 어떤 행동 양태를 보여줄까?'라는 의구심으로 심화되었고 성도착증 환자와 동성애자들을 연구하고픈 마음으로 그들의 행동양태를 관찰하기 위해 귀족들의 퇴폐 향락 클럽의 회원으로 등록한 레오나르도는 그곳에서 엄청난 고초를 겪게 된다.

시끄러운 음악과 여흥 속에 음산한 기운마저 느껴지는 지하 클럽에서는 이상한 분위기가 연출되고 있었다.

다양한 나이대의 무리들은 희미한 등잔불 속에서 희희덕거리며 술잔을 돌리고 있었고 번쩍이는 옷과 장신구를 대충만 보더라도 그들이 상류층임을 알 수 있었다.

그중 수염이 턱을 뒤덮고 끈적이는 눈빛을 가진 자가 말을 건넸다.

"이것으로도 별 재미가 없군. 우리 화끈한 걸 하나 해보자!"

"아, 그것 말인가? 좋지! 흐흐흐…."

"아이들을 데려오거라!"

그들은 문을 반만 연 채로 밖에다 명령을 내렸다. 그러자 몇 분 만에 주눅이 든 듯한 아이들이 겁에 질린 표정으로 시종들의 손에 이끌려 들어왔다.

"흐흐. 너희들을 오늘 환상의 세계로 보내주겠다!"

"한 놈을 기둥에 묶어라!"

왜소한 체격에 뱀처럼 사악한 눈을 가진 귀족 하나가 나서서 칼을 잡았다.

이어지는 소년의 비명과 미치듯이 터지는 음탕한 웃음소리들…. 거세를 하며 변절된 성 욕구를 충족시키는, 차마 인간으로서 하지 못할 일들을 하며 쾌락을 찾는 그곳의 그 방탕한 자들 속에 호기심을 넘어 광적인 탐구욕의 레오나르도가 함께 하고 있었던 것이다.

그때 고함을 지르며 문을 두드리는 소리와 요란한 말발굽 소리가 함께 들려오기 시작했다.

"한 놈도 놓치지 마라!"

어둠 속에 번뜩이는 병장기와 투구의 빛들.

클럽의 회원들은 왕명을 받들고 악습 근절을 위한 단속을 나온 근위병들에게 포박되고 말았다. 약 스무 명이 넘는 인원 전원이 잡혀 들었다.

새로운 정치를 구현하고 있는 르네상스의 국왕 로렌초 일 마니피코는 민생을 어지럽히는 악을 근절하기 위해 대대적인 소탕작전으로 암암리에 벌어지고 있는 동성애와 퇴폐적 관행 단속을 강화하고 있었다.

냉기가 흐르는 음산한 지하 감옥은 레오나르도에게도 황당하면서도 두려운 모습으로 다가왔다. 약 석 달 동안 철창

사이로 보이는 죄수들의 기괴한 음성과 어두운 통로 사이로
간간이 비치는 횃불들의 흐느적거림이 다가올 미래의 공포
를 자극하는 듯했다.

그때 다가오는 불빛과 함께 반가운 목소리가 들려왔다.

"원래 여기는 면회도 시키지 말라는 지시가 내려와 있는
데… 내 특별히 시간 내주는 거요!"

"네, 감사합니다. 잠시 얼굴만 보고 가겠습니다."

간수로 보이는 병사가 든 횃불에 비치는 철창 밖의 낯익은
얼굴.

"아…! 스승님!"

"레오나르도야! 어쩌다 이 지경이 되었느냐…."

"죄송합니다, 스승님… 사실 전…."

레오나르도는 채 말을 잇기도 전에 눈시울을 붉히며 고개
를 떨구고 말았다.

"그래, 이놈아. 내가 몇 번을 애기했더냐. 쓸데없는 호기심
을 갖지 말라 그리 일렀거늘…. 몸은 괜찮은 것이냐?"

"네, 스승님. 그런데 전 어떻게 되는 건가요…?"

"음… 쉽지 않다만, 너무 걱정 말거라. 내 사방으로 힘을
써보마. 잘 견디고 있어야 한다."

근심이 가득한 얼굴이었지만 애써 미소를 지으며 스승 베

로쿄가 발길을 돌렸다.

그 현장에서 군사들에 의해 체포된 사람들은 대부분 귀족과 부호들의 자녀들이었고, 특히 상위 귀족층인 또르나부오니*Tornabuoni* 가문의 혈통도 있었다. 그 가문은 로렌초 일 마니피코 군주의 외가가 되지 않는가!

죄수 명부 속에서 뜻밖에도 외사촌들의 이름을 발견하고 한탄하던 로렌초 국왕은 또 다른 이름 하나를 찾아냈다. 바로 책상 위에 있던 서류 속의 이름과 일치되는 레오나르도 다 빈치였다.

"음, 이 사람은 왜 감옥에 들어가게 된 것이냐?"

"네, 폐하. 그자도 그날 그 자리에서 잡혔다 하옵니다."

로렌초 국왕은 한참 동안 읽어 내려가던 서류를 덮었다.

"여봐라, 이자도 같이 방면토록 해라!"

"무슨 연유로 말씀입니까…?"

의아해하는 시종을 보고 군주는 미소를 지었다.

"내 이자의 행적과 탄원서를 보니 탐구욕이 지나친 예술인이라는구나."

"네, 알겠사옵니다. 분부대로 하겠사옵니다."

"참, 이자를 내 친히 보고 싶으니 데리고 오도록 해라!"

이윽고 군주 앞에 근위병들에 끌려 군주와 마주하게 된 레오나르도.

"자네는 예술가라면서 그곳은 왜 들어간 것인가?"

"저는 단지 호기심에 갔었던 것뿐입니다…."

고개를 숙인 채 말을 잊지 못하는 레오나르도를 엷은 미소와 함께 바라보던 군주였다.

"그렇지 않아도 자네의 스승이 그 호기심이 죄라고 하더군. 하지만 자네의 예술성은 가히 천재적이라고 하던데… 스승의 부탁도 있었고 자네의 천재성이 아까워 방면하도록 하니, 앞으로는 쓸데없는 호기심은 줄이고 예술에 정진하도록 하게!"

"아…! 감사합니다, 폐하!"

군주의 손에는 자신의 생명과 바꿔도 좋은 천재 제자를 돌려달라는 예술계의 거장인 스승 베로쿄의 탄원서가 쥐어져 있었다.

당시 레오나르도는 그 지하클럽에서 세 명의 귀족과 어느 정도 친분을 쌓고 있었는데 그들이 바로 이번 사건에 연루된 군주의 외사촌들이었다. 레오나르도는 그 인맥과 스승의 탄원서로 군주의 선처를 받아 풀려날 수 있었다.

호기심의 연장이자 연구를 하기 위함이었다는 이유와 그가 가진 예술적 천재성이 참작된 것이다.

그렇게 군주 로렌초와의 각별한 인연이 시작되었고, 그에 대한 감사의 마음은 늘 레오나르도의 가슴속에 새겨졌다.

그 일을 겪은 후, 레오나르도는 다시 잔잔한 마음으로 베로쿄 공방으로 돌아갈 수 있었고, 기다리던 스승과 대면한 이후 그의 예술성과 탐구심에 감탄한 국왕 로렌초 일 마니피코의 요청과 보은의 의미로 스승의 지시 하에 배속된 산 마르코 광장의 공방에서 열심히 일하면서 국왕으로부터 많은 관심과 사랑을 받게 되었다.

그때가 미켈란젤로가 이곳으로 들어오기 약 10년 전이었다.

국왕의 각별한 마음으로 1479년 12월 레오나르도는 메디치가로부터 호출되어 교수형 장면을 그림으로 남기기도 했다. 바로 로렌초 일 마니피코 국왕의 동생인 줄리아노의 피살에 음모 주동자인 빠찌Pazzi가의 베르나르도를 재판 후 살인죄와 반역죄를 적용하여 처형하는 장면이었다.

레오나르도가 로렌초 국왕의 요청으로 그린, 줄리아노 왕자를 죽이고 반역죄를 지은 베르나르도 반디니의 교수형 장면(1479)

그만큼 레오나르도의 입지가 국왕 로렌초에게 얼마만큼 중요한 자리매김으로 작용했는가를 보여주는 반증이며, 이는 로렌초 국왕이 가장 합리적인 통치를 했었기에 후세에 그의 결정이 바르다는 것을 보여주기 위한 자료용이었다.

레오나르도는 이렇듯 로렌초 성군과의 인연이 되는 1478년까지 이렇듯 별다른 큰 작품 활동 없이 약 4년 동안에 해부학과 인체의 신비에 대한 탐구심으로 연구를 계속했고, 더 나아가 기초과학 분야에까지 빠져들었다. 나이가 많은 지질학자 겸 천문학자인 파올로 달 뽀쪼 토스카넬리*Paolo dal pozzo toscanelli*의 연구실을 드나들며 과학의 세계에 심취되어 훗날의 그 엄청난 과학 이론들과 전투장비, 인류를 위한 날틀 제작까지 '창조자*creatore* 레오나르도'의 모습을 갖추기 위한 연구가 깊이 이루어졌던 때이다.

이미 메디치가의 직속으로 많은 조각과 그림을 양산하는 산 마르코 광장 공방*Giardino di S. Marco*에 배속되어 총애를 받았던 레오나르도는 동기들 중에서도 두각을 드러내어 1480년 조각과 복원작업에 최고의 정상을 달렸으며 로렌초 국왕으로부터 별도의 지시를 받아 전쟁물자인 전투장비의 창작과 도안을 의뢰받았다.

그의 동문들 중에는 판넬(그림) 작업의 귀재인 보티첼리와 프레스코화의 귀재인 기를란다요(미켈란젤로의 스승) 등이 최고를 다투던 시기였다.

아쉬운 잠시의 이별이
영원한 이별로

1482년의 어느 날.

"폐하, 부르셨습니까?"

"레오나르도, 어서 오게!"

국왕 로렌초 일 마니피코가 메디치 궁의 집무실로 레오나르도를 은밀하게 불렀다. 은은히 타오르는 촛불과 국왕 로렌초의 따뜻한 눈빛이 레오나르도를 맞이했다.

"레오나르도, 내가 자네를 가장 아낀다는 걸 알고 있겠지?"

따스한 눈빛과 함께 건네는 그의 말에 레오나르도는 몸 둘 바를 몰랐고 미소로 화답했다.

"황공하옵니다, 폐하. 그런데 무슨 일로 저를 부르셨는지요?"

"자네의 그 재능과 창작능력을 더 필요로 하는 곳이 있는데… 가 줄 수 있겠는가?"

"어디를 말씀하시는 것인지요?"

"우리의 방패막이인 밀라노가 위험에 처했네!"

"그럼…."

"지금 프랑스는 팽창주의를 표방하고 신성로마제국의 게르만들은 비밀리에 뭔가를 준비한다는 정황이 포착되고 있다네. 그래서 우리의 혈맹인 밀라노공국의 국왕 루도비코 일 모로*Ludovico il Moro*가 전쟁을 대비한 지원으로 최신무기를 개발할 수 있는 사람을 보내 달라는군."

"아…! 밀라노 말씀이군요."

"음, 그래서…."

"네, 폐하의 명이라면 당연히 따라야지요. 여부가 있겠습니까!"

"고맙네. 하지만 이건 명령이 아니라 부탁일세."

"아닙니다, 폐하, 저는 늘 그동안 입은 은혜를 갚을 길을 찾았사온데…."

"그리 생각하지 말게나. 아무튼, 내가 자네를 적극 추천했지. 더 넓은 곳으로 가서 견문도 넓힐 수 있고, 또 자네에게 최대의 대우를 약속했으니 아마도 좋은 기회가 아닐까 싶네."

"네, 폐하. 알겠습니다. 다만, 일정을 준비할 말미를 조금 주시면 좋겠습니다."

"당연하지. 내 친서를 가지고 준비되는 대로 떠나게나."

"네…. 정리가 되는 대로 떠나겠습니다."

뜨거운 포옹과 따스한 온기로 두 남자의 이별이 준비되고 있었다. 신뢰와 믿음으로….

"그래, 고맙네…. 레오나르도, 다시 만날 때까지 건강하게나!"

이렇게 오랜 친구를 떠나보내는 듯한 허전함과 아쉬움으로 로렌초 일 마니피코 국왕은 레오나르도를 보낸다.

살아생전 다시 만날 수 없었음을 알았을까?

피렌체를 떠난 레오나르도는 밀라노에서 〈최후의 만찬〉을 비롯한 다수의 그림을 그렸고, 세계 최초의 탱크, 미사일, 지뢰, 다련장포 등의 무시무시한 인명살상용 전쟁장비 등의 제작을 의뢰받아 1500년까지 18년 동안 피렌체로 다시 돌아올 여유가 없었으며, 결국 1492년 로렌초 일 마니피코의 임종까지 함께 하지 못하게 된다.

국왕 루도비코의 총애가 극에 달한, 분주한 밀라노에서 레오나르도의 창작활동도 전쟁장비와 조각, 그림에까지 방대한 분야에 걸쳐 진행되었는데, 특히 1480년대 초부터 1490년까지는 해부학에 더 심층적으로 파고들어 각종 장기와 시신경 전달계 그리고 근육 및 인대 구조도까지 섭렵하게 되었다.

더욱이 인체를 떠나 기중기의 원리로 동력 전달계를 터득하고 각종 기중기와 후일 피렌체 두오모 성당의 타워 공사를 주관하는 회전 타워 기중기까지 발명하게 되어 그 시대 최초이자 최고인 107m 건축물을 볼 수 있게 되었다. 다시 말해, 수직의 힘을 수평으로, 구동축의 힘을 수직의 힘으로 전환하는 메커니즘을 기계공학에 더 나아가 건축공학까지 적용하여 운용계획을 짰던 것이다.

또한, 어린 시절 꿈꿨던 '하늘을 나는 인간'에 대한 끊임없는 연구로, 1486년 비행을 가능하게 하는 구조체, 즉 박쥐의 뼈마디 구조에 대한 아이디어를 발전시켜 인간의 양팔로부터 얻는 동력으로 비행이 가능한 실체적·공학적 상세 조립도를 완성했다.

이는 기류를 타고 활강하는 것에 만족하는 것이 아닌, 인간이 인간의 동력으로 날아오르는 역학적 구조학이다.

지칠 줄 모르는 그의 무수한 디자인과 아이디어 전개는 과학자를 뛰어넘어 창조자의 모습으로까지 비춰질 정도였다.

레오나르도는 1502년에서 1507년 사이에 근대 의학계의 획을 긋는 인체구조의 각 장기의 구조와 역할 그리고 그 메커니즘을 연구하여 그림으로 혈액순환도를 완성했다.

모든 인류를 위한 최고의 보고!

이렇듯 레오나르도의 발자취는 결코 짧지 않은 밀라노에서의 시간 속에 이곳저곳에 많이 남겨지게 되었다.

그런 숨 막히는 연구와 예술활동에 혼신을 다한 18년의 밀

레오나르도의 새 날개 상세도

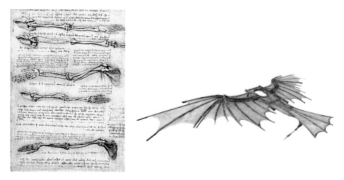

레오나르도의 비행을 위한 관절구조학

라노 생활을 접고 레오나르도는 1501년에는 로마를 경유해 드디어 고향 피렌체로 다시 돌아왔다.

피렌체에 대한 향수도 있었지만 그중 중대한 이유는 레오나르도의 존재가치가 상실되었다는 것이다.

우리가 늘 숨을 쉬기에 공기의 중요함을 망각하듯이, 레오나르도의 18년 밀라노 생활에 그 국왕과 많은 귀족들은 레오나르도의 다방면의 천재성에 탄복하여 수많은 작품들을 의뢰해왔다. 하지만 고마운 마음은 퇴색되어 나중에는 의뢰 작품들의 잔금을 지불해주지 않았다. 물론 레오나르도는 돈에 대한 욕심 따위는 없다. 하지만 수많은 작품들 제작을 위한 재료비와 그를 따르는 제자들의 최소한 생활비가 바닥나기 시작한다.

그런 복합적 요인으로 밀라노 생활을 훌훌 털고 자신을 따르는 제자 약 30명과 함께 피렌체로 돌아왔던 것이다.

그때 피렌체는 메디치가의 퇴출과 과도기 혁명정부의 탄생으로 뒤숭숭했지만, 밀라노에서의 미수금과 로마까지 계속된 여행으로 경제상황이 좋지 않았던 레오나르도는 탐탁치는 않았지만 할 수 없이 미켈란젤로와 같은 공간이 되는 베쿄 궁 2층에 최고 명작 중 하나인 프레스코화 〈앙기아리 전투〉를 그리기도 했다.

또한 1503년부터 시작하여 10여 년간 다른 일들을 병행하며 완성되는 최장시간의 작업이 되는 신비의, 현재 루브르 박물관이 소장하고 있는 최고 명작 중 하나인 〈모나리자〉를 곤디 궁(Palazzo Gondi: 시뇨리아 광장에서 구찌 박물관 옆으로 가면 있는 레오나르도의 숙소)에서 착수했다.

일반적으로 귀족들의 의뢰는 잘 받지 않지만 재정상태가 악화되고 연구비를 마련하기 위해 재력으로 유명한 거상 죠콘도로부터 아내가 잘 웃지 않아 이 선물로 아내의 미소를 보고 싶다는 소망에 레오나르도는 흔쾌히 응했던 것이다.

그래서 작품 〈모나리자〉의 원제목이 의뢰자의 성을 딴 여성형으로 죠콘다*Gioconda*가 된다. 원래 의뢰자의 부인 이름이 리자*Lisa Gherardini*인데, 귀족의 딸이었지만 몰락한 친정을 위해 시집을 와 늘 친정의 걱정과 그리움으로 웃음을 잃게 되었다.

하지만 그 그림을 의뢰받은 지 얼마 되지 않아 미켈란젤로와의 마찰로 작업도 다 되지 않았지만 팔지도 못하여 밀라노로 다시 향하는 짐에 같이 보내지게 되며 13년의 장시간 동안 생각날 때 마다 조금씩 그려 최종적으로는 프랑스에서 작업이 완성된다.

그리고 그 소유권은 모든 자신의 재산을 스승 베로쿄처럼 자신이 유난히 사랑한(?) 제자 프란체스코*Francesco Melzi*에게 상속시켰기에 구체적 대가 없이 〈모나리자〉를 소유하고 있는 프랑스에 대한 피렌체의 원성이 아직까지 높다.

여하튼, 그 시대에 피렌체로의 귀환은 레오나르도 자신에게도 옛 추억을 짚어 보는 의미 있는 시간이었을 것이다.

그러나 시간이 갈수록 〈다비드〉의 여파로 1504년 1월의 제막식 이후 점점 오만해지는 미켈란젤로와 도저히 납득할 수 없는 그의 정신과 예술세계…. 그리고 그의 옳지 않은 성공을 부러워하며 추종하는 일부 예술가들.

더욱이, 레오나르도는 그해 7월 아버지 피에로 다 빈치*Piero da Vinci*의 죽음으로 허탈감과 그 장례 등의 이유와 더 이상 피렌체에서 자신의 존재 이유를 상실해 피렌체를 벗어나 조금씩 환멸을 느껴가고 있었다.

"더 이상 피렌체는 내가 살아야 할 피렌체가 아니구나…."

결국 레오나르도는 르네상스의 번영기인 군주 로렌초 일 마니피코 시절을 그리워하며 1507년 9월 볼로냐를 거쳐 밀라노로 돌아갔고 더 많은 과학 발명을 위한 디자인과 그 부품 상세도까지 원리를 풀어주는 도안들(폭포 속의 물의 와류와 공기 기류) 등의 방대한 작업이자 인류를 위한 자산을 남기게 된다.

그리고 그 속에 이미 1504년에 다시 시작된 인류의 꿈인

'나는 꿈'을 향한 연구는 더 깊어져 그 '날틀' 제작을 위한 스케치와 이론codice del volo degli ucell(토리노 레알레 도서관 보관)을 완성한다.

또한, 이때부터 가중된 해부학의 실체적 탐구와 연구는 최고의 의학자 수준을 넘게 된다.

프랑수아 1세로부터 궁중화가의 예우를 받아 가며, 제자 프란체스코 멜지Francesco Melzi와 살라이salai 등의 따르는 여러 문하생들과 더 많은 연구의 해부학과 과학에 연구시간을 보낸다.

그리고 1519년 4월 23일 이제 가야 할 시간이 다가옴을 느낀 레오나르도는 아쉬운 이별을 위한 준비로 노타이오인 구리엘모Guglielmo Boreau의 공증으로 유언과 상속서가 작성됐고, 같은 해 5월 2일 르네상스의 아니, 인류의 큰 별이 지고 말았다.

그는 라파엘로를 만나기 위한 로마 방문 후 1515년 피렌체 산 로렌초 성당 전면 개보수 디자인 콩쿨에 참여한 라파엘로를 찾아 또 그리고 마지막으로 피렌체에 들르지만, 길이 엇갈려 운명의 만남은 이루어지지 않았다. 그리고 그는 그 허탈함으로 날틀 실험을 한 뒤 프랑스로 발길을 돌렸었다.

슬픔으로 바라보던 제자이자 상속인인 멜지는 스승이며 마음의 정인이었던 레오나르도를 다시 만날 수 없는 세상으로 떠나보냈다.

레오나르도는 그의 죽음을 애도하는 프랑스 국왕 프랑수아 1세에 의해 프랑스의 아름답고 조용한 도시인 앙부아즈성*Castello Amboise*에서 영원한 잠에 빠져든다. 이 성은 2년 전 레오나르도가 프랑수아 1세의 초청을 받고 온 뒤 생활하던 곳이기도 했다.

국왕의 슬픔은 8월 그 앞 교회*Saint Florentin*에 기념비를 만들어 다음과 같은 문구를 새기게 했다.

밀라노 국왕의 화가 레오나르도 다 빈치는 프랑스 국왕의 최고의 예술가이자 건축가이며 과학 발명가로서 여기 잠들었다.

1519년 레오나르도가 영면에 든 프랑스의 앙부아즈 성

앙부아즈 성은 프랑스 국왕 샤를 8세*Carlo VIII*에 의해 축성되어 레오나르도 다 빈치의 주검이 안장된 곳이며, 루이 12세*Luiggi XII*가 르네상스식의 성으로 개축했다.

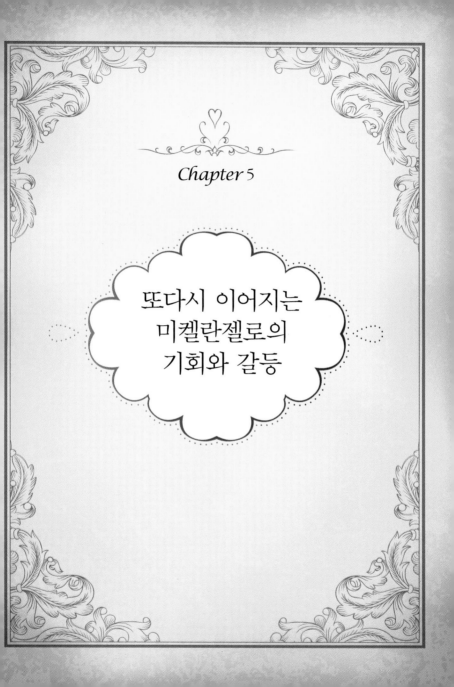

Chapter 5

또다시 이어지는
미켈란젤로의
기회와 갈등

가슴 벅찬 교황의 러브콜

　　한편 1504년 1월에 완성된 〈다비드〉의 명성이 알려지면서
마침내 미켈란젤로가 고대하던 소식이 전해졌다.

　　"어이, 미켈란젤로! 지금 그러고 있을 때가 아니네!"

　　"왜 무슨 일이오?"

　　미켈란젤로는 베쿄 궁의 벽에 레오나르도를 의식하며 맞은
편 벽에 수주받은 대형 프로젝트인 프레스코화 〈까지나 전
투〉를 그리던 중 뜻밖의 소식을 듣게 되었다.

　　"자, 어서 읽어 보게!"

　　전해주는 서신을 보니 봉투에는 바티칸의 문장이 찍혀 있
었다.

　　　당신의 예술성을 높이 평가하신 신임 교황님이 만남을 원하시니

　　준비하여 조속한 시일 내에 바티칸을 방문하시오.

　　저절로 터져 나오는 탄성과 희열.

"드디어 내가 천하제일이 될 수 있겠구나!"

미켈란젤로는 가슴 벅찬 서신을 가슴에 품고 피렌체의 베쿄 궁 2층의 프레스코화 작업을 대충 던져 놓고 한걸음에 달려갔다. 바티칸에 도착한 미켈란젤로는 두근거리는 가슴으로 서신을 보여주었다.

근위병들의 연락을 받고 나온 추기경이 그에게 인사를 건넸다.

"어서 오시오. 먼 길 오시느라 수고가 많았소."

"안녕하십니까? 이번 교황님은 어떤 분이십니까?"

"글쎄…. 만나보면 알게 되지 않겠나?"

"예술을 많이 좋아하시나요?"

"음… 지금 구상 중인 생각이 많으신 것 같네. 아마 자네가 잘하면 프로젝트를 주실지도 모르지."

교황의 집무실로 자신을 인도하는 추기경에게 이런저런 궁금한 점을 물어보는 미켈란젤로였다.

드디어 화려한 문이 열렸다.

"교황님. 예술가인 미켈란젤로라는 자가 알현을 청하옵나이다."

"들라 하라."

묵직한 목소리를 기대했던 생각과는 달리 가느다란 톤의 목소리를 들은 미켈란젤로가 방문을 들어섰다. 그리고 그는 근위병들의 삼엄한 호위 속에 붉은 벨벳의 망토를 걸친 교황을 보는 순간 가늘고 긴 눈과 굳건하게 닫힌 입에서 흘러나오는 고집 어린 기색을 통해 쉽지 않은 사람임을 감지할 수 있었다.

그가 바로 교황 줄리오 2세*Papa Giulio II*였다.

1503년에 216대 교황으로 등극한 줄리오 2세는 또 다른 자금력의 실세인 우르비노 왕국의 델레 로베레*Delle Rovere*가의 왕자로 그 카리스마가 보통이 아니었다.

더욱이 그곳은 르네상스의 종주국인 피렌체와 바로 붙어있기 때문에 무엇보다도 르네상스의 영향을 많이 받은 곳으로, 예술적 감각이 뛰어난 교황 중 하나가 바로 줄리오 2세이다. 또한 그는 프랑스의 팽창주의를 막아내기 위해 루이 12세와 벌인 전쟁으로도 유명하며 그 심기가 곧고 강하여 1513년 임종을 맞이하기 전까지 르네상스 미술의 꽃을 피우는 데 기여한 그 공로가 혁혁하다.

"오…. 자네가 〈다비드〉를 만든 미켈란젤로인가?"

"네. 황송하옵니다."

"소문 많이 들었네. 피에타 조각상까지 만들었다지? 피렌체에 이렇게 유명한 예술가들이 많으니 역시 피렌체는 대단한 나라군!"

"교황님의 극찬을 들으니 몸 둘 바를 모르겠사옵니다."

줄리오 2세의 표정을 보며 그의 말이 형식적인 칭찬인지 진심인지를 가늠해보고 있는 미켈란젤로였다. 교황이 다시 진지한 표정으로 말을 이었다.

"그래서 말인데… 자네 실력을 가늠할 프로젝트를 한 번 해보겠는가?"

"그게 무엇이라도 제가 할 일이 있다면 기쁜 마음으로 맡겠습니다."

역시 기대한 대로 뭔가의 연결이 시작된다.

"이번 건을 잘해내면 내가 지금 바티칸의 내부 공사까지 생각하고 있으니 자네에게는 큰 기회가 될 걸세."

"여부가 있겠사옵니까? 그러면…?"

"다름이 아니라 내가 피에트로 성당에 둘 제단 하나를 구상 중인데 건축이 전공인 자에게 맡겼더니 영…"

"어떤 형태를 생각하셨는지요?"

"조감도를 보여 주지."

교황이 미켈란젤로에게 처음으로 맡긴 프로젝트는 교황의 등극과 동시에 건축 전공인 줄리아노 다 상갈로에게 내려진 것이었지만 조각의 크기와 섬세함이 가치의 척도라고 믿은 줄리오 2세가 담당자를 미켈란젤로로 바꾸기로 마음먹은 것이다. 물론 바티칸 돔 천정 공사를 하는 건축가 줄리아노 다 상갈로의 적극 추천도 그 몫을 단단히 했다.

줄리오 2세는 그에게 프로젝트 계획안을 보여주며 물었다.

"가능하겠나?"

"불가능한 것은 아니지만 조금 난해합니다. 시간과 돈이 꽤 많이 들 것 같습니다."

미켈란젤로는 놀란 표정을 애써 감춰가며 마음속으로 생각했다.

'와… 이게 뭐야? 지금까지 이런 프로젝트는 한 번도 본 적이 없는 것 같군….'

높이도 높이지만 조각이 41개나 들어가는 어마어마한 프로젝트였다.

"교황님, 죄송하지만 이 작품은 좀 오래 걸릴 것 같은데… 다른 것은 없는지요?"

"그럴 순 없네. 이 프로젝트를 하는 것을 봐서 다른 것도 주도록 하지."

미켈란젤로는 쉽지는 않겠지만 일단 바티칸에 발을 들여야 했기에 여러모로 궁리한 끝에 일을 맡기도 사양하기도 어려워,

"그럼 일단 계약금을 주시면 돌부터 구해오겠습니다."

좌. 미켈란젤로에게 보여준 원본 단상 조감도(1504) 우. 줄리오 2세의
사후 임의로 조정된 단상(모세 상)

미켈란젤로는 돌을 구하기 위해 한두 달을 보냈다. 〈피에
타〉 제작 이후부터는 저렴한 비용으로 질 좋은 까라라 산
돌을 사는 기쁨에 중간 유통자를 믿지 못하고 직접 돌을 구
매하여 운반했던 것이다. 또 그런 시간을 핑계로 다른 곳의
오더도 처리할 수 있었기에 좋은 기회였다. 특히 까라라 산
돌로 만든 〈피에타〉로 유명세를 떨치기도 했으니 그에게는
일종의 징크스처럼 작용했던 것이다.

한 해가 훌쩍 넘어가는 때, 계약금을 들고 사라진 것에 교
황의 노여움이 극에 달했다는 소식을 들은 미켈란젤로는 대
리석 아홉 개를 사 들고 바티칸에 들어선다.

"돌 사는 데 뭐가 이리 오래 걸려! 그리고 언제 시작할 건가?"

"좋은 돌은 금방 안 나옵니다."

"그래, 사긴 다 샀느냐?"

"아니오, 아직 아홉 개밖에 구하지 못했습니다."

"어이구, 정말 미치겠구먼!"

"그래서 말인데, 디자인을 좀 변경하면…."

"후, 그런 소린 하질 말게! 아무튼 앞으로의 공정은 내가 일을 일임한 추기경과 이야기하도록 해!"

무척이나 수척한 얼굴로 돌아오긴 했지만, 여전히 원래 설계도로의 작업이 너무나 힘들었기 때문에 미켈란젤로는 담당 추기경을 찾아 상의했다.

"교황님이 말씀하신 제단의 디자인 변경을 해야 할 것 같습니다. 또 조속한 마무리는 아무래도…."

"교황님은 그 제단이 변경 없이 무엇보다 웅장하게 만들어졌으면 하시오."

"그렇지만 기존 도안으로는 무리가 되기에…."

"어허, 그래서 계약금이 많지 않았소?"

"그건 그렇지만…."

이런저런 지시 속에 미켈란젤로의 고민은 커져만 갔다.

교황 줄리오 2세가 다른 예술가를 두고 자신을 찾은 이유가 〈다비드〉와 같은 거대한 조각을 만들었기 때문이라고 믿었던 그는 이러지도 저러지도 못하고 몇 달에 걸쳐 고민하며 애를 태웠다.

그러던 어느 날, 미켈란젤로는 공사 담당 추기경과 대화 속에 귀가 번쩍 뜨이는 사실을 듣게 되었다.

사실 교황은 거대한 조각에서 조합의 미가 어우러진 디자인에는 관심이 없고 그저 빈 공간을 아름답게 활용하여 페루지아*Perugia*와 볼로냐*Bologna*를 자신의 영향력 아래 귀속시킨 것에 대한 기념비적인 작품을 바란다는 것이었다. 더욱이 힘든 그 작업을 위해 표시도 제대로 나지 않는 조각 41개를 깎는 버거운 작업을 하면서 소모적인 세월을 보내야 한다. 그리고 결국 그 단상은 후일 교황의 무덤으로 사용될 것이라는 기막힌 이야기였다.

"그렇군! 그것을 회피할 묘안이 떠올랐어! 하하하!"

미켈란젤로는 그 길로 추기경에게 달려갔다.

"교황님에게 고해주시오! 내가 살아있는 교황님의 무덤을 만들다가는 교황의 임종을 바라는 모함세력으로 치부되어 제명에 죽지 못하기에 후일을 기약해드린다고요."

판단력과 발 빠름만큼은 예술가 중 최고였던 미켈란젤로

는 타당성 있는 핑계를 대고 디자인 구상을 핑계로 눈썹이 휘날리도록 줄행랑쳤다. 그래서 이 프로젝트는 그가 했던 일 중에서도 그 제작기간이 가장 길게 늘어지게 되었다.

1506년 4월 18일 피렌체로 도주한 미켈란젤로는 짧은 시간 이지만 조각 〈산 마테오*San Matteo*〉와 베쿄 궁전 2층의 〈까시나 전투〉를 다시 작업했다.

그리고 1507년 볼로냐에서의 일을 기점으로 1508년에 바티칸의 부름을 다시 받았으며, 최초의 프로젝트(교황 줄리오 2세의 무덤이 될 단상)는 일단 접어 두고, 프레스코화인 바티칸 시스티나 성당 천정화를 맡게 되었다.

"미켈란젤로, 너의 과오는 이번 프로젝트의 성과를 보고 거론하기로 하겠다!"

"네. 사실 지난번 프로젝트는 너무 많은 시간이 소모될 것 이었고 또 제가 조각에 조금 지쳐 있었습니다. 이번 천정화 프로젝트는 잘할 수 있습니다. 믿어 주십시오!"

"좋다. 네가 그런 호언장담을 하니 한번 두고 보겠다!"

"감사합니다!"

"대신 사력을 다해야 할 것이다!"

"여부가 있겠습니까."

"그래야 천재 화가인 라파엘로와 견줄 수 있을 테니 말이다."

골치 아팠던 첫 프로젝트를 미뤄둔 채 그림을 그릴 기회를 얻은 즐거움도 잠시였다.

미켈란젤로 역시 어렴풋이 들려왔던 라파엘로의 명성, 특히 열여섯 살에 시에나와 페루지아를 그림으로 평정한 그!

더구나 피렌체에서 자신의 작품인 〈다비드〉에 책정된 높은 대금 때문에 라파엘로가 작업비를 받지 못했다는 이야기도 들려와 자신과의 인연이 좋지 않다는 느낌을 받았다. 특히 미켈란젤로의 자존심을 상하게 하면서 〈성가족*Tondo Doni*〉을 구입했던 아뇰로 도니가 동일한 시기에 라파엘로에게 의뢰했던 그와 아내의 초상화에 대해서는 가격을 흥정하지 않고 시세보다 더 많은 웃돈까지 줬다는 소문이 돌아 은근 더 자존심이 상했다.

그런 라파엘로가 이미 바티칸 수석 예술가로 초대되어 자신과 비교대상이 되고 있다니… 그 여덟 살이나 어린 예술가에게 본보기를 보여줄 중대한 프로젝트로 정면 승부를 걸기로 하고 오기와 자존심에서는 어느 누구에게도 뒤처지지 않는 미켈란젤로가 작품 완성에 목숨을 걸고 달려들었다.

미켈란젤로의 생애를 통틀어 가장 큰 스트레스를 받으며 자신을 최고로 각인시키기 위한 간고의 노력이 시작된 것이다.

이 프로젝트가 어린 시절 프레스코화의 대가인 스승 기를 란다요로부터 스파르타식 교육으로 학대 아닌 학대를 견뎌내며 받은 대우(?)로 마음속 응어리가 생긴 미켈란젤로가 오기로 섭렵한 실력이 표출된 〈시스티나 성당 천정벽화*La volta della Cappella Sistina*〉이며, 우리가 잘 알고 있는 아담의 창조 등의 장면과 천지창조가 표현된 장엄한 그림이다. 지금도 그곳은 새로운 교황을 선출하는 곳으로도 사용하고 있는 거룩한 곳이다.

1504년에 바티칸에 발을 들여 1508년에 시작된 그림의 첫 대형 프로젝트 그리고 1515년까지 교황 줄리오 2세의 무덤을 마감하기(그의 바티칸 첫 프로젝트)까지 거의 10여 년의 시간이 흐르게 된다. 이렇듯 미켈란젤로는 〈다비드〉를 통해 조각계에서 최고로 인정받았고 비로소 교황청의 부름을 큰소리치며 받을 수 있었으며 그 인기를 타고 다시 로마로 돌아왔다. 그 후 교황 줄리오 2세로부터 시스티나 성당의 도안 등 주체할 수 없는 오더를 받았다.

미켈란젤로는 이렇게 분주하게 로마에서 생활하던 중에 피렌체 소식을 듣게 되었다. 메디치 가문이 다시 피렌체로 돌아왔다는 것이었다.

"이런! 어떻게 된 거지? 앞으로 나는 어떻게 해야 하는가?"

미켈란젤로의 떨리는 입술에서 쏟아져 나오는 말들은 위기에 빠진 자신을 위한 탄식과 절규 같은 외침이었다.

1511년 줄리오 2세의 병세가 악화되고 있던 시기, 차기 교황으로 지목되는 메디치가의 조반니*Pricipe Giovanni*(로렌초 일 마니피코의 국왕의 둘째아들)는 줄리오 2세의 신임으로 프랑스의 세력 확장과 정복 욕심을 제어하기 위해 교황의 중재를 위한 칙령을 받드는 책임자로 임명되었다.

그러나 루이 12세가 지휘하는 프랑스 군대는 이탈리아의 북부인 롬바르디아*Rombardia*(밀라노의 중심 지역) 지방을 향한 정복 야욕을 드러냈다.

위기를 느낀 교황 줄리오 2세의 요청으로 영국*l'inghiltera*과 그 지역의 북부를 영토로 가지고 있는 신성로마제국*Sacro Romano impero* 그리고 스페인의 군대가 연합하여, 베네치아 공국*Reppublica Venezia*과 연합한 프랑스를 치기 위한 전쟁*Battaglia di Ravena*이 라벤나*Lavenna*에서 촉발되었다.

줄리오 2세의 뜻을 받들어 교황 측의 연합군을 끌고 총사령관으로 참전한 메디치가의 수석 추기경 조반니*Giovanni di Medici*는 3년 동안 지속된 전쟁에서 2년 동안은 남다른 지략과 담력으로 몇 차례의 승전보를 울리면서 교황을 기쁘게 해주며 주도권을 잡았다. 하지만 전쟁 3년차인 후반기로 가서는 몇 번의 전투에서 열세로 몰려 급기야는 그 자신이 포로로 잡히게 되었다.

종지부를 향하던 그 전쟁은 양쪽 모두 출혈이 만만치 않았지만 마지막에 있었던 큰 전투에서 교황파의 손실이 더 많았다. 더 큰 불행은 총사령관을 잃은 교황파의 군대가 그 사기마저 바닥으로 곤두박질쳤다는 것이다.

교황 줄리오 2세는 다급한 마음으로 일선의 상황을 보고받고 열세로 몰린 교황파 군대를 위해 신성로마제국 황제에게 지원을 요청했으며 사태의 심각성을 파악한 황제는 그 요청을 수락하여 지원군을 파견했다.

증강된 신성로마제국 군대 10만 대군이 또다시 남하한다는 정보를 접한 프랑스 군대는 전쟁을 중단하고 본국으로 회군을 결정했다.

비록 자신의 군대도 적지 않은 피해를 입었지만 상대 측의 총사령관 격인 수석 추기경을 생포했다는 소식에 프랑스의 루이 12세는 웃음꽃을 피웠다.

"그놈은 반드시 살려서 데려와야 한다! 교황과 담판을 지을 때 아주 요긴할 것이다. 하하하."

프랑스로 회군하는 루이 12세의 군대는 교황과의 기 싸움과 후일에 이루어질 협상 시 좀 더 좋은 조건을 내세우기 위해 추기경 조반니를 인질로 압송하고 있었다.

그러나 국경의 강을 넘던 프랑스 군대는 거친 물살 속에 허둥댔고 어수선한 상황 속에 뒤집힌 호송 마차에서 극적인 탈출에 성공한 조반니는 대담함과 지혜로움으로 고생 끝에 지친 몸을 끌고 간신히 라벤나의 교황파 진영으로 다시 복귀했다.

이렇듯 교황 줄리오 2세는 곤경에 빠지지 않았으며 오히려 라벤나를 다시 되찾은 수석 추기경 조반니의 공로가 인정되어 그는 교황의 환영과 두터운 신망을 한몸에 받게 되었다.

"오, 조반니 추기경! 얼마나 고생이 많았는가?"

"심려를 끼쳐드려 몸 둘 바를 모르겠사옵니다."

"이 사람아! 그런 말을 하면 내가 더 미안해지지 않겠나! 허허허!"

두 사람은 그동안의 무용담과 전쟁 상황들을 자세히 이야기하며 밤이 새는지도 몰랐다.

다음날, 교황이 조반니 추기경을 불렀다.

"안녕히 주무셨습니까?"

"사제도 잘 주무셨는가?"

"네. 말씀을 낮추시옵소서."

"허허, 괜찮네."

곧은 심기를 가진 교황 줄리오 2세가 이토록 인자한 미소를 띄운 적이 또 있었을까?

"다름이 아니라…"

"말씀하시옵소서."

"내가 사제의 공로도 치하할 겸 또 언젠가 다시 이런 일을 벌일 프랑스를 견제하기 위해 묘안을 찾았는데…"

"그것이 무엇이옵니까?"

"피렌체가 날뛰는 프랑스를 견제할 힘을 가져야 하네. 하지만 지금의 혁명정부가 그 힘을 가질 수는 없지!"

"무슨 말씀인지요?"

"자네가 피렌체로 가게! 피렌체의 힘을 다시 모을 수 있는 것은 자네 가문뿐이야!"

"아…"

이 얼마나 감격적인 순간인가! 프랑스 군주로부터가 아닌, 피렌체 내부의 배신자들로부터 축출되며 피눈물을 흘렸던 세월들…. 그 쓰라린 치욕을 잊고 다시 메디치가 과거의 영광을 찾게 되는 것이다.

"내 친히 군대를 줄 테니 혁명정부 잔당들을 몰아내 국가를 재건하게."

"교황님, 이 은혜를…"

"아닐세. 응당 자네가 가야 하고 또 그럴 자격도 충분하다네."

프랑스의 이탈리아 반도 점령을 막기 위해 교황파의 수장으로 사력을 다했던 조반니는 아버지 로렌초 일 마니피코 국왕의 위업을 다시 세우기 위해 개선장군처럼 피렌체에 돌아왔다.

그동안 신혁명정부가 내건 프롤레타리아 혁명과 같은 슬로건과 통치는 불안정한 국가를 만들고 국민들의 생활을 더욱 궁핍하게 만들었다. 그래서 피렌체 국민들은 메디치가의 복귀를 쌍수 들어 환영했고 대다수의 귀족들 역시 상황을 인식하여 휘하로 들어와 메디치가의 추기경 조반니는 유혈사태 없이 피렌체 정부를 장악할 수 있었다.

또한 1513년 3월, 줄리오 2세의 임종으로 조반니가 217대 교황으로 레오네 10세*Papa Leone X*가 된다.

그는 절대적 교황권을 수립하며 가톨릭의 힘을 예술로 승화시켰고 거장들을 독려하여 각종 공사를 장려했다. 물론 그 이면의 문제로 많은 공사를 위한 금전 기부를 강요하여 루터의 종교개혁에 불을 붙이기도 했다.

어하튼 이렇게 메디치가의 교황이 탄생했다!

좌. 라파엘로의 〈교황 줄리오 2세〉(1512, 우피치 박물관 소장) 우. 라파엘로의 〈교황 레오네 10세〉(1519, 우피치 박물관 소장)

줄리오 2세 교황의 첫 번째 오더인 단상 공사를 대신하여 잡았던 대형 프로젝트인 프레스코화 〈천지창조〉를 마감하고 있던 미켈란젤로는 이 기절초풍할 소식에 두 눈이 휘둥그레져 들고 있던 붓을 놓치고 말았다. 파르라니 떨리는 전율과 함께 두 눈이 저절로 감겼다.

교황 줄리오 2세의 부름에 기쁨도 잠시⋯. 버거운 첫 프로젝트를 모면해보고자 이 거대한 프로젝트인 〈천지창조〉를 맡으며 힘겹게 걸어온 삶이 아니었던가!

그 힘겨움 속에 결코 질 수 없는 숙명의 라이벌 라파엘로를 꺾기 위해 고스란히 4년을 바쳐 처절한 세월을 보냈다.

어느 누구도 할 수 없는… 그 프로젝트! 자신보다 더 천재인, 최고의 천재 미술가 라파엘로가 1508년 제대로 된 한 번의 면접도 없이 시에나에서 임명장을 받고 교황의 수석 예술가로 고용된 날부터 미켈란젤로의 피는 끓어올랐다.

더군다나 줄리오 2세의 노여움 때문인지 다른 프로젝트를 간절히 원했던 미켈란젤로에게 보란 듯이 라파엘로를 불렀던 것이다.

자존심으로 똘똘 뭉쳐 열악한 환경에서 자란 미켈란젤로는 최고의 가문을 배경으로 두고 천재성까지 타고 태어난 라파엘로가 부러움을 넘어 시기심과 함께 꺾을 수 없다면 죽어버리고 싶은, 눈엣가시 같은 존재였다. 그런 그가 교황청 공사의 총감독인 수석 예술가로 임명받은 것이었다.

〈천지창조〉 프로젝트는 어느 한 명의 예술가가 그릴 수 없는 광대한 면적이므로 라파엘로는 네 명의 예술가가 분할하여 완성해야 할 것으로 판단했지만 그런 기회를 뺏기지 않겠다는 오기와 욕심으로, 더군다나 이것이 교황의 총애로 와 있는 라파엘로를 꺾을 절호의 찬스라고 생각한 미켈란젤로는 물러섬 없이 문을 걸어 잠근 채 그림을 그렸다. 〈천지창조〉야말로 그 예술적 가치를 넘어 목숨까지 건 미켈란젤로의 인생 최고의 스트레스가 담긴 작품일 것이다.

라파엘로 역시 그 그림에 입을 다물 수 없었다.

"정말 대단하다…! 어찌 혼자 다 이 면적에 그림을 그릴 수 있단 말인가!"

특히 돈을 나눠 가지는 것을 가장 싫어하는 미켈란젤로에게 또 하나의 명예와 부를 약속해주게 된 것이다. 그런 육신의 교통과 정신적 고통을 감내하며 이제야 그 결실을 보려하는데… 메디치 가문에서 교황이 탄생했다.

그것도 미켈란젤로에게 특별한 사랑을 주었던 로렌초 일 마니피코 군주의 둘째아들이 새로운 교황이 되었다. 어린 시절 메디치 궁에서 같이 생활한 미켈란젤로를 쏘아 보았던 그 왕자들 중 한 명이 교황이 된 것이다.

어지러운 머리로 한참을 바닥에 주저앉은 미켈란젤로가 혼잣말로 중얼거렸다.

"아, 어찌해야 하는가…. 나는 피렌체의 신혁명정부를 도와 메디치가에 비수를 꽂는 다비드를 깎았지 않았던가! 하지만… 그래도… 예술을 좋아하는 메디치가라면 최고의 경지에 이른 나를 용서해주겠지…?"

이렇게 저렇게 아무리 생각해봐도 찜찜한 마음은 편해지지 않았다.

그러나 항상 위기와 기회는 공존하는 법!

빠르게 계산을 마친 미켈란젤로는 다시 메디치가와의 껄끄러운 일들을 무마하고 자신의 입지를 최고로 부각할 수 있는 계기를 마련하게 되었다.

지칠 줄 모르는
오기와 욕심

다시 힘을 갖추고 피렌체로 돌아온 메디치 왕조!

교황 레오네 10세는 바티칸의 정세도 돌봐야 하고, 피렌체를 다시 안정된 국가로 재건해야 하며, 메디치 가문의 위상도 높여야 하는 등 많은 업무들로 바빠졌다.

그중 무엇보다 먼저 추진한 것은 메디치가의 위상을 높이는 일이었다. 그래서 최고의 상금을 걸어 최고의 예술가를 찾는 콩쿨을 개최하기로 했다. 특히 이 대회는 1515년 기존 건축물의 전면을 고치는 개·보수공사건으로서 디자인 선발이 주 관점이었기에 건축가가 아닌 일반적 예술가들에게도 참여의 기회가 주어지는 최고의 기회였다.

르네상스 시대의 콩쿨은 모든 장르를 무시하고 개최되지만 유독 인간의 생명과 직결되는 건축은 건축가 자격증 없이 참여할 수 없었던 것이다.

이곳이 바로 '산 로렌초 성당*Bascilica S. Lorenzo*'으로 메디치가의 사당이자 메디치가의 자존심과도 같은 곳이다. 우리나라로 보면 조선 왕조의 '종묘'와 같은 곳이다. 아니 어떻게 보면 위폐만 모신 종묘보다 더한 의미로 메디치가의 초대부터 유해가 모셔져 마지막 공주까지 모셔질 곳이기에 그 가치는 말할 수 없음이다.

산 로렌초 성당은 1419년 르네상스 시대가 열리기 시작한 시기의 르네상스 3대(미술, 조각, 건축 분야) 선구자 중 건축의 선구자라 불린 부루넬레스키Pilippo Brunelleschi에 의해 건축이 시작되었다.

내부의 바닥부터 준보석류의 각종 화려한 돌들이 가득하고 중심축을 기준으로 정방형 형태의 조각들이 채워져 있으며, 내부의 돔 천정 8면에는 아름다운 그림들이 있고 그 밑으로 화려한 조각 장식이 어우러져 1대조부터 미켈란젤로에게 과분한 사랑을 주었던 로렌초 일 마니피코 국왕의 석관도 벽면에 박혀 있는 성스러운 곳이다.

두오모 성당의 뚜껑인 꾸뽈라Cupola 공사를 시작하기 1년 전 먼저 시작된 이 공사는, 실제 가장 거대한 세계 최초의 반원구 형태의 돔 천정을 올리는 두오모 꾸뽈라 공사의 선행작업으로서, 크기만 다를 뿐 그 의미의 중요성과 그 형태는 두오모 꾸뽈라와 똑같은 건축물이라고 볼 수 있다.

위. 메디치 사당 내부 아래. 줄리앙의 관 위에 있는 낮과 밤의 신 그리고 줄리앙의 전신상

1519년에는 성당정면 개·보수와 약 6년 전 먼저 세상을 떠나 가묘에 매장되어 있던 로렌초 일 마니피코의 막내아들 줄리아노*Giuliano, Duca di Nemours*의 묘 이장과 그 뒤를 이었던 로렌초 일 마니피코의 직계 손자(전쟁으로 쫓겨난 젊은 왕 피에로 2세의 큰아들) 로렌초 2세*Lorenzo, duca di Urbino*의 왕묘를 위한 새로운 사당*Sagrestia Nuova* 공사를 연계하여 진행하기로 했다.

　그래서 이름하여 '산 로렌초 성당 개·보수공사 공개입찰 콩쿨'의 서막이 열렸다.

　"바티칸 수석 예술가를 불러 오거라!"

　신임 교황 레오네 10세의 근엄한 힘이 느껴졌다.

　"수석 예술가 라파엘로가 교황님께 인사드리옵니다."

　"오, 라파엘로. 어서 오게나."

　교황 레오네 10세의 은은하면서도 강한 눈빛은 전 교황인 줄리오 2세 못지않았다.

　"다름이 아니라, 내 교황 취임기념 사업 겸 자네의 노고에 감사도 하고 수하의 여러 예술가들의 사기도 진작시킬 겸해서 말이네. 시간이 되는 사람들은 그 경연에 참여해보라고 하게."

　"아… 피렌체의 산 로렌초 성당 공사 말입니까?"

　"그래! 내 상금을 최고로 걸었다네. 아마도 멋진 경연이 될 걸세."

"황공하옵니다. 모두 참여하라고 하겠습니다."

"그래, 고맙네. 자네를 따르는 많은 예술가들이 있다고 들었네."

"과찬이시옵니다."

"허허. 내가 자네를 가장 믿는다는 건 알고 있겠지? 자네는 어쩜 그렇게 내가 좋아하는 레오나르도처럼 그리는가! 내 옆에 있어줘서 고맙네."

교황과 환담을 마친 라파엘로는 그 길로 바티칸에서 작업하는 예술가들과 관련된 자들에게 콩쿨 참여를 권장하기 시작했다.

최고의 상금과 그 혜택이 보장되는 이 콩쿨이 미켈란젤로의 가슴을 두방망이질 쳤다.

특히 마음속 경쟁상대인 라파엘로까지 참여한다는 사실에 "행운의 여신은 이번에는 나의 편이겠지! 하하하!" 하고 타오르는 승부욕으로 호언장담하면서도 조마조마한 마음으로 대회를 준비한 미켈란젤로는 그림으로는 라파엘로와 그의 천재성으로 연마된 경쟁자들을 물리칠 수 없기에 통념을 깬 승부수로 모두가 제출하는 그림으로의 모델링 작업이 아닌 목판 모델링 작업(283×216×50㎝)을 통해 성당의 전면을 조각으로 표현하여 출품했다.

좌. 미켈란젤로의 산 로렌초 성당 정면 개·보수 콩쿨 출품작(1515) 우. 부루넬레스키의 산 로
렌초 성당(1419)

마감일로부터 일주일이 흘렀고 발표회장은 많은 인파로 북
적이고 있었다. 대다수의 예술가들이 콩쿨 준비 작업으로 피
곤한 몸을 이끌고 피날레를 장식하기 위해 모여들어 숨을 죽
였다.

"자, 여러분! 심사숙고 끝에 뽑은 최고의 작품을 발표하겠
습니다."

몰려든 사람들은 산 로렌초 성당 앞 광장을 가득 채운 채
귀를 기울이고 있었다.

"자, 이 작품이 오늘의 장원입니다! 주최 측은 성당 전면에
적절한 가로줄무늬와 모던한 액자 형식의 창들을 장식으로
집어넣어 그 감각이 파격적이고 모던하다고 평가된 이 작품
을 장원으로 선정했습니다!"

"와와!"

"이 작품의 주인공은 어서 앞으로 나오시오!"

많은 사람들이 부러움 반, 시기심 반으로 장원의 주인공을 기다리고 있었다.

"어서 나오시오! 설마 이 자리에 오지 않은 겁니까?"

그때 광장 구석에서 손을 드는 사람이 있었다.

"접니다."

"아, 다행히 오셨군요. 어서 앞으로 나오시오."

사람들 사이를 헤치고 나오는 주인공은 단상으로 올라가 교황 레오네 10세와 대면했다.

"오, 그대가 이번 콩쿨에서 장원이 된 사람인가?"

"네, 그렇습니다."

"그런데… 몸이 좋지 않소? 왜 얼굴을 가리고 있소?"

단상 양쪽에 있던 주최 측 자리에 앉아 있는 콩쿨 기금을 기부했던 귀족들과 추기경들이 의아하게 물었다.

"저… 몹쓸 병이 있어서는 아니고…."

"그렇다면 얼굴을 보여라! 어느 안전이라고 이놈이!"

그 속에 답답함과 무례함으로 인상이 일그러진 추기경이 역정을 냈다.

"네, 네…. 벗겠습니다."

"아니, 저 사람은…? 미켈란젤로가 아닌가!"

그렇다! 많은 사람들이 탄성과 놀라움으로 토해내는 그 이름은 바로 미켈란젤로였던 것이다! 물론 주최 측 모두와 레오네 10세는 더욱 놀랐다.

"미켈란젤로…. 우리 메디치가의 은혜를 배신으로 갚고 반역자들에게 힘을 주는 다비드를 조각한 네가… 장원을 한 것이냐?"

"네…. 저는 그냥 최고의 예술가를 찾는다고 하기에…."

"물론 내가 모두에게 출전해보라고 한 것은 맞지만…. 음…."

점점 궁지에 몰리는 미켈란젤로. 정치가가 아닌 예술가의 삶이 어쩌면 이토록 고생스러울까?

새로 등극한 교황에게 어필할 수 있는 절호의 기회이기도 했지만 어마어마한 상금과 장원을 향한 욕심 그리고 단 한번이라도 경쟁자 라파엘로를 꺾고자 했던 승부욕이 오늘의 결과를 낳은 것이다.

물론 콩쿨의 심사위원은 저명한 예술가들이 아닌 추기경들로 구성되었기 때문에 작품성과 건축물의 융화보다는 입체감을 주며 돋보이게 출품된 미켈란젤로의 모델링이 더 눈길을 끌었고, 반면 라파엘로는 평면적인 그림을 출품했기에 미켈란젤로의 것보다는 비교적 덜 눈에 띄었을 것이다. 이것이 라파엘로가 처음이자 마지막으로 미켈란젤로에게 허락한 1등이었다. 물론 그림실력으로서의 승부가 아니었던 것이다.

기대했던 라파엘로가 아닌 미켈란젤로를 마주하게 된 교황 레오네 10세.

"네놈이 정녕 1등을…."

"사실 다비드는 무지한 제가 혁명정부의 힘에 이기지 못하고 만들었던 것이고 그저 예술로만 의미를 두었을 뿐입니다…. 죄송합니다, 교황님."

고뇌에 찬 레오네 10세는 이미 피렌체를 돌아올 때 피비린내 나는 복수보다는 화합을 정책으로 삼고 싶었다. 결국 예술을 사랑하는 메디치가의 전통에 교황의 너그러움이 더해졌다. 그는 '누구를 막론하고 콩쿨에 1등을 한 수상자에게 상금과 건축가 자격증을 준다.'는 약속을 이행했다.

다시 말해 미켈란젤로는 어마어마한 상금과 함께 다시 한 번 메디치가의 오더를 잡게 된 것이다. 더욱이 이 콩쿨을 통해 받은 건축가 자격증으로 로마에 간다.

물론 그 당시 미켈란젤로는 건축가 자격증이 없었기에 시공은 콩쿨에 제출된 작품의 콘셉트로 이어지지 않았고 작업 자체도 시공능력이 없는 미켈란젤로를 도울 바티칸 꾸뿔라를 올리는 줄리아노 다 상갈로와 다른 두 명의 건축가*Antonio /*

*Jacopo Sansovino*에 의해 시작되었다.

이 공사 역시 함께한 건축가들에게 상금을 나눠주지 않는 미켈란젤로의 욕심과 중간에 일어난 전쟁의 여파 속에 참전을 빌미로 사라진 미켈란젤로의 용의주도함으로 빛나는(?) 한 단면을 보게 되고 연계되는 도서관 건축공사 그리고 새로운 메디치가의 새로운 사당공사가 맞물려 영원히 미완성으로 남고 만다.

어마어마한 작업량에 따른 시간적인 소모도 있었겠지만 도중에 전쟁 시기 있었던 성당 수도원장의 변절과 그와 내통한 혐의를 모면하기 위해 종군하겠다는 미켈란젤로의 의지로 공사가 중단된 것이다.

전쟁에 참여한 듯 보였지만 금세 도주한 미켈란젤로는 전쟁이 끝나고 변절한 수도원장에 대한 문책과 함께 그에게도 상금의 배상과 문책이 내려지려는 찰나에 다시 돌아와 마무리를 위한 추궁을 새로운 사당 내부 공사까지 증액된 추가계약으로 따내며 진행하지만 결과적으로는 성당 전면 개·보수공사는 미완성으로 그대로가 된다.

이렇듯 1534년 메디치가의 새로운 사당*Sagrestia Nuova*의 내부공사까지 끝내며 산 로렌초 성당의 개·보수공사는 막을 내렸다.

미켈란젤로는 성당 정면과 내부 도서관 공사를 진행하고 책상까지 만들며 진입로도 모던한 디자인의 목재 계단으로 만들었지만, 그 후 메디치가의 강력한 군주인 코지모 1세가 은혜를 저버린 미켈란젤로에 이를 갈았기에 그가 만든 계단을 다 뜯어내고 다시 돌로 바꾸라는 명령을 내리면서 현재는 준보석류*Pietra Serena*의 대리석으로 바뀌어 있다.

어느 미술학원을 가도 만날 수 있는 〈줄리앙〉이라는 갑옷을 입은 서글픈 표정의 유난히 잘생긴 남성을 표현한 석고상을 기억할 것이다. 바로 이 성당 뒤쪽에 입구를 가지고 있는 메디치 사당*Cappelle denavangalo* 안에는 대리석 전신상으로 그 줄리앙이 다른 완성된 작품들 여섯 개와 함께 빛을 발하고 있다.

미켈란젤로의 줄리앙(1524~1534)

줄리앙은 이탈리아어로 줄리아노*Giuliano*이다. 그는 국왕 로렌초 일 마니피코를 슬픔으로 살게 했던 두오모 성당 미사 시간 속에 자객의 손에 살해된 동생이다. 로렌초 국왕은 동생을 잊지 못해 다음 해에 태어난 막내아들을 '줄리아노라고 이름 지었다. 그가 바로 교황 레오네 10세의 막내동생이다.

교황청의 업무로 바쁜 교황 레오네 10세는 동생 줄리아노를 피렌체의 군주로 추대하여 가문의 영광과 피렌체의 문화 재건을 모색했다.

하지만 줄리아노는 다른 메디치가의 군주처럼 그 명이 길지 못했다. 근사한 갑옷과 잘생긴 용모 때문에 더 슬퍼 보였던 젊은 영혼은 오늘도 삶에 대한 회한을 머금고 자신의 석관 위에서 멍한 눈빛으로 서글픔을 더한다.

그런 줄리아노의 짧은 생의 서글픔과 홀로이 떠난 죽음에 대한 무서움을 지켜주는 듯한 '밤의 신*Notte*'과 '낮의 신*Giorno*'이 줄리아노의 석관 위 좌우측으로 비스듬하게 누워 함께하고 있다.

이 공사를 끝으로 미켈란젤로는 피렌체에서 영영 사라졌다. 물론 미완성의 흔적을 조금 남기긴 했다.

미켈란젤로는 자신을 사랑으로 안아 주었던 국왕 로렌초 일 마니피코와 그보다 먼저 비명에 간 동생 줄리아노의 좌상까지 부탁받았지만 시간이 없다는 핑계로 황망히 피렌체를 떴다. 받은 은혜를 갚지도, 아니 미켈란젤로를 향한 군주의 사랑이 채 식지도 않았건만 그는 그냥 그렇게 가버렸다. 차마 그분을 뵐 면목이 없었던 것일까?

이렇게 떠나게 된 피렌체. 그렇다면 왜 미켈란젤로는 죽기 전 30년 동안 고향 피렌체에 오지 않는 것일까? 아니, 사실 오지 못했다는 것이 더 옳을 것이다.

가장 큰 이유는 미켈란젤로의 기회주의자적인 양면성을 혐오하며 '은혜를 모르는 인간이 어찌 인간이란 말인가!'라는 원칙론을 가지고 분노에 차 미켈란젤로를 죽이겠다고 벼르던 군주가 있었기 때문이다.

마키아벨리*Niccolo Machiabelli*의 『군주론』, '강한 영도력의 국왕만이 재정의 기반 속에 국가 경쟁력을 올려 최고의 국가를 재건하리라.'는 내용에 가장 가까운 군주!

그 강력한 힘으로 제2의 르네상스를 만들어낸 메디치가의 군주!

피렌체를 최고의 경제력과 군사력을 갖춘 국가로 만들고, 북쪽으로는 절경의 마을 친퀘떼레*Cinque Terre*가 있는 리구리아 주*Regione Liguria*, 남쪽으로는 시에나와 페루지아를 가지고 있는 움부리아 주까지 차지하며 광활한 영토를 장악한 군주!

바로 코지모 1세*Cosimo I*가 등장했기 때문이다.

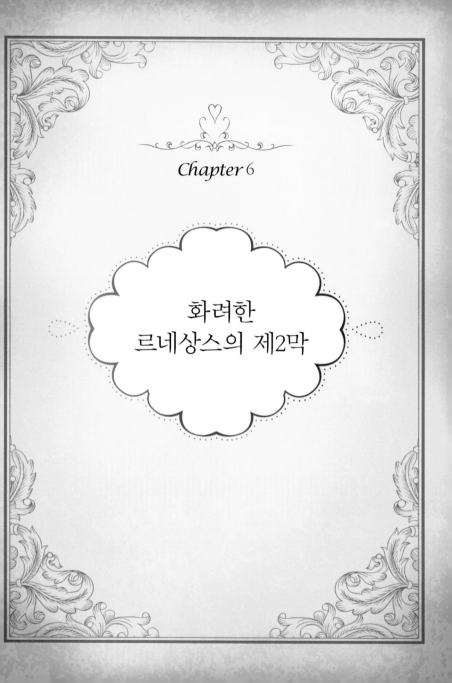

Chapter 6

화려한
르네상스의 제2막

미켈란젤로를 벌벌 떨게 했던 피렌체의 군주 코지모 1세.
숨 막히는 정권 야욕의 피바람 속에 승리를 쟁취하며
메디치가를 더욱 빛나게 한,
피렌체를 이탈리아 반도 속에 가장 강한 국가로,
가장 넓은 영토를 개척했던 군주!
코지모 1세, 메디치가의 1대조가 아닌데
왜 '1세'라는 호칭이 들어가는 것일까?
그것은 역동기 속에 혁명을 성공시켰다는 의미이다.

요동치는 왕권에 대한 탐욕

피렌체는 메디치가의 교황 레오네 10세의 후광 속에 막내 동생인 줄리아노(일명 줄리앙) 국왕의 시대가 피어올랐다.

그는 1515년에 프랑스 국왕 프랑수아 1세의 조카 필리베르타*Filiberta di Savoia*와 결혼했지만 운명은 젊은 그를 너무 일찍 아버지인 국왕 로렌초 일 마니피코 앞으로 데려갔다. 그는 서른일곱 살의 꽃다운 나이에 아버지처럼 유전병으로 사망했다. 이제 막 결혼한 새 신부의 사랑을 채 담지도 못하고 그녀의 오열 속에 사랑의 결실도 없이 그토록 허망하게 세상을 떠나고 말았던 것이다.

이에 피렌체는 왕권 유지를 위해 조카였던 로렌초 2세(프랑스 국왕 샤를 8세와의 전쟁으로 혁명정부에 배신당하며 축출된 비운의 젊은 왕 피에로 2세이자 로렌초 일 마니픽코의 큰손자)를 양자로 봉하고 새로운 국왕으로 올렸다.

그렇게 1516년 피렌체는 새로운 국왕 로렌초 2세*Lorenzo, Duca di Urbino*의 시대를 열었다. 가문의 영광과 함께 이어지는 피렌체의 융성기는 새로운 전환점을 맞이하고 있었다.

그러나 1519년 레오나르도가 프랑스에서 세상을 떠나는 그 시기, 로렌초 2세는 스물여섯 살의 꽃다운 나이에 생후 21일이 된 첫딸을 제대로 안아보지도 못하고 고통 속에 '베토벤의 운명'을 맞이했다. 우리는 베토벤이 '운명'을 만들다 운명적으로 죽게 만든 병이 바로 이 무서운 성병인 매독이었다는 것을 알고 있다. 조선의 세종대왕을 포함한 몇몇의 왕도 매독으로 생을 마감했듯이… 더 서글픈 일은 얼마 지나지 않아 그의 왕비 역시 페스트에 걸려 죽고 말았다는 것이다.

갓 태어난 카테리나 공주*Principessa Caterina de' Medici*는 부모의 사랑도 받지 못하고 하루아침에 최고의 영예인 왕권과 재산 상속 1순위의 신분이 되었지만 그 위치가 그리 확고한 것은 아니었다.

교황 레오네 10세는 조카인 로렌초 2세의 비운의 죽음을 보고 카테리나 공주에게 측은함을 느꼈고, 르네상스 100년을 넘어가는 이 시점에서 그녀는 최고의 재산가인 메디치가의 유일한 상속녀였기 때문에 그 안위를 방관할 수 없었으므로 가문의 영광을 이어가기 위해 결정을 내렸다.

"내 그 아이가 걱정되어 업무를 못 보겠네. 카테리나 공주를 교황청에서 가장 가까운 수도원에 데려다 두거라!"

이리하여 카테리나 공주의 수도원 생활은 그녀가 갓난아이였을 때부터 시작되었다. 하지만 이 비련의 공주는 그녀의 나이 세 살 때 작은 할아버지뻘인 교황 레오네 10세가 세상을 떠나며 또다시 시련을 맞게 되었다.

"공주님, 아직도 책을 보십니까?"

"응? 몇 시인데 그러느냐?"

"이제 주무셔야 하옵니다. 그래야 내일 더 많은 책을 읽으실 수 있지요."

교황 레오네 10세의 보살핌 속에 로마의 수도원에서 어린 시절을 보낸 카테리나 공주는 수도원 서고를 제일 좋아했다. 그녀는 인문학, 경제학, 지질학 그리고 건축학까지 섭렵해가며 학문의 깊이를 더해 갔다.

특히 건축학 분야의 지식은 혀를 내두를 정도가 되어, 아직도 프랑스에는 그녀의 설계로 지어진 궁이 세 곳이나 있다. 어쩌면 미래에 지게 될 막중한 책임을 위한 준비였을지도 모른다.

아침 햇살 속으로 수도원의 안뜰에는 다양한 꽃들이 아침 이슬과 어우러져 공주의 마음을 사로잡았다.

"아, 이런 아름다움이…. 나도 이렇게 아름다운 향기로 주변을 정화할 수 있는 사람이 되어야겠어!"

한 번도 본 적 없는 아버지와 어머니의 얼굴. 하지만 카테
리나 공주는 꿋꿋하게 들국화처럼 소녀에서 어엿한 숙녀가
되어 초연하고도 청초한 피렌체의 한 송이 백합처럼 그 자체
의 향기를 내고 있었다.

"공주님. 오늘은 교황청으로 들어가셔야 합니다. 어서 마차
에 오르시옵소서."

수도원장이 카테리나 공주의 뒷모습을 한참 보다가 말을
걸었다.

"알고 있어요. 조금만 더 있다가…"

"공주님. 교황님이 어서 모시고 오라고 했사옵니다."

"알았다니까요."

여러 추기경들의 인사를 받은 카테리나 공주가 교황 클레
멘테 7세*Clemente VII* 앞에서 경배를 드렸다.

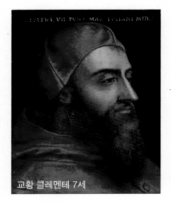

교황 클레멘테 7세

"그동안 건강하게 잘 지내
셨는지요?"

"그래. 너도 잘 지냈느냐?"

"네. 자주 찾아뵙지 못해
죄송합니다."

"아니다. 요즘 네가 책 읽는
것에 심취해서 박사가 될 정

도라던데…. 허허허!"

천하를 호령하는 교황 클레멘테 7세가 덥수룩한 수염을 휘날리며 그녀를 환한 미소로 맞이했다. 그는 개신교의 힘으로 강해지는 프랑스와 그에 대적하는 스페인이 통합된 신성로마제국의 황제 사이에서의 줄다리기로 적잖은 피곤한 세월을 보내 왔다. 이미 신성로마제국 황제의 막강한 군사력에 교황을 옹호하던 나라보다 황제를 추종하는 세력들이 한층 많아져 교황의 심기가 불편해지고 있었다.

프랑스의 프랑수아 1세의 팽창주의에 피렌체를 건질 욕심에 나폴리로의 진격을 묵인했던 조약도 다시 번복되어 교황은 신성로마제국의 화를 재촉하게 된다.

더군다나, 교황의 권위를 실추시킨 천사의 성*Castello d' Angello*에서의 굴욕은 그의 가슴에도 사무치는 상처가 되었을 것이다.

신성로마제국 황제의 군대가 로마를 유린한 역사적 사건!

교황은 울분을 삼키며 다급하게 교황청을 버리고 비밀통로를 통해 천사의 성으로 피신하여 최후 방어진을 구축하며 추종하는 기사들과 함께 혈전을 독려했다. 하지만 하루가 멀게 소진되는 용기와 쌓여가는 교황파 기사들의 시신들을 보며 항복을 선언하게 된다.

교황청이 어찌 연합제국인 신성로마제국을 감당할 수 있었 겠는가!

그때의 상처 때문인지, 청결성과 수도자의 이념으로 수염을 기르지 못하게 했던 가톨릭이지만 클레멘테 7세가 처음으로 수염을 기르기 시작하여 그 이후 여러 명의 교황들이 유행처럼 수염을 기르기도 했다는 풍문이 전해 내려온다.

더 치욕스러운 것은 전쟁에 패해 항복을 선언하여 권위가 실추된 교황을 감금하여 권력에 항거할 수 없는 이빨 빠진 호랑이로 만든 것이었다.

"내 절대 이놈들을 용서하지 않으리라! 감히 나를 감금하다니!"

치를 떨며 재기를 도모하던 교황은 창살 사이에 모이를 쪼던 비둘기 한 마리를 잡아 그 다리에 밀서를 묶어 날려 보냈다. 그 비둘기는 머나먼 프랑스로 향해 날아 가는데…

수많은 역경과 권력의 암투 속에 영역을 지키는 밀림의 제왕 사자와 같았던 레오네 10세 그리고 그 다음의 교황도 메디치가 출신인 클레멘테 7세가 아닌가!

선대 교황인 레오네 10세는 1521년 54세의 나이로 생을 마감했는데, 1년 전 그는 자신이 가장 아꼈던 천재 예술가 라파엘로를 비운으로 떠나보내며 그 자책감과 비탄으로 슬픔의 시간을 보냈던지라 다른 메디치가의 군주들처럼 그리 오래 살지 못했다.

하지만 그 뒤를 이은 메디치가 출신인 또 한 명의 교황 클레멘테 7세가 당시 세 살이었던 카테리나 공주와 어린 상속자를 둔 메디치가의 운명에 등불이 되고 있었다.

클레멘테 7세 역시 기구한 운명 속에 꽃처럼 피어난 영웅이라 해도 과언이 아니었다. 그는 사생아로 태어나 교황까지 되었던 사람이다. 거기에는 로렌초 일 마니피코 국왕의 보살핌이 있었다.

그가 로렌초 일 마니피코 국왕의 손길을 받으며 자라게 된 이유는 다음과 같았다.

두오모 성당에서 있었던 미사에 자객들이 난입하면서 로렌초 국왕은 동생 줄리아노를 잃게 되었다. 동생과의 추억이 마음을 아프게 하던 그때, 국왕은 수소문 끝에 줄리아노에게 애인이 있었다는 것을 알게 되었다.

당시 피렌체 최고의 미인으로 손꼽힌 눈부시게 아름다운 그녀는 우리가 너무나 잘 알고 있는 보티첼리의 명작인 〈비너스의 탄생〉에 주인공으로 등장하게 된다. 또한 죽음 이후에도 계속 그의 그림에 주인공으로 나타난다.

그녀의 이름은 시모네타 베스푸치*Simonetta Vespuci*. 베로나에서 태어난 시모네타는 피렌체 사람인 남편을 만나 열여섯 살에 결혼하여 성이 남편을 따라 베스푸치로 바뀌었는데 남편이 그의 사촌처럼 모험과 탐험을 즐긴 탓에 젊은 나이에 절명하고 말았다.

그 남편의 사촌이 바로 신대륙을 처음 발견한 '아메리고 베스푸치*Amerigo Vespuci*'이다.

우리는 흔히 신대륙을 처음 발견한 사람을 스페인의 콜럼버스*Columbus*라고 알고 있지만 이는 그릇된 상식이다. 콜럼버스는 상륙만 먼저 했을 뿐이고 자신이 죽는 날 까지 그 신대륙이 인도라고 생각했다. 그러나 이미 세 달 먼저 같은 상선 소속의 베스푸치가 신대륙의 존재를 확인하고 왔다. 다만, 그는 오랜 항해로 지친 대원들의 상황과 귀환 명령으로 상륙하지 못하고 뱃머리를 돌리게 된다. 그 후 신대륙은 그의 이름을 따서 아메리카로 명명되었고 피렌체 공항도 아메리고의 탐험정신을 기려 베스푸치 공항이라 불린다.

그 베스푸치가의 시모네타는 남편을 잃고 난 후 적막한 시간을 보내던 중에 로렌초 국왕의 결혼피로연에서 동생인 줄리아노와 첫눈에 사랑에 빠지게 되었다. 연인으로서 아름다운 나날을 보내던 어느 날, 반역혁명 와중에 일어난 줄리아노의 죽음을 전해 듣게 되어 슬픔 속에 쓰러져 있었다.

로렌초 국왕은 그런 그녀를 궁으로 불러 연인을 지켜주긴 못한 미안함을 전했다.

"용서해주시오… 내가 그대의 연인을 지켜주지 못한 못난 사람이오."

군주 역시 상기하기 싫은 그날의 괴로움으로 마지못해 입을 열었다.

"폐하. 어찌 그런 말씀을 하시옵니까… 하지만 저 역시 이 슬픔을 어찌 해야 할지 모르겠습니다…."

시모네타는 말을 다 잇지 못하고 눈물만 하염없이 흘렸다. 로렌초 국왕이 그녀를 위로하기 위해 다가서는데 그녀의 애잔한 눈물은 바닥이 아닌 아랫배로 떨어졌다. 유난히 불룩하게 나온 그녀의 아랫배.

"아니… 혹시…?"

"네, 폐하…. 이제 어떻게 하면 좋을지요…? 제 뱃속에는 그분의 아이가 자라고 있습니다…! 흑흑…."

"이런 일이…! 신께서 내 동생을 버리지 않았구나!"

"흑흑…."

계속되는 시모네타의 깊은 흐느낌에 더욱 마음이 아팠던 로렌초 국왕은 그녀를 따스하게 다독였다.

"그대에게는 미안하지만 내 동생 줄리아노의 아이를 낳아 주실 수 있겠소? 그 아이에게 대신 내 잘못을 용서받고 싶소."

하늘이 도운 것인지, 로렌초 국왕의 슬픔을 알아주었는지, 동생을 지켜주지 못했다는 죄책감에 시달리는 로렌초 국왕에게는 줄리아노의 분신인 그 아이가 커다란 위안이자 슬픔을 달래줄 유일한 존재였다.

비록 사생아였지만 로렌초 국왕의 배려와 사랑으로 잘 자란 조카 아닌 조카가 바로 후에 교황 클레멘테 7세가 된 것이다.

그는 재위 기간 동안 주변 국가들의 급변하는 정세와 교황의 권위에 도전하는 세력들 그리고 개신교도들과의 갈등으로 종종 교황청을 떠나 피렌체로 갔고 메디치 궁을 집무실로 이용하기도 했다.

"공주, 네가 올해 몇 살이지?"
"열두 살이 돼 가옵니다."

수줍은 듯 고개를 숙이며 대답한 카테리나 공주는 그 물음의 저의를 이미 짐작하고 있었기에 귓불까지 빨갛게 물들었다.

"부모 없이도 힘든 날들을 버티고 이렇게 곱게 자라 주었구나! 그래서 말인데…."

"교황님. 아직 저는 공부해야 할 것도 많고…."

몇 해 전부터 교황 클레멘테 7세는 조카손녀의 장래와 메디치가의 영광을 잇기 위해 결혼문제를 고민하고 있었다.

"공주야, 지금은 정국이 조용하지가 않단다. 그래서 내가 그나마 힘이 있을 때 너를 안정된 곳으로 시집을 보내야 해."

"그래도…. 아직은 잘 모르겠어요…."

"나 역시 프랑스가 아니면 지금 어떻게 되겠느냐? 모름지기 여자는 시집을 가서 남편의 사랑을 받으며 아이를 많이 낳고 잘살면 되는 거란다."

"그럼… 프랑스로 말인가요…?"

당황한 눈빛의 카테리나 공주는 행여 부모님이 잠들어 있는 피렌체를 떠나야 한다는 불안감에 반문했다.

"내가 너를 미워해서 보내는 게 아니라는 말이다. 나도 사생아였는데 어찌 너의 힘겨움을 모르겠느냐. 어쨌든 너도 너의 미래를 프랑스에서 찾는 것이 좋겠구나!"

교황은 당황스러운 얼굴을 감추지 못하고 고개를 숙인 카테리나 공주에게 다가가 어깨를 토닥였다.

"그렇다고 기죽지 마라! 내가 항상 네 뒤에 있느니라!"

이런저런 평계를 대보는 카테리나 공주는 자신의 의지와는 관계 없이 무언가 일이 진행될 것이라는 예감에 휩싸였다. 사실 그나마 자신이 힘이 있을 때 카테리나 공주를 번듯한 곳에 시집보내기 위해 마음을 쓰고 있던 교황의 의중은 프랑스의 프랑수아 1세에게 이미 전달되어 있었다.

프랑수아 1세는 피렌체 출신인 레오나르도를 궁중화가이자 발명가, 건축가로 최고의 대우를 약속하여 초빙했고 그의 죽음을 가장 아쉬워하고 슬퍼했던 군주였다. 내심 피렌체 사람들과의 인연을 기대하고 있기도 했다. 그래서 더욱 많은 전쟁으로 피렌체와의 인연을 꿈꾸었는지도 모를 일이다.

이미 카테리나 공주의 총명함에 매료되었던 프랑수아 1세는 교황이 보낸 다급한 밀서를 받아들고 회심의 미소를 지었다. 그는 교황을 지원해주는 대가로 공주를 준다는 그 밀서를 가슴에 품고 군대를 끌고 달려왔었다.

그때 프랑스의 정국은 개신교의 활성화로 가톨릭 정교회의 권위에 정면으로 도전할 수 있는 시기였기 때문에 프랑수아 1세는 이를 원만하게 해결하기 위해 교황과의 회합을 몇 번 가졌다. 그는 비록 메디치가의 명성이 예전 같지는 않지만 그 저력이 아직 교황이라는 존재로 표현되고 있다는 사실을 잘 알았고 지식과 성품이 범상치 않은 카테리나 공주를 좋은 시선으로 바라보며 염두에 두고 있었다. 특히 공주의 총명함에 매료됐던 프랑수아 1세.

카테리나 공주는 열한 살까지 부모 없는 슬픔을 달래며 그 외로운 시간을 극복하기 위해 수도원 서고에서 살다시피 했다. 그녀는 어린 시절부터 돌아가신 부모님을 대신하여 그 자리를 채워야 한다는 신념으로 힘을 잃은 지금의 메디치가를 비웃는 듯한 여러 귀족들 앞에 위상을 높이고 싶었다.

"피렌체의 왕이 될 내가 어찌 범부의 삶을 살 수 있겠는가!"

매일 이렇게 되뇌며 꿈과 포부를 다져 왔던 것이다.

수도원으로 다시 돌아온 카테리나 공주는 어지러운 마음을 거두기 위해 또다시 책을 폈다. 하지만, 책장 사이로 그려지는 보이지 않는 자신의 미래…. 그리고 문득 그려지는 어렴풋한 왕자의 모습.

"내가 만나게 될 남편은 과연 어떤 사람일까?"

호기심과 걱정 속에서 지금껏 부모님 없이 홀로 견딘 세월에 눈가가 촉촉이 젖어들었다.

"어머니, 아버지. 제가 이제 숙녀가 되어 시집을 가게 되었어요…."

미지의 세계인 프랑스에서의 삶이 그녀에게 조금씩 다가서고 있었다.

한편, 프랑스의 궁중에서는 귀족들과 회의를 진행하던 프랑수아 1세의 언성이 높아졌다.

"폐하, 다시 생각해주십시오. 어찌 천애고아로 자란, 저 조그만 나라 피렌체의 공주를 며느리로 맞으려 하십니까?"

"자네들은 지금 피렌체만 보고 있군."

"물론 피렌체가 문화적 저력을 가진 르네상스의 국가 이지만 현재로서는 그들과의 관계가 득보다 실이 더 많을 것으로 생각됩니다. 그러니…"

"생각해보게! 지금은 교황의 실세를 꺾을 수가 없거니와 그를 무시할 수도 없으니 이 제안은 무엇보다 우리에게는 좋은 기회가 되는 것이네."

"하지만, 폐하! 혹여 그 공주가 왕비가 될 수도 있습니다. 만약 그리 되면 피렌체의 외압이 프랑스 정국에 막대한 영향을 초래할 것입니다."

그렇다. 권력을 가진 프랑스 귀족들은 점차 개신교도의 비중이 높아지고 있었고 교황의 영향력이 커질 수 있는 이번 결혼을 쌍심지를 켜고 반대하고 있었다.

항상 차기 왕권을 노리며 실세를 장악하려는 귀족들의 모함과 암투가 가마솥 끓듯이 자행되었던 프랑스는 왕권 쟁탈전 자체가 처절했다. 그래서 행여 카테리나 공주가 왕비가 된다면 문제는 더욱 복잡하게 꼬일 것이기에 훗날을 생각한 반대가 극심했다.

그 격동의 정치 틈바구니 속으로 피렌체의 카테리나 공주가 들어서게 되는 것이다.

"자네들은 대체 무슨 ×소리를 하는 것인가? 지금 그 공주는 내 둘째아들하고 결혼하는 것 아닌가! 맏며느리도 아닌 그 공주가 왕비가 될 리 만무하네. 그리고 우리는 고차원적인 피렌체 문화를 받아들일 수 있고 교황과의 관계도 부드러워질 것이네. 또한 피렌체와 혈맹관계인 밀라노까지, 프랑스의 영역이 넓어지지. 그리고 나는 카테리나 공주가 가진 피렌체 궁중의 기품과 총명함이 정말 마음에 드네. 그러니 더는 왈가왈부하지들 말게!"

"아, 폐하…. 정녕 이 일을 추진하시려 하시나이까…? 후사를 걱정하시옵소서."

"그만들 하게. 재무대신은 결혼식 예산을 피렌체에 있는 교황에게 전달하고 그 집행을 준비하도록 해라!"

1533년 화려한 프랑스 궁중 정원에서 결혼식이 거행되었다.

카테리나 공주의 결혼식(1533)

카테리나 공주의 웨딩드레스는 피렌체에서도 내로라하는 수공업조합의 장인들이 원단 자체에 금을 넣어 말 그대로 정말 금으로 만든 드레스였다.

피렌체에는 이미 레오나르도에 의해 대량생산을 위한 자동화 베틀 기계가 있었고 각종 식물로부터 얻은 염료로 대형 카펫에 수를 놓는 것은 물론이며 형형색색의 회화적 기법으로 실크와 벨벳을 혼용하는 방직기술이 상상을 초월했다.

더욱이 레오나르도가 금을 껌 포장지보다 더 얇게 펴는 기계까지 발명한 터라 카테리나 공주가 입은 금 드레스도 만들어낼 수 있었다. 이 장비는 레오나르도 다 빈치 박물관에 그대로 전시되어 있다. 우리나라는 조선 후기를 맞이할 무렵 이런 전사기술을 피력하게 되니 그 문화의 차등이 르네상스의 피렌체문명과 실제로 200년 정도로 각 분야에 많이 존재했음을 보여주고 있다.

얼마 전 프랑스로 넘어와 결혼식을 준비하느라 지쳐 있던 카테리나 공주는 설렘보다는 초조함을 안고 차분한 모습으로 결혼식에 임했다.

그녀는 앞서 시아버지가 될 프랑수아 1세와의 만남에서 어깨너머로 신랑이 될 매력적인 앙리*Enrico II* 왕자를 보고, 그의 깊은 눈빛에 매료되어 무지갯빛의 마음이 피어나고 있었다.

그러나 앙리 2세는 카테리나 공주가 싫었다. 가장 큰 이유는 공주가 너무 어렸기 때문이었다. 열한 살, 요즘으로 보면 초등학교 4학년인 어린 공주에게 매력을 느낄 수 없었던 것이다. 거기다 그는 이미 아버지인 프랑수아 1세가 반대한 열다섯 살 더 많은 여인과 농염한 사랑에 빠져 있었으니 아버지가 소개해준 공주가 더 미울 수밖에 없었다. 이렇게 공주의 운명은 어두워지기만 했다.

"당신이 나와의 삶을 꿈꾸었든 그렇지 않았든 상관없소. 우리는 각본대로 움직여야 하는 광대일 뿐이니까 말이오."

깊은 눈빛의 앙리 왕자는 애써 무덤덤하게 말을 건넸다.

"네. 하지만 전 제 밝은 미래 속에 당신이 함께 미소 짓게 할 수 있어요."

'뭐야? 이 이상한 여자애는?'

앙리 왕자는 머릿속에 머금은 말을 차마 하지 못했다.

"혹시 왕비가 되고자 이곳까지 온 것이라면 포기하시오. 그리고 음… 나는 이미 사랑하는 사람이 있소."

충격적인 왕자의 고백에 정적이 흘렀다.

"네… 차라리 솔직해서 좋네요. 하지만 시간이 흐를수록 당신은 나와의 시간을 더 꿈꾸게 될 것입니다. 아니, 제가 그리 되도록 만들 겁니다. 국왕의 자리 역시 하늘이 정해주는 것이니 모를 일이지요!"

'대체 이 애의 자신감은 어디서 나오는 거지?'

아버지인 프랑수아 1세의 의지로 추진된 결혼이기에 앙리 왕자는 그저 따를 수밖에 없어 마음을 비우고 있었다.

결혼하자마자 손 한 번 제대로 잡아주지 않고 서운한 말만 하는 남편이 야속했지만, 공주는 타고난 총명함으로 시아버지가 되는 프랑수아 1세를 극진하게 모시며 스스로 자신의 운명을 개척해갔다. 과연 어떤 여성이 만리타국으로 시집을 가서 남편의 무관심을 참아가며 시아버지를 극진히 모실 수 있을까.

처음부터 카테리나 공주를 따스하게 바라봤던 프랑수아 1세는 시간이 흐를수록 점점 더 공주의 총명함과 싹싹함에 매료되어 결혼 2년차에 있었던 위기에서 그녀를 구해내기도 했다.

정략결혼의 주체인 교황 클레멘테 7세가 운명을 달리 하며 공주를 탈궁 조치하라는 그 많은 개신교도들의 상소문을 못 본 척했던 것이다.

"공주, 힘든 시간이겠지만 너를 돌려보내지는 못하겠구나. 조금만 지나면 좋은 시절이 올 터이니 잘 참도록 해라."

"폐하…."

"당장 돌아가서 해야 할 일이 있는 것도 아니지 않느냐. 그러니 나와 좀 더 같이 있자구나. 그리고 네 신랑이 헛짓거리만 하고 다니는 거 다 알고 있느니라. 조금만 날 보고 참거라. 내 그놈의 다리를 분질러 놓을 테니 말이다."

카테리나 공주는 이렇듯 자신을 잡아준 프랑수아 1세의 극진한 사랑으로 시련을 극복해냈고 결혼 5년차에는 삶이 끝나가는 시아버지로부터 왕비의 자리라는 최고의 선물을 받아내며 나름의 행복을 느끼고 살게 된다. 또 시간이 흐를수록 피어나는 카테리나 공주의 당당한 기상과 지적인 기품의 매력에 처음에는 시큰둥했던 앙리 왕자도 점차 마음의 문을 연다.

카테리나 공주는 어린 시절부터 피렌체의 여왕이 될 꿈을 갖고 있었고 당당함이 몸에 배어있었다. 교황 클레멘테 7세는 공주가 부모 없이 자라 시집 가는 것이 행여 그 당당함에 흠이 될까 걱정했다.

"카테리나 공주, 프랑스가 크다고는 하지만 그곳에 가서 절대 기가 죽어서는 안 된다."

클레멘테 7세는 혼수이자 지참금으로 약속어음과 공주를 돌볼 300명의 식솔들을 공주와 함께 프랑스로 보냈다. 그중에는 100여 명의 요리사들도 있어서 피렌체 요리가 프랑스 궁중요리로 전수되기도 했다.

피렌체는 르네상스의 종주국이자 경제 강국으로 모든 문화가 고루 발달했는데, 음식 문화 역시 빼놓을 수 없다.

최고의 자금력을 가진 귀족들과 메디치 왕조의 연회 때는 '돈을 따지지 말고 질적인 면에서 최고의 음식을 준비하라'고 해서 피렌체의 전통 음식은 최상의 맛과 가장 많은 레시피를 자랑하는 이탈리아 음식의 대명사이다.

다수의 관광객들이 찾는 음식 중 비스테카 알라 피오렌티나*Bisteca alla Fiorentina*, 일명 티본 스테이크는 그토록 많은 식도락가와 육류 마니아들이 양쪽 콧구멍을 벌름거리며 찾는 피렌체의 대표적인 음식이다.

또한 요리뿐만이 아닌 포크, 나이프, 본차이나와 같은 최고의 화려한 도자기, 식기세트까지 다양한 음식문화가 전파되었다.

피렌체의 도자기 공예는 2세기부터 시작되었는데, 길드연맹의 발달과 그 증폭을 받은 르네상스를 거치며 최고의 부흥기를 마련했다.

지금도 피렌체의 위성도시 몬떼루뽀*Monte Luppo*를 찾아가면 도자기 역사가 한눈에 펼쳐지는 초등학교 건물 정도 크기의 도자기 박물관을 만날 수 있다. 그곳은 피렌체에 모든 도기, 자기를 공급했던 지역이었다.

아무튼 카테리나 공주의 결혼 때부터 프랑스 궁중은 미개함이 묻어나는 손으로 음식을 먹는 방식을 버리고 피렌체의 귀족문화와 예법에 힘입어 포크와 나이프를 사용하는 식사 예절을 배우게 되었다. 현재 미슐랭 등급의 고급 레스토랑에 세팅된 이중접시와 포크와 나이프의 사용순서, 무엇을 먼저 먹어야 하는지 등을 알려주는 예법 말이다.

그때 나머지 200명의 식솔 중에는 화려한 도자기를 만들 수 있는 도자기 장인들, 드레스와 구두 등을 만드는 수공예 장인들이 있었고, 거기에 생약성분으로 유명해진, 세계 여성들 대다수가 찾아 헤매는 '산타 마리아 노벨라 약국'의 화장품과 그 향수까지 다 들고 갔다.

이런 역사적인 사실을 통해 우리는 흔히 프랑스 고유의 것이라고 착각하는 화려한 로코코 문명이 바로 메디치의 피렌체 문명을 통해 그 기초가 다져진 것이라는 것을 알 수 있다.

1381년 가톨릭 도메니크 족이 만든 산타 마리아 노벨라 성당*Bascilica Santa Maria Novella*의 수도원 수도사들에 의해 각종 꽃들의 재배와 연구로 추출된 장미 화장수와 생약성분들로 피부 보습제들과 크림 그리고 나아가 향수들을 만들어 가까이 있던 산 마르코*Farmacia S. Marco* 약국을 통해 15년간 위탁 판매를 하기 시작했다. 뒤이어 1612년 약재와 향료를 판매하는 가게로 간판을 걸었고 1659년 우연히 그곳을 방문한 메디치가의 군주 페르디난도 2세*Fredinando II*에 의해 정식 판매권을 인정받아 공식적인 유통망을 가지게 되었다.

더욱이 18세기가 되면서 인도와 중국으로부터 전해진 향료와 생약성분들이 어우러져 명실상부 유럽과 전 세계로 그 명성이 퍼져 오늘날까지 이어지고 있다.

그 좋다는 샤넬 등의 명품 화장품들도 주원료는 화공 약품이기에 섬세한 피부를 가진 여성들은 잘못하면 여드름이 나는 등의 부작용이 나타나 속상할 때가 있는데 이 산타 마리아 노벨라 약국의 화장품들은 가장 큰 부작용이 아무런 효과를 못 볼 때가 가장 큰 부작용이라고 한다.

다시 말해 그만큼 인체에 무해한 생약성분이기에, 아무리 발라도 좋아지지 않는 것을 느끼면, '아, 내가 심한 부작용을 앓는구나.'라고 생각하면 된다.

프랑스의 대왕대비가 된
카테리나의 힘

카테리나 공주의 결혼 5년차에 프랑스 정국은 위기로 치닫게 되었다.

시아버지인 프랑수아 1세는 눈을 감기 전 왕관을 받아야 할 큰아들이 급사로 세상을 떠나 상심 속에 새로이 후임 국왕을 위해 왕세자를 선정해야 했다.

둘째아들은 아버지의 심기를 불편하게 하여 눈 밖에 났기 때문에 이미 왕세자 물망에서 제외되었지만, 프랑수아 1세는 홀로 남겨진 며느리 카테리나 공주를 위해 커다란 결심을 했다.

"카테리나 공주를 불러 오거라!"

가쁜 숨을 몰아쉬는 프랑수아 1세는 인생의 먼 여정을 끝내려 하고 있었다.

이미 초조함으로 기다리고 있던 카테리나 공주는 이미 눈시울이 흠뻑 젖어 프랑수아 1세 앞에 읍소했다.

"애야, 나를 믿고 지금껏 따라주어 너무 고맙구나…."

"흑흑… 아바마마… 기운 차리소서…."

"아니다, 애야. 이제 그만 나는 쉬어야겠구나…. 너를 혼자 두고 가려니 마음이 너무 아프지만, 내 너에게 줄 선물이 이것밖에 없구나…. 이 왕관을 네가 쓰든지 네 남편을 씌우든지 네가 알아서 해라."

우리의 몇몇 책들에는 왕비로 시집을 갔다고 씌어 있지만, 사실 자신의 노력으로 왕비가 된 카테리나 공주!

그렇게 차남인 남편 앙리 2세는 결혼 5년차에 아내 덕분에 프랑수아 1세 뒤를 이어 프랑스 국왕의 자리를 승계하게 되었다. 몇몇의 귀족들이 우려했던 정국의 형세가 펼쳐진 것이다.

특히 개신교로 구성된 귀족들은 로마 가톨릭 정교회와 연결된 카테리나 왕비를 음해하기 위한 구실을 어떻게든 만들어냈다. 그들은 총명한 왕비도 해결할 수 없는 문제들을 제기했고 공주의 위기는 가중되었다. 그중 하나가 바로 후세를 이을 왕자를 낳지 못한다는 구실로 불거진 왕비의 폐위였다.

그녀가 열한 살 어린 나이에 시집을 온 이유도 있었지만, 특히 앙리 2세가 정국의 바쁜 일정(?)과 연상인 정부와의 시간을 많이 보내는 통에 사랑 한 번 제대로 받지 못해 자식을 갖지 못했던 것이다.

그러나 왕비는 단 한 번도 외도로 바쁜 남편을 탓하거나 얼굴 한 번 할퀸 적이 없었다. 그녀는 늘 자신의 매력이 더 발산되어야 남편의 사랑을 돌릴 수 있다고 판단했고 몸에 배어있는 바른 품성과 총명함, 17, 18살 무렵의 풋풋한 매력과 지성미를 돋보이게 하며 앙리 2세를 전략적으로 유혹했다. 그리고 왕비는 시집을 올 때 가져온 산타마리아 노벨라 수도원의 야심작인 생약 성분의 향수를 히든카드로 사용하여 결국 앙리 2세를 침대에서 무너트린다.

이렇게 뒤늦게 타오른 사랑은 큰아들 프랑수아*Francesco II* 부터 자녀들을 줄줄이 아홉 명을 낳게 했고 감히 그 어느 누구도 카테리나 왕비를 쫓아낼 수 없게 되었다.

이렇게 조금씩 프랑스 내에서 그녀의 위치는 붙박이장처럼 공고해졌다.

이 시기 프랑스 국왕은 교황마저 무시할 수 없는 강력한 힘을 가지고 있었다. 특히 개신교의 거세지는 목소리의 근거지가 바로 프랑스였고, 이는 교황의 권위에 대항하는 권력의 소용돌이로 터져올랐다. 앙리 2세도 주변 국가의 정세 속에 크고 작은 전쟁에 참여하여 프랑스의 국력을 그대로 유지하기 위해 노력했다.

그러던 1559년 7월의 어느 날, 큰딸인 엘리자베타*Elisabetta*

공주와 스페인의 필리포 2세*Filippo II*의 결혼식에 카테리나 왕비는 사돈이 되는 여러 귀족 부인들에 둘러싸여 환담을 주고받으며 즐거워했고 남편인 앙리 2세도 귀족들의 축하를 받으며 기쁨을 나누고 있었다.

그런 왕에게 몇몇의 기사들이 급히 고했다.

"폐하! 이렇게 즐거운 날, 스페인 사람들에게 우리 프랑스인들의 호전성도 보여줄 겸 결혼피로연에서 마상 죽창기술 시합을 펼쳐 보면 어떻겠는지요?"

"오, 그것 참 좋은 생각이군!"

결국 술잔을 기울이던 국왕 앙리 2세는 즐거워하는 하객들과 프랑스 기사들의 호응 속에 호기를 부리게 되었다.

"여봐라! 내 말을 내오거라! 이 내가 프랑스 국왕의 멋진 모습을 보여주겠다!"

하지만 음주운전은 안 된다고 하지 않던가. 운명은 취중의 국왕 앙리 2세를 잡아주지 않았다.

중세 기사들의 갑옷은 무게만 약 30kg에 준하기에 시합을 시작하게 되면 달리는 말에 그 무게로 인한 가속도가 붙어 거의 시속 150㎞의 속도로 두 명이 부딪치게 된다.

드디어 시작된 흥미 위주의 시합, 그런데 힘차게 달려나온 상대 기사의 죽창이 앙리 2세의 눈을 뚫고 지나가고 말았다.

앙리 2세는 이 믿을 수 없는 불의의 사고로 절대절명의 중상을 입은 채 말에서 굴러 떨어졌다.

이 엄청난 비보가 카테리나 왕비에게 전해졌다.

"뭐라? 폐하께서 변을 당해…!"

머릿속이 하얗게 타 들어가며 떨리는 몸을 이끌고 현장으로 달려간 카테리나 왕비는 너무나도 처참한 남편 국왕의 모습에 주체할 수 없는 슬픔으로 오열했다.

심한 부상에 간호로 몇 날 밤을 지새우지만 얼마를 가지 못했고 국왕 앙리 2세는 사경을 헤맨 지 일주일 만에 한마디 유언도 남기지 못하고 아쉬운 생을 마감했다.

"폐하…! 폐하…! 어찌 저를 남겨두고… 어찌 우리의 미래를 남겨두고… 흑흑흑…!"

화려한 갑옷 사이로 이생의 아쉬움을 놓고 떠나는 마흔 살의 앙리 2세는 이제 한낱 초라한 말 없는 주검일 뿐이었다.

그를 보내는 큰 슬픔은 '내 영혼도 오늘 그를 쫓아갔다는 말과 함께 경건함으로 승화되어 그날부터 자신의 운명이 끝나는 날까지 카테리나 왕비는 항상 검은 상복을 입었다. 사랑의 아쉬움을 남기고 떠난 남편에 대한 깊은 사랑과 예를 갖추기 위해서였는지도 모른다.

프랑스를 여행하며 방문하게 되는 루브르 박물관에서 검

은 드레스의 왕비를 만날 때면 항상 '아! 저 사람은 카테리나 공주구나.'라고 생각하면 될 것이다.

카테리나 왕비는 앙리 2세의 죽음에 대한 슬픔으로 몸조차 제대로 가눌 수 없었지만 그대로 울고 있을 수만은 없었다. 개신교도들이 주축이 된 귀족들이 왕이 없는 왕비를, 그것도 자녀를 아홉 명이나 낳은 왕비를 그냥 두지 않을 것이기 때문이다.

피비린내 나는 정국 속에서도 카테리나 왕비는 지혜롭게 자녀 아홉 명을 건사했고 살아남기 위해 사력을 다 했다.

바야흐로 프랑스 정국은 서로의 견제 속에 누가 왕권을 잡을 것인가에 모든 촉각이 세워져 있었다. 이름 하여 왕위 쟁탈전.

급박하게 돌아가는 정세 속에 궁 주변을 어슬렁거리는 귀족들과 아직 눈빛을 잃지 않은 카테리나 왕비의 힘이 팽팽하게 맞서 언젠가는 터질 듯한 그 위기감은 풍선처럼 부풀어 오를 대로 오르고 있었다.

남편인 앙리 2세의 자리를 임시로 지키고 있던 카테리나 왕비는, 왕이 없는 왕비가 자녀를 아홉이나 두고 있는 그 자체로 대다수의 귀족들의 표적이 되어 일생일대의 절박한 위기를 맞기도 했지만 지혜롭게 기지를 발휘하여 왕권 쟁탈에

혈안이 된 귀족층들과의 암투에서 살아남으며 정국의 주도권을 잡아갔다.

특히 개신교도들로 구성된 주변 귀족층들의 권력쟁탈에 대한 암투 속에도 2년 반 만의 우여곡절 끝에 드디어 큰아들 프랑수아 2세를 국왕의 자리에 올렸다.

하지만 대왕대비가 된 카테리나 왕비도 15세 소년인 국왕 프랑수아 2세의 처가*Guisa*에 밀려 그다지 큰 힘을 가지지 못했다. 그러던 중 얼마 지나지 않아 병약한 프랑수아 2세가 일찍 세상을 떠났고 그 자리를 남에게 줄 수 없어 두 번째 군주로 셋째아들 샤를 9세*Carlo IX*를 등극시키며 비로소 권력의 핵심으로 부각될 수 있었다.

셋째아들(샤를 9세)이 왕이 된 이유는 둘째아들인 루이*Luigi*가 태어나자마자 1년을 넘기지 못하고 죽었기 때문이었다.

그때부터 시작된 카테리나 왕비의 권력행사는 최고조에 달했고, 샤를 9세에 이어 왕이 되는 넷째아들 앙리 3세*Enrico III*의 재위 기간에는 조금 물러서게 되었지만 그래도 국정 운영에 전반적으로 영향을 준 것이 사실이다.

그녀의 총명함은 대외적 외교정책에서 더 빛을 발했고 큰 딸인 엘리자베타 공주가 스페인 왕비가 되면서 영국 그리고 그 이상의 힘을 가진 독일과 오스트리아의 원조인 신성로마제국에까지 영향력을 미치게 했다.

초기에는 친정인 피렌체를 근거로 힘을 두게 되어 주변 귀족들의 괄시를 받았지만 교황 클레멘테 7세 영향력 속에 그의 죽음 뒤에도 그 힘을 유지할 수 있었다.

현지 문헌에은 카테리나 왕비가 교황파에 근접된 정치를 대외적으로 피력했다고는 하지만 사실 로마 가톨릭 정교회로부터는 개신교도들을 옹호한다는 원망의 목소리를 많이 들을 정도로 개신교를 형평성 있게 대우했다고 전한다.

그러나 유독 국내에서는 그녀를 악녀라고 지칭하여 소개한다. 아마도 다음에 나올 대참사를 염두에 둔 오역임에 틀림없다.

결국 로마 정교회의 수위를 넘는 압력으로 비극의 사건이 터지고 말았다.

"가톨릭 정교회 기사들이 문안인사를 왔사옵니다."

"들라 하라."

어린 시절 단아함이 몸에 배인 듯 기품 어린 자태의 카테리나 왕비가 화려한 단상에 꼿꼿하게 앉아 근위병들의 보고를 받았다.

그간의 세파를 말해주는 것인지, 그 청초했던 매력은 이미 강인하고 차가운 눈매로 바뀌었고 남편의 죽음이후 계속 입게 된 검은 드레스는 범접할 수 없는 기운을 자아냈다.

"내일은 우리 가톨릭 정교회 기사들의 병력이 모일 것입니다."

"이미 보고받았다. 종교행사를 준비한다고 하더군. 그런데…"

갑옷으로 중무장을 한 기사들을 보며 그녀는 강한 의문의 눈빛을 던졌다.

"무슨 일이냐? 왜 중무장을 한 것인가?"

"말씀드린 것처럼 내일 병력을 모아 그동안 마마의 안녕을 위협했던 개신교들을 정리할 것입니다."

"뭐라? 다른 건 몰라도 내일은 내 넷째딸 마르게리타 공주의 결혼식이 있다. 그 아이의 결혼식을 망치겠다는 것이냐! 이건 대체 누구의 생각이냐?"

"누구겠습니까. 당연히 교황청의 명령 아니겠습니까."

"음…"

"마마의 만수무강을 위해서는 그놈들을 조금 정리할 필요가 있습니다. 그냥 저희들에게 맡겨 주십시오. 조용히 끝낼 것입니다."

어둠 속 달빛에 번뜩이는 병장기들의 매서움보다 섬뜩하게 변한 기사들의 눈에서 이미 살기가 뿜어져 나왔다.

"명령만 내려주십시오!"

"충성스러운 기사들아, 잘들어라! 오늘의 거사는 하나님과 교황님을 모독하는 이단자들을 처단하는 것이다. 자! 칼날을 높이 세워 악의 무리인 개신교도들을 쓸어버리자!"

햇불과 장검을 든 기사들은 야밤을 틈타 천지가 진동하는 요란한 말발굽소리와 함께 촌각을 다투듯이 파리 전역의 골목길들을 내달렸다. 그리고 예고 없이 문마다 열고 들어갔다.

"네놈들, 개신교지!"

몇 마디의 말과 함께 살기를 담은 검들은 도륙을 시작했다.

"한 놈도 살려두지 마라!"

함성과 병장기들의 부딪히는 소리들과 연이어 터져 나오는 비명들은 아비규환의 생지옥을 방불케 했다.

1572년 8월 24일부터 이틀 동안 치러지는 성 바르톨로메오 축일행사La notte di S. Bartolomeo를 기점으로 로마 정교회에 의해 약 6일에 걸쳐 개신교도 대학살이 자행된 것이다. 공식적인 집계는 없지만 일주일에 걸쳐 일어난 이 사건에서 사망한 개신교들은 5,000명에서 그 식솔들까지 추정하여 많게는 3만 명에 이른다는 후문이다.

이 사건이 카테리나 왕비의 결정 때문에 일어났다고 전하는 책들도 있지만, 짧지 않은 시간 동안의 프랑스를 내분시킨 종교적 갈등 분위기 속에 이미 타오른 불길처럼 일어난 일이기에 그녀 역시 통제할 수 없었을 것이다.

더군다나 남편 앙리 2세의 죽음 뒤에 펼쳐졌던 개신교 귀족들과의 불꽃 튀는 왕권 쟁탈전은 카테리나 왕비의 목숨까지도 위태롭게 했다. 그러니 왕비 역시 개신교도들을 보호할 의무도, 생각도 없었다.

우리는 그녀가 단지 사건의 방관자일 뿐이었다는 증거를 살펴보고 이 사건을 다시 조명해볼 필요가 있다.

개신교도들을 찾아다니며 처형했던 산 바르톨로메오 기일은 카테리나 왕비의 딸인 마르게리타 공주가 결혼한 날이었다.

첫날밤의 달콤함에 잠겨 새 희망을 품고 잠들었던 마르게리타 공주는 요란한 말발굽 소리와 함께 기사들의 인기척을 듣게 되었다. 내실에는 이미 살기 어린 눈에 번뜩이는 병장기를 든 군사들이 들이닥쳤다.

"이단 개신교도는 하나님의 칼을 받으라!"

극도의 공포와 놀라움 속에서 잠을 깬 공주는 남편을 막아서며 그 섬뜩한 칼날과 대치했다.

"너희들이 정녕 하나님을 따르는 자들이냐!"

"그것은 하나님이 후에 결정하실 것이오! 어서 개신교도를 내놓으시오!"

눈을 부라린 로마 가톨릭 정교회 기사들은 핏물이 떨어지는 칼날을 높이 쳐 들었다. 공포스러운 분위기 속에서도 어머니를 닮은 마르게리타 공주는 단호하게 물었다.

"여기가 어디인 줄 아느냐? 내가 누구인 줄 아느냐?"

"그런 것에는 관심이 없습니다. 우리는 단지 더러운 개신교도들의 목을 베러 왔을 뿐이오!"

"이놈들, 무례하구나! 나는 카테리나 왕비의 넷째딸인 마르게리타 공주다!"

"비키시오! 여기 누가 있는지도 알고 왔소이다! 신랑은 어디다 숨겼습니까?"

"감히 이놈들이…! 자기야, 쟤네들 지금 무슨 얘기 하는 거야?"

숨 가쁜 사태가 벌어지고 있는 내실의 소리에 이미 탁자 밑에 몸을 숨긴 채 벌벌 떨고 있던 새신랑은 모기 소리만 한 목소리로,

"미안해, 나 개신교 맞아…"

"아…! 이런 멍충이! 그런 얘길 지금 하면 어떻게 해…! 아무튼 나중에 얘기해!"

공주는 놀란 마음을 가라앉히며 힘주어 기사들에 소리친다.

"대체 누가 너희들을 지휘하는 것이냐?"

눌리는 기색 하나 없는 앙칼진 목소리가 어두운 궁 내부에

울러 퍼졌다.

"공주님! 이 거사는 국왕 폐하도 아시거니와 카테리나 대왕 대비님도 인가하신 일입니다!"

"공주는 어서 길을 비키시오! 어서 그자의 목을 내놓으시 오!"

비장한 각오를 한 공주는 새신랑을 치마폭으로 가리며,

"아니 된다! 오늘 하루를 살아도 이분은 내 남편이다! 내 목을 먼저 쳐야 내 남편의 목을 칠 수 있을 것이야! 어디 나 부터 베어 보거라!"

몇 시간에 걸친 공주와의 기 싸움에서 눌린 기사들이 마 침내 칼을 거두고 돌아섰다. 늑대 무리처럼 자신을 닦달하 는 기사들 앞에서 마르게리타 공주는 한 치의 두려움 없이 남편을 지켜냈던 것이다.

그때 마르게리타 공주의 기개로 살아남은 새 신랑이 바로 훗날의 개신교의 첫 왕이 되는 앙리 4세*Enlico IV di Borbone*였 다. 그는 어지러운 정국 속에 개신교도들과의 융화를 위해 결혼이 된 카테리나 왕비의 사위이자 개신교도였던 것이다.

그날은 공주의 기개로 목숨을 부지할 수 있었지만 놀랐던 가슴을 쓸어내리며 인생 최고의 위기 속에 살아남기 위해 모 두를 속이고 가톨릭으로 개종하여 후일을 도모하게 된다. 그리고 후일, 세력을 완벽하게 구축한 시점에 무도회장에서부터 카톨릭 정교회를 다시 핏빛으로 물들이게 된다.

정말 사랑은 모든 것을 극복할 수 있는 것인가?

현실적으로 쉽지 않다. 앙리 4세가 될 신랑이 개신교임을 알고 난 공주는 종교적 괴리를 좁히지 못한 채 점점 벌어진 골은 많은 세월을 별거로 마감하게 만든다.

여하튼 이사건은 개신교도의 첫 왕으로서 또 다른 피바람을 예고하게 된 것이다.

이 사건이 만약 카테리나 왕비의 주관으로 진행된 것이었다면 과연 기사들에게 이제 막 결혼한 넷째딸의 신혼방을 찾아가라고 명령했을까?

1562년 3월 1일 촉발된 개신교도들*Ugonotti*의 대학살*La strage di Wassy*은 프랑스 북동부 마을을 시작으로 점점 그 참혹함이 더해져 약 10년 넘게 이어졌다. 칼뱅주의의 대두로 일어난 종교개혁과 이념갈등이 이러한 대참사를 낳게 된 것이다.

다시 피는
백합(Gigli)의 피렌체

르네상스의 주무대인 피렌체의 패권은 과연 누가 잡게 될 것인가!

메디치가의 교황 클레멘테 7세는 점점 쇠퇴해 가는 교황의 권위 속에 피렌체 생활을 지속했는데, 그의 조카뻘이자 카테리나 공주의 아버지인 로렌조 2세가 사망한 뒤에 피렌체 국왕이 될 만한 사람이 없었다. 특히 그의 유일한 혈육인 외동딸 카테리나 공주가 프랑스로 시집을 가게 되면서 그 고민은 더욱 깊어졌다.

차기 국왕의 자리를 걱정하던 클레멘테 7세는 점점 알렉산드로*Alessandro*에게 관심을 가지기 시작했다. 알렉산드로는 카테리나 공주의 이복동생이자 사생아로 기록되는데 클레멘테 7세는 그에게 더 많은 힘을 실어 주려 했다.

교황 역시 사생아였기에 자신과 너무 닮아 더 애틋한 관심을 주었다고도 하지만, 사실 알렉산드로는 클레멘테 7세가 추기경이었을 때 중동계 혼혈인 시녀와의 사이에서 태어난 사생아였다.

역대 교황 중 자녀를 두었던 사람은 세 명이다. 물론 교황은 결혼하지 않아야 추대될 수 있기 때문에 그 사실은 극비에 부쳐져 야사로 흘러나온다.

그 후 알렉산드로는 권한대행으로 국왕의 자리를 대신하면서 입지가 굳어져 갔다.

이러한 흐름 속에 불만이 최고조에 이른 사람들은 역시 메디치가의 정통성을 외칠 수 있는 작은집 출신들이었다.

즉 선대의 1대조 조반니 디 비치*Giovanni di Vicci* 국왕의 두 아들 중 큰아들 쪽*Cosimo il vecchio*에 왕권이 계승되었는데, 작은아들 쪽*Lorenzo*, 속칭 작은집 사람들이 큰집 쪽에서 대를 이을 사람이 없으면 왕권은 우리에게 와야 한다는 생각을 가지고 있었던 것이다.

1534년 클레멘테 7세가 급작스럽게 사망하면서 알렉산드로의 입지가 흔들릴 수도 있었지만 이미 그는 피렌체 국왕의 자리를 약정받은 상태였다.

시간의 흐름 속에 국왕이라고 인정받는 사생아 알렉산드로를 묵인할 수 없고, 그가 가진 자리에 대한 탐욕으로 인해 1537년 1월 5일 거사가 일어났다.

"일은 은밀하게 그리고 정확하게 끝내야 한다!"

"염려 마십시오!"

무장한 병사들이 굵고 절도 있는 목소리로 대답했다.

"이 거사가 잘 처리된다면 너희들은 최고의 대우와 미래를 약속받을 수 있다! 알겠느냐?"

알렉산드로 정권을 더 이상 묵인할 수 없었던 메디치가의 작은집 출신인 로렌찌노*Lorenzino*의 명령으로 자객들이 만일의 사태에 대비하여 은밀하게 궁 밖에 포진했다.

베꾜 궁전에서 정책 회의를 마친 알렉산드로가 자신의 집에서 한가로이 책을 보고 있을 때 로렌찌노는 태연히 그 집을 방문했다.

"폐하, 어째 오늘은 많이 힘들어 보이시는군요."

둘은 메디치가의 피가 섞인 친척이기도 하지만, 로렌찌노는 알렉산드로의 의심을 사지 않기 위해 그동안 그와의 관계를 서서히 친구 이상의 사이로 발전시켜왔다.

"어서 오게. 그런데 어쩐 일로 온 건가?"

"우리 사이가 뭐 이유가 있어야 만나는 사이였습니까?"

"하하. 당연히 아니지. 그렇고말고!"

"저야 뭐 술이나 한잔 하려고 왔지요."

로렌찌노는 초조함을 떨치러 능청을 떨었다.

"앉게. 내 직접 와인 한 잔 준비하지."

와인을 따르는 유리잔에 비치는 로렌찌노의 눈빛에서 이미 살기가 흘러나오고 있었지만, 그에게 마음을 열고 있던 알렉산드로에게는 그 모습이 보일 리가 없었다.

친우인 로렌찌노에게 술잔을 건네려고 몸을 돌렸던 알렉산드로는 자신의 허리춤에 파고드는 차가운 비수로 핏물이 뿜어져 나오는 것을 차마 믿을 수 없는 눈으로 바라보며 이내 고통 속에 쓰러졌다.

"아니… 네가 어찌…!"

그는 이미 먹이를 노리는 살쾡이의 눈매로 다가선 로렌찌노의 칼날을 피할 수 없었다.

"이 혼혈 잡종! 사생아놈! 죽어라!"

"네가 감히 나를…! 으…."

용케 왕관을 썼던 알렉산드로는 3년 반 만에 이렇게 몇 마디의 비명과 함께 비운의 운명을 맞이하고 말았다.

급작스러운 알렉산드로의 죽음으로 피렌체는 발칵 뒤집혔다. 프랑스 왕비인 카테리나는 피렌체에 대한 걱정으로, 알렉산드로의 비보에 살인자를 찾으라고 명하여 프랑스 자객들 50명을 피렌체에 급파했다. 피렌체는 국왕의 빈자리와 살인의 배후, 주동자 이야기들로 흉흉한 시기에 노출되었다.

휘몰아치는 정국 속에 예리한 촉각을 세우며 야심찬 각오로 생각을 좁혀 오는 사람이 있었다. 바로 로렌찌노의 사촌 코지모 1세*Cosimo I*. 그가 군사를 일으키고 있었다.

"잘 들어라!"

"네! 하명하소서!"

"피렌체 국왕의 존엄을 짓밟은 살인자를 잡아야 한다!"

은빛 투구에 중무장을 한 코지모가 군사들을 이끌고 출동을 명령했다.

그때 알렉산드로를 죽인 로렌찌니는 좁혀드는 포위망을 뚫고 볼로냐까지 도주를 감행했다.

"끝까지 쫓아 토벌하라!"

살기등등한 코지모의 군대는 그를 볼로냐까지 추적해 갔다. 그곳에는 이미 로렌찌노가 규합한 동조자 스트로치가의 휠리포 스트로치*Filippo Strozzi*의 군대가 기다리고 있었다.

스트로치가는 중세부터 원단 제작과 유통으로 최고의 재력을 뽐내며 메디치가와 대등할 정도의 기세를 가지고 있던 가문으로 그들의 궁*Palazzo Strozzi*도 현재 피렌체 중심지의 루이비통 매장 맞은편에 웅장하게 서 있다. 메디치 궁을 꼭 닮은 모습으로….

하지만 스트로치가는 메디치가의 견제 특히, 메디치가의 두

번째 교황인 클레멘테 7세와의 관계가 악화되어 좋지 않은 감
정을 갖고 있었는데 그의 사랑을 받아 군주가 된 알렉산드로
에 적개심을 품게 되어 음모에 가담하게 되었던 것이다.

그러나 코지모의 군대는 볼로냐에서의 큰 전투*Batglia di
Montemurlo*에서 승전하면서 그 기세로 계속 몰아 붙였고 로렌
찌노는 스트로치가와 함께 베네치아까지 패주하게 된다.

베네치아는 주변국들의 요충지이고 자체적인 힘도 있었으
며 대군을 끌고 가기가 너무 먼 거리이기에 코지모는 더 이
상 그들을 추격하지 않았다.

하지만 모든 일은 화근을 없애야 끝나는 법이다.

"민첩한 놈으로 두세 명만 있으면 가능할 것 같은데 말이다."

"어찌 하시겠습니까?"

"발 빠르고 검술이 뛰어난 두 놈을 골라오도록 해라."

이윽고 눈빛이 살아 있는 병사 두 명이 코지모 앞에 명령
을 기다렸다.

"이번 일은 꼭 매듭을 지어야 한다. 그러니 너희들은 그의
행방을 쫓아 베네치아까지 들어가도록 해라."

"네!"

코지모는 예리한 눈빛으로 말을 이었다.

"몇 달이 되도 좋으니 그놈의 거처나 애인 집이라도 찾아내라."

"그러면 생포를 해올까요?"

"아니다. 시간 끌 필요 없이 그 자리에서 죽여라."

"알겠습니다."

애인 엘레나*Elena Barozzi*의 집에 숨어 있던 로렌찌노는 정보를 탐색하기 위해 대문을 나서다가 코지모의 명령을 받고 급파된 자객들을 만나게 되었고, 그렇게 격동의 시간이 끝났다.

살인자 로렌찌노의 죽음을 전해들은 코지모는 여러 귀족들을 불러 모아 살인자에 대한 심판을 실행한 거사의 타당성과 자신의 공적을 알렸다.

이에 이복동생 알렉산드로의 죽음에 가슴 아파 했던 앙리 2세의 왕비이자 피렌체 왕권 1순위인 카테리나는 복수를 대신한 코지모의 업적에 찬사를 보내며 코지모에게 국왕의 등극을 지지하는 메시지를 전달했다.

그의 나이 18세였다.

이로써 피렌체는 가장 강한 왕권시대를 맞이하게 된다.

코지모 1세의 왕권 승계는 어느 귀족층도 불만을 표시 할 수 없었다. 군사적·경제적 힘의 우세도 있었지만, 그의 정통성은 아버지*Giovanni dale Bande Nere*가 메디치가의 작은집 혈통이고 어머니*Maria Salviati*가 메디치가의 큰집 출신이라 친가와 외가 모두가 메디치가인 것이다. 우리나라로 보면 신라시대 성골에 해당하는데, 감히 그 누가 토를 달 것인가!

또한 코지모 1세는 군주들의 정치 입문 지침서라고 할 수 있는 마키아벨리의 『군주론』의 핵심 내용처럼 가장 강한 왕권을 구축한 메디치가 사람이었다.

그는 선대의 위업으로 예술과 유물들에 대한 관심이 많았고 이를 장려했으며 지원을 아끼지 않았다. 그리고 기원전 5세기의 청동조각인 키메라*Chimera*(머리는 사자, 가슴은 양, 꼬리는 뱀이라는 전설의 동물)를 발굴과 동시에 구매하는 등 수많은 그리스·로마의 조각들을 수집하기도 했다.

또한 신의를 저버린 미켈란젤로를 절대 용서하지 않은 군주였기에 미켈란젤로는 로마에서 죽음을 맞이할 때까지 30년 동안 영영 피렌체에 돌아오지 못했다.

그렇다면 피렌체는 최고의 조각가라는 미켈란젤로 없이 그 30년을 지낸 것일까?

물론 아니다!

메디치가는 미켈란젤로와 대등한 아니, 그를 능가하는 예술가를 키워냈다.

조각에서는 이미 미켈란젤로의 당당한 경쟁자로 거장 바

초 반디넬리*Bacio Bandinelli*가 인정받았고, 코지모 1세의 사랑을 제일 많이 받은 청동의 대가 벤베누토 첼리니*Benvenuto Cellini*, 그보다는 조금 늦었지만 청동을 다루는 데 최고라 평가되는 잠볼로냐*Giambologia*가 있었다.

조각에서 청동을 전공으로 하는 예술가들의 테크닉은 상상을 초월한다. 그래서 르네상스 시대 조각 분야의 선구자인 도나텔로*Donatello* 다음에 청동을 전공으로 한 최고의 예술가가 바로 이 잠볼로냐라 한다.

그의 대표적인 작품으로는 피렌체 시뇨리아 광장*Piazza della Signoria*의 조각상들이 가득한 회랑*Logia della Signoria*의 조각상 중 가장 우측에 있는, 한 여인과 그녀를 들어올린 남자 그리고 그 밑의 남자 즉, 세 명이 엉켜있는 〈사비네 여인의 강간사건*Ratto delle Sabine*〉과 바로 뒤의 〈헤라클레스와 반인반마*Ercole e il centauro nesso*〉 그리고 〈코지모 1세 기마상*Statua equestre Cosimo I*〉 등이 있다.

물론 미켈란젤로 매너리즘으로 생각할 수 있는 그의 작품 속에 근육미가 피어나지만, 헤라클레스 조각 등 기원전 그리스 시대의 조각에도 근육들은 존재했다. 그래서 미켈란젤로의 매너리즘은 근육이 없어야 할 사람에게 근육을 과장되게 표현하는 것이라는 사실을 알 수 있다.

여하튼 잠볼로냐의 작품세계는 무게 중심으로 균형미와 여러 조각의 결합 방식이 가미된 최고의 조형미를 갖추고 있고 실핏줄까지 재질로 표현하여 보는 이들을 압도하며 전율하게 한다.

잠볼로냐는 1529년 프랑스의 조그마한 마을 두에*Douai*에서 태어났다.

1552년 그는 예술에 대한 강한 욕구로 르네상스라는 태풍의 핵인 피렌체에 들어왔다. 잠볼로냐는 1560년경 피렌체의 대표 광장인 시뇨리아 광장에 설치할 넵튠*Nettuno* 분수상을 공모한 콩쿠르에서 최고의 영예를 차지하며 두각을 나타냈고, 코지모 1세를 이어 왕이 된 프란체스코 1세 때까지도 조각 분야의 일인자라고 해도 과언이 아니다.

그 좋은 예가 앞서 언급한 시뇨리아 광장 야외 회랑에 있는 〈사비네 여인의 강간사건〉과 〈헤라클레스와 반인반마〉로, 두 작품은 군주의 연설대를 장식했다. 특히, 그의 전공 분야이기도 한 시뇨리아 광장의 청동 기마상 〈코지모 1세 기마상〉의 위압적인 모습과 한 올 한 올 새겨진 말의 갈기와 안면 근육미의 그 힘줄에는 경악을 감출 수 없다.

이러한 최고의 작품들은 미켈란젤로가 피렌체를 등지고

난 후부터 그의 죽음 이후에도 계속 등장했다. 이는 미켈란젤로가 조각 분야에서 최고라는 것은 그가 피렌체를 떠나기 전까지였다는 것과 같은 말이 아닐까? 더 나아가 미켈란젤로가 예술을 최고로 우대하며 가장 높은 안목을 가졌던 르네상스 주역인 메디치가로부터 제대로 인정받은 것은 아니라는 것도 되지 않을까 한다.

코지모 1세의 재위기간 동안 미술 분야에는 띠찌아노 *Tiziano Vecellio*, 폰토르모*Pontormo* 그리고 그의 제자 브론치노 *Agnolo Bronzino* 등이 최고이자 압도적인 실력으로 르네상스 후반기를 장식했다.

국내에서 출간된 매너리즘 시간을 기술하는 몇몇의 책에서는 그 시대의 모든 이들이 미켈란젤로의 공법을 답습했다고 하지만, 사실 피렌체의 상위 클래스의 예술인들은 궁극적으로는 최고의 색조와 섬유질의 굴곡을 극도로 표현하는 레오나르도의 매너리즘으로부터 출발하여 라파엘로의 기량을 답습하며 승화를 이루었던 것이다.

다시 말해 라파엘로의 천재성은 이미 열여섯 살에 최고의 미술가가 되어 여덟 살 연상인 미켈란젤로의 가슴에 경쟁자로 자리 잡았다는 사실로 증명된다. 냉정하게 말하면 미켈란젤로는 그의 적수가 되지 않았고 라파엘로는 그 이상의 실력을 가지고 있었다. 미켈란젤로는 나이 서른이 넘어야 조각으로 그 두각을 드러냈다. 두 사람 중 미술세계에서는 라파엘로가 훨씬 먼저 유명해졌고, 미켈란젤로는 그를 시기할 수밖에 없었을 것이다.

라파엘로의 기교는 그 시대 최고라고 볼 수 있었고, 일찍 세상을 떠난 라파엘로를 대신하듯, 바로 피렌체 출신의 브론치노*Bronzino*가 그 자리를 채우게 된다.

1503년에 태어난 브론치노는 피렌체가 배출한 또 한 명의 천재적 미술가이다.

그는 감히 천재 라파엘로와 견줄 만하다고 평가되는 실력가이며 본명은 아뇰로 디 코지모 마리아노*Agnolo di cosimo Mariano*지만 그의 머리색이 청동*Bronzo*과 같다고 하여 스승 폰토르모가 붙여 준 아뇰로 브론치노*Agnolo Bronzino* 혹은 브론치노라고 불린다.

브론치노는 르네상스 중반기에서 후반기까지 통틀어 최고의 천재적 미술가 3인방으로 꼽히며 우르비노 출신 라파엘로와 베네치아 출신 띠찌아노와 사이에 대등하게 들어가는 예술가이다.

그는 백정의 아들로 태어나 열악한 환경을 극복했고 휠리 포 리피의 라인을 따른 라파엘로 델 가르보*Raffaello del Garbo*에서 시작된 미술공방으로의 인연은 '생에 최고의 감동'이라는 스승인 폰토르모를 만나면서 열두 살 때부터 예술가의 길을 가게 된다.

물론 스승인 폰토르모와 제자 브론치노의 나이 차이는 불과 아홉 살밖에 나지 않지만 이미 최고의 역량을 인정받으며 메디치가에 수많은 초상화들을 납품했다는 사실 자체가 보증수표와 같다. 폰토르모가 그린 메디치가의 2대 군주인 코지모 *cosimo il vecchio*의 측면 초상화를 비롯하여 살비아티*salviati*(코지모 1세의 어머니)의 모습 등 대다수가 우피치에 전시되어 있다.

스승을 따라 묵묵히 그림을 그리던 브론치노는 선왕 때 많은 활동을 한 폰토르모의 입김으로 메디치가의 국왕에게 천거되었다. 그리고 그는 1537년 혁명세력을 소탕하며 군권을 장악하고 최고의 영도력을 가졌으며 누구보다도 예술을 사랑한 군주 코지모 1세에게 발탁되어 1539년부터 최고의 전성기를 맞이했다.

힘 있는 눈빛을 한 코지모 1세가 갑옷을 입고 있는 모습부터 그의 아내인 왕비, 수많은 자녀들의 어린 시절 모습들까지 모두 브론치노가 그렸다.

좌. 브론치노의 코지모 1세(1545, 우피치 박물관 소장) 우. 브론치노의 엘레오노라 왕비

또한 브론치노는 베쿄 궁전 3층에 있는 왕비의 침실 내부와 후에 이사를 가게 되는 새 궁인 피티 궁전 내부의 왕비가 사용할 공간 모두를 그가 작업한 판넬들과 프레스코화로 꾸몄다.

그래서 그를 1520년 눈을 감은 라파엘로의 환생이라고 했다는 말까지 전해온다.

천재 라파엘로의 짧은 생에 대한 아쉬움을 달래듯 그의 뒤를 이은 거장 브론치노는 1572년 겨울, 제자인 알레산드로 알로리*Alessandro Allori*의 집에서 그의 생을 마칠 때까지 피렌체의 미대라 불려지는 최고의 예술학교 아카데미아 피오렌티나 *Accademia Fiorentina*에서 작품활동과 후배 양성에 정열을 쏟았다. 그 학교가 바로 지금도 미술가들을 길러내는 '아카데미아 델레 벨레 아르떼*Accademia delle belle arte*의 원조이며 전통의 피렌체예술학교이다.

피렌체의 또 다른 천재화가로서 후배 양성에 노년을 보낸 그는 눈을 감기 전에 스승의 커다란 사랑에 대한 그리움을 표현하며 사후 보고 싶을 제자에게 자신의 마음을 전하는 글을 남겼는데 거기에는 그의 인간적인 모습과 정이 가득 배어있다.

이와 같은 시간들을 만들어낸 코지모 1세의 통치하의 피렌체는 예술에 대한 열망과 강한 왕권을 기반으로 마치『군주론』의 내용이 그대로 현실화된 것처럼 재정과 군사력이 향상되어 오랜 세월 동안 분쟁이 이어졌던 주변 소국가들을 떨게 만들었다.

그 첫 번째는 바로 영토 개척의 꿈을 안고 황제파이자 늘 눈엣가시 같던 시에나 공화국*Reppublica Siena*를 완벽하게 귀속하게 된 것이었다.

시에나와의 악연은 이미 로마 건국신화에 나오는 늑대의 젖을 빨고 있는 쌍둥이를 묘사한 시에나 두오모 성당의 내부

바닥을 보면 알 수 있다. 더구나 시에나는 최초의 금융권을 만든 메디치가의 심기에 거슬리는 은행을 만들기도 했다. 이제 그 자금력의 증대로 세계 무역권을 갈망하는 피렌체의 걸림돌이 되었으니 300여 년에 걸쳐 이어진 그 많은 분쟁을 끝낼 때가 온 것이다.

이러한 명분으로 시작된 영토 전쟁은 서쪽으로는 피사*Pisa*, 루카*Lucca*, 북쪽으로는 황홀한 절경을 가진 친퀘떼레*Cinque terre*의 리구리아 주*Regione Liguria*까지 이어지며, 남쪽으로는 로마와 인접한 아레쪼*Arezzo* 밑의 페루지아*Perugia*를 가지고 있는 움부리아 주*Regione Umbria*까지 내려가게 되었다.

이제 피렌체는 이탈리아 반도의 여러 국가 중 국방과 경제 모든 방면 속에 명실상부한 최고의 국가를 이루게 되었다.

또한 강한 성격의 코지모 1세도 예술적인 면에서는 한결같은 메디치가의 피를 가지고 있어, 예술·문화적 발달도 최고가 되는 시기가 도래하게 된다.

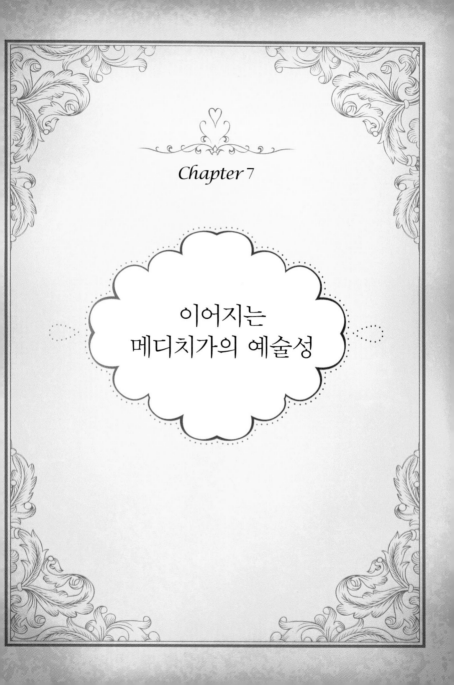

Chapter 7

이어지는
메디치가의 예술성

예술 속에 피어난
용서

　메디치가의 큰집에 해당하는 가문에 있던 왕권을 우여곡
절 끝에 혁명으로 가져온 코지모 1세는 그들이 사용했던 메
디치 궁을 리까르디*Riccardi* 가문에 매각했다.

　이 궁은 1444년 코지모 일 베쿄*Cosimo il Vecchio* 국왕이 건축
가 미켈로쪼*Michelozzo*에게 명하여 엄청난 자금을 들어서 지
은 메디치가의 상징이자 르네상스 시대의 첫 번째 궁이었다.
최초 디자인은 르네상스 건축의 선구자 부루넬레스키가 했
고 미켈로쪼가 설계의 완성과 시공을 맡았다.

　유럽의 많은 궁들은 바로 이 메디치 궁의 이미지를 따라
지어진 것이다. 그래서 비슷한 연대의 스트로치 궁*Palazzo
Strozzi*, 피티 궁*Palazzo Pitti*, 곤디 궁*Palazzo Gondi* 등이 메디치 궁
의 양식을 따랐다.

　특히, 곤디 궁은 레오나르도가 모나리자를 그린 곳으로
1501년에 피렌체에 다시 돌아왔을 때부터 약 3년을 썼던 건

물이라 지금도 그 안에 들어서면 레오나르도의 숨결을 느껴지는 듯하다.

이들 모두의 디자인은 웅장함을 드러내는 높은 천장의 세 개 층으로 구성되며, 그 외벽은 큼직한 강한 돌Pietra Dura로 축성(1층은 울퉁불퉁한 형태, 2층은 조금 덜 울퉁불퉁한 형태, 3층은 매끄러운 형태)되었다.

메디치 궁은 르네상스 군주인 로렌초 일 마니피코가 탄생한 곳이며 그가 열다섯 살의 소년 미켈란젤로를 어여삐 여겨 재워주고 입혀주고 먹여주었던 궁이라는 데 그 의미가 있다.

이렇게 유서 깊은 궁이지만, 코지모 1세는 가문의 큰집 사람들이 써왔던 궁을 미련 없이 버리고 나폴리 왕국 총독의 딸인 17세의 아름다운 왕비를 맞이하기 위해 피렌체의 상징 궁이자 중세에 축성된 시뇨리아 궁Palazzo Signoria을 사용했다.

97m 높이를 자랑하는 시뇨리아 궁은 그 상징과 용도가 재미있다. 이 궁은 1565년까지는 코지모 1세의 집무실로, 1550년 매입하는 피티 궁의 입주준비가 마무리된 1560년까지는 그의 사적인 공간으로서의 흔적을 간직하고 있다.

당시 코지모 1세는 3층을 거주공간으로, 1층과 2층은 지금껏 그랬듯이 국가의 운영을 주관하는 중요한 회의를 하는 공간으로 사용했지만 곧 심기가 불편해졌다. 바로 정문 옆에서 있는 미켈란젤로의 〈다비드〉 때문이었다.

어느 날, 궁으로 돌아오던 코지모 1세가 말을 탄 채 궁 정문 옆의 〈다비드〉 앞에 멈췄다.

"폐하, 무슨 일이시옵니까?"

그를 따르던 기사들과 귀족들은 군주의 시선이 멈추는 곳을 응시했다. 물론 왕의 시선이 무슨 의미인지 모르는 사람이 없을 것이었다.

"저 조각 말이지!"

모두가 말을 잇지 못하고 왕의 눈치를 보고 있었다.

"나는 저 조각의 의미가 무엇인지 알고 있지."

"폐하, 당장 철거하겠습니다!"

잔뜩 긴장한 얼굴로 기사들이 말에서 내렸다. 그러자 코지모 1세가 손을 내저으며 한결 부드러운 시선으로 말했다.

"저 재수 없는 것이 부서져 있으니 더 재수가 없어 보이는군. 돈이 얼마가 들어도 좋으니 복원하도록 해라!"

"하지만 폐하… 저 조각상은…."

"안다. 하지만 예술은 예술로 봐야지, 무릇 강한 군주라면 작은 일에는 마음 쓰지 않는 법이다. 그러니 복원시켜 주라는 말이다."

"폐하!"

그 자리에 있던 모두가 입을 모았다.

"이 무서운 기백의 군주에게 이런 예술을 향한 부드러움이 있단 말인가!"

그렇다!

〈다비드〉는 혁명정부의 정당성을 주장하는, 메디치가의 치욕스러운 상징물이자 메디치가가 하나님께 선택된 가문이 아닌 골리앗과 같은 추악한 힘을 가진 부르주아적 악의 상징이라는 의미가 배어 있다. 미켈란젤로의 성공을 향한 야망으로 태어난, 그리고 그가 '최고의 조각가'라는 타이틀을 쥘 수 있게 했던 바로 그 조각상.

하지만 혁명정부 시절인 1504년 지금의 위치로 옮겨진 〈다비드〉는 1512년 일어난 소요 속에 화살로 인해 하부에 균열이 갔고, 이어 1527년 8월에 일어난 소요 속에 시뇨리아 궁 3층에서 던진 돌과 철제 의자에 맞아 왼쪽 팔이 세 동강으로 부러저 버렸다.

아쉬웠지만 어느 누구도 감히 쉽게 철거할 수도, 복원할 엄두도 내지 못했던 그 야심작이 코지모 1세의 명에 의해 다시 태어나게 되었다.

물론 행운도 뒤따랐다. 왼팔이 파괴될 당시 다행스럽게도 궁의 시종 한 사람이 부서진 조각들을 회수하여 조각가에 전했고 이를 은밀한 장소에 보관해왔던 것이다. 그래서 다행히도 미켈란젤로가 만든 오리지널 조각들이 다시 접합되고 조르조 바사리와 프란체스코 살비아티*Farancesco Salviati*에 의해 무사히 복원되게 된다.

그 이후 피렌체는 조각을 비롯한 예술 전 분야에서 복원의 중요성을 인식하고 정부 차원의 지원을 받게 되었으며 코지모 1세의 큰아들인 프란체스코 1세*Francesco I*가 왕명으로 수공예 조합의 산하 기관으로 돌 전문 연구실*Opificio delle Pietre Dure*을 만들었다.

현재 이곳은 박물관과 장인기술을 전수하는 곳으로 유명하다. 또한 각종 휘황찬란한 컬러의 준보석류 돌들과 총 7천 종에 달하는 자연 대리석들을 재료를 바탕으로 장인정신이 담긴 호화스러운 기법의 대리석 테이블 등의 제작 과정과 화려한 르네상스와 바로크 시대의 예술품을 볼 수 있다.

이렇게 복원된 〈다비드〉는 1813년 오른쪽 중지가 상해를 입었고 1814년 로렌초 바르톨리니*Lorenzo Bartolini*에 의해 재복원되었다. 하지만 1846년 8월 청동복사를 위해 석고를 붙이는 바람에 그 예술성에 현저히 피해를 입었다. 그때의 복사품이 현재 미켈란젤로 광장의 청동상이다.

이미 미켈란젤로가 운명한 지 오래되어 그의 명성이 최고로 빛나고 있었던 터라 피렌체 사람들 모두 걱정하며 복원에 대한 해법을 찾으려 애를 쓸 때, 1873년 피렌체 출신의 거장 파브리스*Emilio de Fabris*의 손에 의해 프로젝트가 진행되었고 원래 자리에 복원품(제1 카피본)을 두고, 미켈란젤로의 〈다비드〉는 아카데미아*Galleria Academia* 안으로 자리를 옮겼다. 그가 〈다비드〉 복원 2년 전인 1781년 지금의 피렌체 두오모 성당*Cattedrale Santa Maria del Fiore* 정면의 화려한 모습을 치장한 예술가이다.

단, 우리는 첫 번째 복제품(금형 방식이 아닌 조각방식)도 예술적 가치가 있다는 것을 알아야 한다. 조각에서는 첫 복제품의 예술성을 인정해주기 때문이다.

그래서 우리나라 관광 책에 씌어 있는 대로 피렌체 시뇨리아 광장의 조각들은 다 복제품이라는 말은 마치 귀중한 가치가 없다는 것처럼 들리는 대단히 잘못된 말이고, 그 말 때문에 관광객들은 그 가치도 모른 채 사진촬영을 위해 조각에 손을 대거나 심지어 올라타는데 경악할 노릇이다. 엄청난 벌금과 예술문화의 가치를 존중하지 못한 무지한 행동에 국가적 망신을 당할 수 있기에 문화 선진국인 한국 국민이라면 절대 하지 말아야 할 행동이다.

여하튼 국왕 코지모 1세도 사람이었다.

〈다비드〉는 보기 좋게 복원되어 갔지만 시간이 흐를수록 그의 속은 편치 않았다. 모든 백성들이 아니, 특히 힘을 가진 귀족층들이 또다시 메디치 가문을 비아냥거릴 수 있고, 그런 일들이 되풀이되지 않는다고 누가 보장한단 말인가!

그래서 일종의 경고 메시지를 담은 조각이 발주되었다. 그 것이 바로 〈다비드〉 맞은편의 청동상 페르세우스*Perseo*이다.

1545년부터 만들기 시작하여 약 9년 간의 제작과정을 거친 이 심오한 청동 작품은 메두사의 목을 자른 시퍼런 청동 칼날의 매서움과 페르세우스의 당당한 위용을 보여주고 있고 신화 속의 그 이야기가 세상 밖으로 튀어 나온 것처럼 강한 의지를 느낄 수 있다.

물론 페르세우스 몸으로 흐르고 있는 강한 힘줄과 섬세한 근육의 아름다움을 미켈란젤로의 매너리즘의 영향력이라고 볼 수 없다. 그 이유는 앞서 언급하였듯이 기원전 조각에도 이미 헤라클레스 등 건장한 힘을 상징하는 이들의 근육은 돌출되어 표현되어 있기 때문이다. 여하튼, 이 조각은 사실 코지모 1세의 강력한 의지를 담아, 은혜를 저버린 배신자 미켈란젤로의 앞날을 암시하는 듯한 메두사 목을 들고 있는 페르세우스의 모습을 표현한 것이며, 조각의 거장 미켈란젤로를 능가할 수 있는 조각가를 양성하기 위한 코지모 1세의 바람으로 태어난 최고의 실력을 가진 세 명의 조각가 중 한 사람인 벤베누토 첼리니*Benvenuto Cellini*가 군주의 심정을 잘 헤아려 깎은 감격의 조각인 셈이다.

고르곤의 세 딸 중에 절세미인이라 불리던 메두사는 그 아름다움이 신들의 세계에서도 가히 최고였다. 특히 천하절색인 얼굴보다 그 머리카락이 더 빛날 정도로 최고의 아름다움을 자랑했다.

항상 자신의 머리카락을 쓰다듬으며 말을 하는 메두사의 습관 때문에 그 행동이 자신의 아름다움을 자랑하는 것으로 오인한 전쟁의 여신이자 제우스의 딸인 아테나는 시기심으로 심기가 불편하여 늘 메두사를 혼내주기 위한 구실을 잡으려 애쓰고 있었다.

그때 메두사가 걸려들었다.

바다의 신 포세이돈과 사랑을 속삭이던 메두사는 감정의 격정을 주체하지 못해 깊은 입맞춤을 했다. 그런데 하필 그 장소가 전쟁의 여신 아테나의 신전인 것을 몰랐던 것이다.

이 사건으로, 가뜩이나 그녀의 아름다움을 못마땅해 하던 아테나는 노여움이 극치에 달해 제우스의 딸로서 막강한 그 힘으로 메두사를 잡아다가 자신의 신전을 더럽힌 죄로 저주를 내렸다. 메두사의 그 고왔던 얼굴은 남성의 얼굴로, 아름다운 머리카락은 실뱀이 우글거리는 머리로 바꿔 버리고 만 것이다.

그래서 메두사는 여성의 몸에 남성의 얼굴과 뱀으로 된 머리카락을 가지게 되었고, 그 엄청난 충격에 이성을 잃고 포악하게 변모했다.

많은 신들이 메두사을 막기 위해 그녀를 죽이는 일에 매달렸지만, 도리어 그녀를 보았던 신들 모두 돌로 변하며 목이 잘려 나갔다.

이에 페르세우스가 출전을 다짐했다. 물론, 페르세우스 자신이 메두사에게 원한을 가진 적은 없지만 그의 의붓아버지가 페르세우스의 어머니와 단 둘이 살기 위해 걸림돌이 될 수 있는 페르세우스를 없애기 위해 충동질을 한 것이다.

"너만이 영웅이고, 너만이 가능한 일이다. 메두사를 사냥해다오!"

의붓아버지의 꼬임에 빠진 페르세우스는 그 위험을 모르고 메두사 사냥을 위해 출전했다.

이 소식에 메두사를 그 꼴로 만든 아테나가 페르세우스를 가엽게 여겨 그에게 아테나의 방패를 선물했다. 그 방패의 힘으로 메두사에게 접근한 페르세우스는 그녀의 목을 칠 수 있었고 그때 메두사의 몸에서 흘러나온 피에서 천마 페가수스가 태어났다고 한다.

이렇듯 그 의미와 작품에 흡족했던 코지모 1세였다.

"뭐라? 미켈란젤로가 그 작품의 대가를 궁금해 한다?"

"네. 아마도 상금이 어느 정도가 될지에 관심이 있는 듯합니다."

"이런 고얀 놈! 여봐라! 당장 첼리니를 부르도록 해라!"

그렇지 않아도 작품의 마무리 작업 때문에 궁에 들어와 있던 첼리니가 군주의 기별을 받고 집무실로 들어왔다.

"폐하, 부르셨습니까."

"오, 첼리니! 어서 오게. 다름이 아니라 이번 작품의 대가로 상금을 주어야겠는데…. 얼마면 되겠는가?"

"황공하옵니다."

"괜찮네. 어서 말해보게."

"폐하의 마음에 드신다니 몸 둘 바를 모르겠습니다. 그냥 재료비에 수고비를 조금 얹어 주시면…."

"이 사람아, 더 불러보게!"

첼리니는 흐뭇해 하는 국왕의 모습에 어쩔 줄 몰라 하면서도 이런 좋은 기회에 호기를 부리는 것도 나쁘지 않겠다고 생각했다.

"정히 그러시다면 돈 욕심이 아닌 그 작품의 위상을 위해 금화 1만 냥*Ducchi*을 주실 수 있으신지요?"

코지모 1세는 호탕하게 웃었다.

"하하하! 당연히 그 정도는 지불해야지! 그렇고말고!"

"정말이십니까?"

말 그대로 미친 척하고 작품의 금액을 불렀던 첼리니는 귀를 의심할 수밖에 없었고 국왕의 흔쾌한 승낙에 어안이 벙벙해졌다.

"이 소식이 전해지면 미켈란젤로 그놈, 배가 좀 아플 것이다! 하하하!"

코지모 1세는 보란 듯이 청동상 페르세우스를 만든 첼리니에게 피렌체 금화 1만 냥을 하사했다.

넋이 되어 찾아온
미켈란젤로와 그 기록자

코지모 1세는 기원전 5세기의 청동작품 〈키메라*Chimera*〉가 발굴됨과 동시에 거금으로 사들이는 등 유물에 남다른 애착을 보이기도 했는데 그중 최고의 업적을 꼽자면 우피치 건축물의 발주라고 할 수 있다.

"내가 바사리 자네를 가장 아낀다는 것을 알고 있는가?"

"황공하옵니다, 폐하."

"자네 실력이라면 내 부탁을 들어줄 수 있을 것 같은데···. 어떤가?"

"네, 폐하. 무슨 일이든 하명하시옵소서."

"자네도 알다시피 내가 왕권도 강화하고 멋진 정치를 펼치고 싶은데, 지금 쓰고 있는 시뇨리아 궁은 3층의 사적인 공간 때문에 회의할 공간이 좁다네."

"그렇다면 종합청사가 필요하신 것입니까?"

"그렇지! 멋지게 하나 만들어주게. 자금은 넉넉하게 지불하겠네."

"알겠사옵니다."

1560년, 조르조 바사리*Giorgio Vasari*는 가장 강력한 국왕의 신임 속에 현재의 정부종합청사와 같은 용도의 건축물을 시공하게 되었다.

이것이 바로 지금의 우피치 미술관이다. 이탈리아어로 사무실은 우피쵸*Ufficio*, 두 개 이상의 사무실은 우피치*Uffici*라고 한다. 그래서 미술관 이름이 우피치*Uffizi*로 명명된 것이다.

기존 건물 사이의 공간을 활용하되 시뇨리아 궁과 피티 궁 사이의 긴밀한 유동적 거리가 필요했기 때문에 우피치 건축물은 U자 형태의 군사적·정치적 요람으로 탄생했다. 물론 예술성을 극도로 끌어올리기 위해 1층을 회랑으로 만들고 2층 일부 구간을 극장으로 만들기도 했다.

그러나 공사를 시작하던 바사리는 4년 만에 충격에 휩싸이게 되었다. 마음속 스승으로 여겼던 피렌체의 거장 미켈란젤로가 끝내 로마에서 숨을 거두었다는 소식이 전해졌기 때문이었다.

1964년 2월 18일 희대의 거장인 미켈란젤로가 로마에서 세상을 떠났다. 차가운 겨울바람이 채 가시지도 않은 날씨 속에 그 비련은 가슴을 에워쌌다.

"내가 가겠다! 그 거장을… 고향 피렌체를 보지 못하고 돌아가신 그분을 내가 직접 모셔와야 한다."

바사리는 모든 일정과 우피치 공사를 중단시키고 로마로 달려가 미켈란젤로의 시신을 수습했다. 그리고 '희대의 피렌체 거장이 그 허름한 로마 바닥에 쓰러져 있어서는 안 된다는 일념으로 시신을 피렌체로 운반했다.

긴 여정은 한 달이 채 안 되게 소모되었다. 물론 거리상의 문제도 있었다. 피렌체와 로마는 약 400㎞ 정도 떨어져 있다. 지금에야 시속 300㎞인 유로스타급 고속열차를 타면 한 시간 반 만에 갈 수 있지만 그 당시에는 마차로 일주일 정도 밤낮으로 달리면 여유 있게 도착할 수 있었다.

여기서 한 가지 의문이 생긴다. 그렇다면 왜 미켈란젤로의 시신을 운반하는 데 20일이 넘게 걸렸던 것일까? 왜 이토록 적지 않은 시간이 소요되었을까?

그것은 바로 야심한 밤에만 이동했기 때문이었는데, 겨울이 채 가시지 않은 2월 18일 죽음을 맞이한 미켈란젤로의 시신을 낮에 옮기면 부패할 수 있기에 이를 방지하고자 함이었고 또 미켈란젤로를 향한 서슬 퍼런 코지모 1세의 눈을 피하기 위해서였다.

이런 일을 감히 할 수 있었던 것도 바사리가 국왕으로부터 최고의 신임을 받는 예술가였기에 그의 마차는 근위병들의 검문검색 없이 성문을 통과할 수 있었기 때문이었다.

슬픈 마음으로 지친 여정 끝에 피렌체로 돌아온 바사리.

"이제 우리는 어디로 가야 합니까?"

미켈란젤로의 전 재산을 상속받은 조카 리오나르도 *Lionardo Buonarotti*가 그에게 물었다.

"산타 크로체 성당*Bascilica S. Croce*으로 가세."

"그곳은 괜찮습니까?"

"내 수도원장에게 미리 언질을 줬다네."

이윽고 도착한 성당에 시신이 운구되었고 수도사들과 그 원장이 지쳐 있는 바사리를 맞이했다.

"이제 어찌 할 셈이오?"

"모두가 화를 면하기 위해서는 국왕께 보고해야 하겠지요…."

"그럼 자네가 직접 하게나."

"제가요?"

침중한 분위기 속에 모두 의연한 얼굴로 사태를 논의하고 있었다.

"지금 국왕께서는 자네가 한동안 소리 없이 공사장을 비운 사실과 그 이유를 알고 있는 듯하네. 그러니…"

"아, 그렇습니까…."

"그래도 자네가 간청하는 일은 들어주실 게야."

"알겠습니다."

미켈란젤로는 바사리와 조카 덕분에 그토록 오고 싶어 했던 고향 피렌체에 죽어서야 돌아올 수 있었다.

하지만 서슬 시퍼런 국왕 코지모 1세에게 미켈란젤로의 장례를 허가받는 것이 결코 쉬운 일은 아니었다.

"폐하, 신 바사리가 청이 있나이다."

"바사리, 우피치 공사를 하다 말고 보고도 없이 어디로 사라졌던 건가?"

"사실, 제 스승님을 만나러 갔다가 모시고 오는 바람에 좀 늦었나이다."

"뭐라? 네게 스승이 있었느냐? 그토록 대단한 너를 가르친 스승이 누구인고? 나도 만나보고 싶군."

"사실, 제 마음의 스승은 오로지 한 분인 미켈란젤로입니다."

"뭐라? 그 놈이…. 아니 같이 왔다고? 여봐라! 당장 내 검을 가지고 오너라!"

"폐하, 황공하옵게도 그분은 이미 죽었나이다."

"뭐야? 이미 죽었어? 내 손에 죽었어야 되는데…. 그런데,

넌 대체 뭘 원하는 거야?"

"그분을 보낼 사람은 저밖에 없어서… 부디 장례를 허용해주소서."

"아… 미치겠구먼! 하지만 좋다. 내 너를 어여삐 여겨 허락해주니 그 대가로 우피치 공사는 완벽하게 끝내도록 해라!"

"성은이 망극하나이다!"

미켈란젤로는 어느 예술가보다 장수했고 89세의 나이로 생을 마감하여 피렌체 산타 크로체 성당에 바사리가 직접 깎은 석관 속으로 명예롭게 잠들었다. 이처럼 그 무덤의 화려한 장식과 기념비 건립 그리고 장례 행사는 코지모 1세의 인가를 거친 것이었다.

코지모 1세는 오랜 세월 동안 노여움으로 미켈란젤로를 벼르고 있었지만, 이미 세상을 등진 피렌체의 거장중 하나인 그의 장례를 묵인했다.

하지만 오기와 자존심으로 뭉친 거장 미켈란젤로에게는 그 생의 마감을 같이 울어줄 사람들이 많지 않았고 제자 하나 키우지 않은 빈소는 너무나도 허전했다.

"희대의 거장을 이런 고요함 속에 보내야만 하는가!"

바사리의 입에서 너무나 절박한 탄식이 새어 나왔다.

"내가 그분의 삶을 기록해두어야 한다. 그리고 후대에 길이 길이 거장 미켈란젤로의 삶을 전해야 한다."

바사리는 그동안 덮어 두었던, 자신이 기록해 온 온갖 미술과 조각 그리고 건축의 대가들 일대기를 다시 열어, 부록으로 미켈란젤로의 이야기와 자신의 이야기까지 포함하여 기록을 마무리했다.

르네상스 시대의 예술품에 대한 대중의 궁금증을 대신 풀어주고 오랜 시간이 흐른 뒤에도 작품들의 설정과 제목까지 알 수 있게 해주는 것이 바로 르네상스 시대의 시각에서 조르조 바사리가 쓴 '예술사와 그 평가'를 담은 책이다.

조르조 바사리와 그의 책

1550년 집필된 이 책은 코지모 1세를 위한 예술사 전반의 기필과 그의 업적을 기리며, 최고의 삶을 살았던 미술, 조각 그리고 건축 분야의 인재 178명의 일대기를 여섯 파트에 다룬다. 중세 시대의 예술변천사와 그 속의 핵심인물인 고딕 시대의 1240년생인 치마부에*Cimabue*부터 기술되어 예술가들의 일대기, 작품명부터 그에 얽힌 배경 이야기도 담고 있다. 그리고 가장 존경하며 마음속 스승이라고까지 칭한 미켈란젤로의 죽음으로 1568년까지를 제2부의 개념으로 묶었다. 1, 2부의 구분선은 중간이 아닌, 2부를 간략한 부록이라 여기면 될 것이다. 내용 속에는 비록 미켈란젤로를 다룬 부분에서는 객관성이 조금 떨어진다고 평가되는 대목이 있기도 하지만 그 역시 인간이기에 바사리가 가장 좋아했던 예술가였기 때문이라는 정도에서 이해할 수 있을 것이다.

이 모두를 미술사 기록의 1호라 칭할 수 있는데 그가 쓴 『Le Vite de' piu' eccellenti pittori, sculptori, e architettori』는 '최고의 미술, 조각 그리고 건축 예술가들의 삶들'이라는 뜻을 담았다. 이 책에서 바사리는, 재능 있는 많은 이들이 미술, 조각, 건축 분야에서 예술가로서의 열망을 가지고 최고가 되기 위해 무한히 경쟁하며 아낌없이 자신의 삶을 바쳤던 그 시기를 '리나쉬멘토*Rinascimento*'라고 하자고 말했다. 이는 우리 입에 오르내리는 '르네상스'의 이탈리아식 발음이며, 이 책에서 그 단어가 처음 사용된 것이다.

이 책은 1986년 한국 내 최초로 『이탈리아 르네상스 미술가전』으로 번역·소개되었고, 이 완역본의 축약한 책이 2000년 『이태리 르네상스 미술가 평전』이라는 제목으로 출간되었지만 3일 만에 품절되어 지금은 찾아보기 힘들다.

후기 르네상스를 장식하는 예술가이자 건축가였던 조르조 바사리는 1511년 7월 30일에 태어나 굴리엘모 공방*Bottega di Guglielmo di Marcillat*에서 그림을 그리기 시작했다.

1524년 열세 살 때 추기경*Silvio Passerini*의 도움으로 피렌체로 들어와 당대 최고였던 미켈란젤로와 안드레아*Andrea del Sarito* 그리고 바초 반디넬리*Bacio Bandinelli*의 공방을 돌며 허드렛일과 그 기법을 배웠다. 그리고 그때 가까이했던 미켈란젤로를 가장 이해하며 쫓아가기 위해 애를 썼다.

바사리는 로소 피오렌티노*Rosso Fiorentino*와 막상막하로 미켈란젤로 매너리즘을 계승했다고 할 수 있으며 아마 일인자 자리를 다투었을 것이다. 물론 같은 시대의 폰토르모*Pontormo*도 미켈란젤로의 영향을 받았다. 하지만 사실, 그의 화풍은 원단의 질감과 재질의 묘사에 치중하여 회화적인 요소가 레오나르도 쪽으로 기울어지므로 라파엘로와 같은 분파라고 할 수 있다.

바사리 역시 레오나르도의 원근투시법을 가장 많이 따른 라파엘로의 영향을 받고 투시각도법과 원근법에 따라 그림들을 배열하지만, 그의 작품세계에서 가장 많이 눈에 띄는 것은 과장된 근육미이며 재질의 묘사보다 색조의 변화를 각으로 처리해 면적화시켰다.

바사리는 1531년부터 5년 동안 거장 라파엘로를 느끼고 미켈란젤로와 비교해보기 위해 로마에 머물기도 했지만 결국 그의 화풍은 미켈란젤로를 표방한다.

바사리는 프레스코화 실력이 뛰어나 1567년 코지모 1세의 명으로 베쿄 궁에 있는 Salone dei 500의 천정 판넬과 미켈란젤로의 프레스코화를 마감하기도 했다. 또 피렌체 두오모 성당의 천정화 〈최후의 심판*Giudizio Universale*〉의 중심 부분을 그렸고 이 작품은 그 뒤를 이은 페데리코*Federico Zuccari*에 의해 마무리되었다.

그리고 바사리는 건축에 대한 집념과 달성도가 엄청났다. 이는 이미 시작된 1560년의 우피치 건축물을 기점으로, 1562년부터 2년 동안 재건축된 피사의 명물 카보라나 궁*Palazzo della Cavorana*, 1565년 개통된 베쿄 궁 3층 왕비 침실부터 시작한 코지모 1세의 전용 퇴근길은 신변보호용으로 바티칸의 교황 피신처인 천사의 성까지 혈로를 힌트로, 우피치를 관통하여 피티 궁까지 이어져 일명 '바사리의 통로*Coridoio Vasariano*'라 지칭되는데, 그 길은 1345년 피렌체 최초의 돌다리로, 두 개의 교각으로 세워진 베쿄 다리*Ponte Vecchio* 위를 2층으로 증축하며 연결했던 것이며, 피티 궁까지 기존 건물을 뚫고 1㎞가 넘게 이어진다. 이는 혁명으로 우뚝 선 군주의 안전한 퇴근길을 보장하고 자녀를 무려 열한 명이나 둘 정도로 왕비를 사랑하는 코지모 1세가 최단거리로 빨리 퇴근하려는 의도도 들어 있었다.

왕비를 사랑하는 코지모 1세의 마음은 각별하여 베르사유 궁의 원조라는 피티 궁전의 정원인 보볼리 정원*Giardino di Boboli*에 고스란히 남았으며, 마흔두 살에 세상을 떠난 왕비를 그리워하다 중풍에 쓰러져 5년 만에 아내를 따라간다.

왕비인 엘레오노라 디 톨레도*Eleonora di Tolledo*는 피티 궁의 첫 안주인으로 열일곱 살이던 1539년 3월의 봄날에 시집을 왔다. 그녀는 스페인 제국의 관할지역인 나폴리 총독의 임무를 맡았던 돈 페드로*Don Pedro*의 둘째딸로 엄청난 재산을 가진 가문에 빼어난 용모에 특히, 매혹적인 갈색 눈을 가진 스페인 출신이었다. 특히 화려함을 좋아해 아름다운 의상과 귀금속 등의 수집벽이 만만치 않았다고 전해진다. 부부의 첫 번째 집이기도 한 피티 궁 내부의 화려함은 바로 왕비의 미에 대한 안목과 수준을 말해준다.

남편인 국왕 코지모 1세는 신부의 눈부신 아름다움에 마중 간 그 피사에서부터 이미 정신을 잃을 정도였다고 한다.

도도했던 엘레오노라 왕비는 피렌체 시내를 항상 마차나 말을 탄 채 다니며 마차에서 내릴 때마다 레드카펫을 깔아야 걸었기에 다른 귀족 부인들의 부러움과 시기를 한몸에 받기도 했다.

특히 부부 간의 금슬이 유별났고 남편인 코지모 1세로부터 받는 사랑은 여자들의 부러움의 대상 그 자체였다. 그 무서운 국왕 코지모 1세도 엘레오노라 왕비 앞에서는 봄볕에 눈 녹듯이 사랑스러워지곤 했다.

이렇듯 부부의 금실은 대단했으나 다만 자식 운은 따라주질 않아 무려 여섯 명의 자녀가 풍토병이나 말라리아에 의해 일찍 미성년자 때 목숨을 잃었고 그로 인해 왕비의 육체적·정신적 시름이 깊어져 아까운 마흔두 살 나이에 생을 마감한다.

달콤한 사랑의 미로

피렌체가 안정되고 왕권이 어느 정도 자리를 잡아가자 코지모 1세는 점점 후사를 걱정하게 되었다.

"프란체스코. 내 너에게 가장 불만인 것이 그 계집애 같은 성격이다!"

국왕 코지모 1세는 퉁명스럽게 쏘아 붙이듯 큰아들 프란체스코*Francesco I*에게 인상을 찌푸리며 말을 이었다.

"어찌 사내자식이 그리 곱게 생겨 가지고… 거기다 좋아하는 것도…. 쯧쯧."

"아바마마, 저는 책과 예술품을 보는 것이 좋습니다."

강한 왕권을 물려받을 큰아들이 너무도 섬세한 성격을 가진데다 그 기호까지 탐탁지 않았던 국왕이었다.

"검술도 좀 배우고 해야 하지 않겠느냐?"

"네…."

"안 되겠다. 이제 스물세 살이나 되었으니 너도 국왕의 근엄함도 좀 배워야 할 것이다. 이번 길드연맹 조합회의에는 네가 나가거라!"

"네? 그것은 좀….'

답답한 마음의 코지모 1세는 다음 대권을 위해 큰아들의
교육에 촉각이 세워져 있었다.

"가서 내 칼을 가지고 한 번 뺐다가 꽂으면 귀족들이 다 너
를 무서워하게 되어 있다. 알았느냐?"

"재미있을 것 같습니다! 그건 제가 잘할 수 있는데…'

코지모 1세와 장남의 이야기 속에 끼어든 호탕한 성격의
둘째아들 페르디난도가 목소리를 드높였다. 페르디난도는 프
란체스코와는 정반대인 성격과 외모로 풍채도 코지모 1세를
꼭 닮았다. 프란체스코와 여덟 살 차이가 날 정도로 어렸지
만 그 눈빛만은 예사롭지 않았다.

이렇듯 본의 아니게 시작된 국왕의 뒤를 이을 적자의 왕세
자 수업이 시작되었다. 억지로 보내진 그 회의 속에 답답함과
무거운 분위기가 적성에 맞지 않아 계속 시간이 흐르기만을
바라던 프란체스코. 무심결에 돌렸던 시선으로 섬광 하나가
들어왔다.

그 섬광은 그의 눈을 멀게 할 그리고 인생을 바꿔 놓는 비
운의 첫사랑이었다.

지금의 우리들 중에 과연 사랑을 위해 모든 것을 버릴 수 있

는 사람이 있을까? 아니, 더욱이 목숨을 던질 사람이 있을까?

여기에서 약 500년 동안 이어진 메디치 왕조 최고의 러브 스토리 주인공을 소개한다.

그 미모가 눈이 부실 정도는 아니었다지만 비앙카 까펠로 *Bianca Cappello*는 왕자의 마음을 빼앗을 정도의 애교에 비해 그녀의 눈빛은 그다지 맑지 않았다.

프란체스코는 회의가 끝나자마자 적극적인 호기심으로 그녀를 불러 세웠다.

"그대가 나를 바라본 이유를 묻고 싶소."

프란체스코는 두근거리는 마음을 가까스로 진정시키며 말을 건넸다.

"그럴 리가요. 당신이 날 훔쳐본 것이 아니던가요? 호호!"

비앙카의 음성은 천상의 목소리처럼 왕자의 마음속으로 파고들었다. 그리고 화려한 공작새의 깃털로 만들어진 부채를 가늘게 가리며 웃는 해맑은 미소가 또다시 심장을 두방망이질하게 만들었다.

"사실, 당신의 눈빛이 내 심장을 멎게 했소."

첫만남부터 서로에게 끌린 둘은 걷잡을 수 없는 사랑의 불꽃으로 타오르게 되었다. 그 소문은 약 6개월 만에 궁까지 전해졌다.

"프란체스코. 요즈음 너에 대한 소문이 들리더구나."

"어마마마, 그게 무슨 말씀이십니까?"

이미 모든 정황을 알고 있던 엘레오노라 왕비는 고개를 갸웃거리며 아들을 바라보았다.

"다 들은 얘기가 있다. 알고 묻는 이야기니 어디 말해보거라!"

"무슨 말씀이신지요?"

"너 요즘 연애한다며? 우리 아들이 다 컸구나."

"네, 사실은…."

"어떤 여자지?"

이제 갓 스물이 좀 넘은 큰아들의 여자 소식을 듣게 되어 조금은 충격받았지만 궁금한 것이 많았던 왕비였다.

"어떻게 만나게 되었느냐?"

재촉하듯 퍼부어지는 왕비의 질문 공세에 조금 수줍었는지 프란체스코의 양볼이 빨갛게 변했고 그는 어렵게 말문을 열기 시작했다.

"그렇지 않아도 말씀드리려고 했습니다. 얼굴 예쁘고, 성격도 좋고, 몸매도 날씬하고…."

흥분된 마음으로 최대한 비앙카의 장점만을 부각시키는 프란체스코의 말을 자르는 왕비였다.

"그런 건 다 네 관심이고, 내 관심은 그 여자가 어느 가문의 여식이냐는 것이다."

"음, 그것은…."

우물쭈물 당황하는 프란체스코의 눈빛이 자신감 없는 흔들렸고, 목소리도 모기소리처럼 기어들어갔다.

"네…. 사실 베네치아의 상인 집안이라고 합니다…."

"뭐라? 베네치아 여식이라고?"

그렇지 않아도 큰 왕비의 눈이 튀어나올 듯 휘둥그레지며 소스라치게 놀랐다.

"나 역시 결혼할 때 네 아버지에게 적잖은 도움을 주었다. 너도 피렌체 왕국의 대를 이을 왕세자이니 근본 없는 여자는 아예 이야기도 꺼내지 말거라!"

왕비가 비앙카와의 인연이 일말의 가치도 없음을 알 수 있도록 단호하게 일러 주었지만, 이미 사랑의 눈이 먼 아들은 어머니의 얼굴을 빤히 쳐다보며 처음으로 대들었다.

"이미 우리는 영혼을 같이 하기로 약속했습니다! 끝까지 같이 갈 겁니다!"

모든 어머니들이 그렇듯이, 착하고 예뻤던 큰아들이 여자를 알아가며 감히 부모에게 등을 돌리면서 내뱉는 말이 왕비의 가슴을 철퇴로 맞아 피멍을 들이듯이 파고들었다.

"뭐라? 저, 저… 저놈이!"

왕비는 그야말로 뒷목 잡고 쓰러지고 말았다. 그 소식을 들은 코지모 1세가 한걸음에 달려왔다.

"아니, 왕비! 어찌된 일이오? 내 국정 업무를 보다 소식을 듣고 부랴부랴 뛰어 왔소."

"폐하, 우리 프란체스코가 제 가슴에 못을 박았습니다…. 흑흑…"

사랑하는 부인의 눈물과 탄식에 어쩔 줄 몰라 애달아하는 코지모 1세였다.

"아니, 그게 무슨 말이오? 자초지종을 말해보시오."

"각별한 사랑으로 키워온 우리 프란체스코가 여자 하나를 잘못 만나더니… 그런 여자에 눈이 뒤집혀 이 어미의 가슴에 못을 서슴없이 박아 댑니다. 흑흑…"

이런저런 이야기 속에 왕비의 눈물을 더 이상 볼 수 없었던 코지모 1세는 한 마디로 상황을 정리해버렸다.

"내 이놈을 그냥…! 걱정하지 마시오. 다른 좋은 자리를 알아보고 빨리 결혼시키면 되지 않겠소?"

저돌적인 성격의 코지모 1세는 서둘러 큰아들 프란체스코 1세를 결혼시켰다.

그렇게 프란체스코는 메마른 마음속에 깊은 사랑과 상처

를 가득 안고 원치 않는 결혼을 했다. 형식적인 결혼생활이었고 네 명의 딸을 두었지만 그는 그동안에도 틈틈이 궁을 나가 첫사랑 비앙카 카펠로와의 사랑은 계속 유지했다.

이러한 이중생활은 어느덧 7년으로 접어들면서 사건으로 비화된다.

좌. 프란체스코 1세의 첫사랑 비앙카 우. 은밀한 데이트를 구실로(비앙카의 요청으로) 프란체스코 1세가 증여한 궁

"나 축하받을 일이 있어요!"

비앙카의 집까지 마련해준 프란체스코 왕자는 둘만이 속삭이던 밀어가 달콤했다. 그날도 역시 그 집에서 데이트를 즐기다 뜬금없는 말을 듣게 된 것이다.

"무슨 말이오?"

비앙카는 대답 대신 눈웃음을 치고는 속치마 사이를 젖히며 아랫배를 보였다.

"선물은 여기 있답니다!"

"뭐라?"

비앙카가 아기를 가졌다는 말에 기쁨의 빛도 잠시, 이내 프란체스코의 마음은 무거워졌다.

'어떡하지?'

"왜 그러세요? 기쁘지 않으신 건가요? 나를 사랑한다고 했으면서… 우리 영원히 같이 하자고 했잖아요…?"

비앙카는 투정 부리듯이 잔뜩 눈을 흘기며 연신 눈시울을 적셨다.

"아니, 당연히 나는 그대를 사랑하오. 하지만 이건…."

"그럼 나는 뭔가요? 당신의 사랑을 받지만 어디다 말도 하지 못하고, 이렇게 평생을 숨어서…. 흑흑…."

"알겠소. 우리 낳읍시다!"

"그 말은… 그럼 안 낳으려 했다는 거예요? 당신의 사랑이 말뿐이었던 건가요?"

계속해서 말꼬투리를 잡고 달려들던 비앙카는 점점 본심을 드러냈다.

"정말 나를 사랑한다면, 이 아이도 궁에서 키워주세요!"

"뭐?"

당황한 프란체스코는 이 난감한 사태를 어찌 수습할까 하는 고민으로 안색마저 잿빛으로 변해갔다.

"음… 사실 궁에서…."

"안 된다는 거예요? 흑흑…. 어미가 버림받더니 자식마저 버림받는군요…. 우리의 사랑은 이것밖에 안 되었군요."

흐느끼는 비앙카를 보고 가슴이 아팠던 프란체스코가 말했다.

"좋소. 어머니께 말씀드려 보겠소."

"역시 당신밖에 없어요. 호호호."

피티 궁으로 돌아온 프란체스코 왕자는 황급히 어머니를 찾았다.

"뭐라? 아직 그 여자를 만나고 다녔다는 겁니까?"

"어마마마. 저는 지금껏 어머니가 시키는 대로 했지 않습니까! 이번 한 번만 제 뜻을 이해해주십시오."

"허, 참. 그걸 말이라고 하는 겁니까? 내 여우같은 그 여자를 그리 멀리 하라 했거늘…."

"죄송합니다, 어마마마. 세자비에게도 말씀을 좀 해주세요."

"정말 답답하군요! 쯧쯧."

이렇게 비앙카는 궁 밖에서 아이를 낳았고 그 아이는 궁 안에서의 생활을 허락받았다. 완강했던 왕비가 이를 허락해준 이유는 바로 아들이었기 때문이다. 손녀밖에 없었던 왕비에게는 메디치가의 대를 이을 손자가, 왕자가 생겼다는 그 자체가 많은 다른 골칫거리 속에 유일한 기쁨이었다. 손자는 무럭무럭 자라서 할머니를 즐겁게 했고 왕자비의 시샘 속에서도 왕비의 영향력 아래 점점 자리를 잡아갔다.

그러나 손자가 일곱 살이 넘어서면서부터는 아이를 보던 엘레오노라 왕비의 따스한 눈빛이 조금씩 식어가고 있었다.

"이상하구나…. 어찌 시간이 더 갈수록 우리 왕자의 어린 시절 얼굴이 나오지 않는단 말이냐…."

왕비의 의문은 점점 짙어 갔고 결국 그녀는 심복을 불렀다.

"아무래도 꺼림칙하구나. 너는 당장 베네치아로 출발해 1년이든 2년이든 비앙카 그 여자의 모든 것을 다 조사해오도록 해라."

"명을 받들겠나이다!"

심복은 그 길로 말을 달려 베네치아로 은밀하게 들어갔다.

그 후 약 1년 뒤에 돌아온 심복이 조사보고서를 올렸다.

"왕비마마! 큰일 났사옵니다. 어서 읽어 보소서!"

보고서에 담긴 내용은 가공할 놀라움과 분노를 자아냈다. 프란체스코 왕자와 비앙카의 만남이 계획된 '접근'이라는 사실이 밝혀진 것이다.

하지만 그 보고서의 놀라운 내용은 이것만이 아니었다.

비앙카 카펠로는 이미 열여섯 살에 결혼한 유부녀였고, 자식을 무려 여섯이나 낳은 여자였다. 더구나 7년 이상을 남편과 함께 작당하여 돈을 뜯어내는 것은 물론 순수하고 해맑은 프란체스코 왕자의 영혼까지 유린했던 것이다.

첫만남 후 집으로 돌아온 비앙카.

"여보, 오늘 저 조합장들 회의에 우연히 따라갔었어요. 그런데 거기 유난히 화려한 옷에 얼굴도 조각 같이 생긴 사람이 있었는데 아무래도 그 사람이 저에게 반한 것 같아요."

"그러고 보니 오늘 메디치가에서 왕자가 온다고 했었는데…. 그럼 당신이 본 그 사람이 프란체스코 왕자 아니오?"

"네? 그 사람이 왕자였단 말이에요?"

"그래! 이거 잘됐군. 그럼 당신은 계속 그 사람과 연애하는 것처럼 해요. 알겠소? 우리 돈이나 단단히 한 몫 뜯어냅시다!"

"호호호!"

이렇게 의도된 만남이었지만 프란체스코 왕자는 그 첫사랑을 운명으로 알고 영혼까지 함께 가기로 약속했던 의미를 가슴 깊이 새겼던 것이다.

왕비는 떨리는 손으로 보고서를 떨어뜨리며 쓰러지고 말았다.

"내 이년을… 절대 그냥 두지 않으리라!"

"왕비마마, 정신을 차리십시오!"

하지만 하늘은 이들의 운명을 주시하고 있었다.

쓰러진 왕비는 그렇지 않아도 출산 후유증으로 체력이 약해질 대로 약해졌고 많은 자녀를 두었지만 사랑스러운 첫딸은 열일곱 살에 말라리아에 걸려 운명을 달리했고 그 뒤를 이어 다섯 명의 자녀들도 말라리아와 폐결핵으로 보내야 했기에 그 마음 역시 몹시 쇠약해져 있었다.

그로 인해 삶에 대한 욕구가 사라지다시피 한 왕비는 피렌체에 시집오기 위해 첫발을 디뎠던 피사를 돌아보며 고국인 스페인을 향하려다 끝내 그곳에서 사랑하는 남편 코지모 1세를 남겨두고 세상을 떠났다.

사랑하는 왕비의 죽음은 코지모 1세에게도 적지 않은 충격을 주었고 천하를 호령하던 그 용맹함과 기백의 군주도 맥없이 주저앉고 말았다. 왕비에 대한 사랑이 너무나도 깊었기에….

그 그리움을 달래고자, 또 그때의 충격 이후로 중풍을 맞아 정신도 혼미하거니와 자신의 몸조차 가누기 힘든 국왕이 되었기에, 프란체스코 왕자는 사실상 국정을 운영하면서 선왕인 아버지를 위한다는 명목하에 스물두 살의 앳된 아가씨를 간병인처럼 두고 재혼시켰다.

하지만 이내 1574년 파란만장한 삶 속에 대국의 피렌체를 만든 코지모 1세는 역동의 세월을 뒤로 한 채 눈을 감았다.

그전부터 이미 병상에 있었던 아버지를 대신해 실제적 권력을 행사하던 프란체스코 1세는 왕위에 오르기 전부터 궁중 회의와 조합장 회의 속에 올라온 상소문에 넌덜머리를 내고 있었다. 지금의 왕세자를 위해 '비앙카의 자식을 탈궁시켜야 한다.'는 아니, 더 나아가 '화근을 없애야 한다.'는 내용을 담은 상소문들.

그 이유는 프란체스코 1세의 첫사랑인 비앙카의 아들이 궁에서 키워질 때 가슴앓이를 하던 왕자비가 하늘의 도움으로 왕자를 순산했기 때문이었다. 적통으로 봐도 그녀의 아들이 대를 이어야 하지만 먼저 태어난 비앙카의 아들이 프란체스코 1세의 총애와 그 여우 같은 비앙카의 계략 속에 왕위를 물려받을지도 모를 일이었다.

하지만 프란체스코 1세는 아들을 내치라는 신하들의 상소를 단호하게 거부했다.

"지금까지 키워온 정이 있는데다 내 첫사랑의 자식은 내 자식과 같소!"

프란체스코 1세의 변함없는 마음과 그의 첫사랑이라는 비앙카가 이를 이용해 무슨 일을 꾸몄는지, 궁을 벗어나 야외 나들이를 나왔던 왕자비는 이미 비앙카에게 매수된 심복에 의해 마차에서 내리는 순간 발을 걸어 목이 부러지며 절명한다. 그리고 석 달도 못되어 비앙카의 남편은 마차에 깔려 그 자리에서 사망하게 된다. 물론, 살인 교살자는 비앙카임이 유력시되었지만 프란체스코 왕자가 관여되었다는 설도 비중을 차지한다.

그리하여 마치 모든 일이 계획된 것처럼 기다렸다는 듯이 프란체스코 1세가 새로운 국왕이 된 날부터 정세는 급물살을 탔고 비어버린 화려한 피티 궁의 안주인 자리는 비앙카 카펠로가 차지하게 되었다. 비앙카는 드디어 그렇게 열망했던 궁으로 들어왔다.

"하하하! 드디어 멀고 먼 우리 사랑의 여정이 결실을 맺었소!"

"신이 우리의 사랑을 인정하신 거지요."

"어떻소? 그 자리에 앉으니 기분이 좋습니까?"

"왜 이러세요. 이건 원래 내 자리였습니다."

"그래, 그래. 우리 축배를 들고 뜨거운 밤을 보냅시다! 하하하!"

그칠 줄 모르는 둘의 웃음소리가 피티 궁 전체로 울려퍼지던 그때, 번뜩이는 두 눈에 노여움이 가득 찬 사람이 있었다.

바로 비앙카를 처음 볼 때부터 형의 여자로 자질이 없다고 생각했던 동생 페르디난도*Ferdinado I*였다.

"뭐라! 그 여우 같은 년이 왕비가 되었다고?"

울분을 토하며 형의 결혼식장에도 모습을 드러내지 않았던, 어린 시절부터 선왕 코지모 1세의 성격과 풍채마저 닮은 페르디난도였다.

물론, 형 프란체스코의 연애 초기부터 눈치를 채고 비앙카와의 교재를 만류 했었지만 이미 타오르는 사랑의 감정으로 그의 말은 들리질 않았었다.

"어마마마의 죽음부터 다 그년 때문에 일어난 일이다! 내 그년을 그냥 둘 수가 없다!"

이렇게 벼르고 있던 페르디난도는 선왕 코지모 1세가 정정하던 시절부터 그를 개인적으로 찾아 면담을 나누곤 했다.

"아바마마. 저는 외모도 아바마마를 닮았지만 국정 일도 정말 잘할 자신이 있습니다. 저를 좀 시켜주세요!"

"어허! 네 형이 있질 않느냐. 그래도 네 형이 딸밖에 두지 못했으니 언젠가는 그 자리가 너에게 갈 것이다. 괜히 평지풍파 일으키지 말고 기다리도록 해라!"

선왕의 말을 믿고 또한 형을 믿고 기다려 왔건만 그 여우 같은 비앙카 때문에 모든 계획이 수포로 돌아갔다. 들려온

형 프란체스코 1세의 결혼 소식 이후 늘 술에 절어 나오는 건 한숨뿐이었다. 페르디난도는 시간이 흐를수록 일어나는 분노로 비앙카의 새초롬한 눈웃음을 그냥 둘 수 없었다. 하지만 그녀는 지금 형인 국왕 프란체스코 1세의 총애를 한몸에 받고 있으니….

"아아, 이를 어찌 하면 좋단 말인가!"

더구나 왕비의 자리에 오른 비앙카는 그가 우려하던 대로 형과의 결혼 이후 1년 반 만에 형의 아들을, 진짜 왕자를 낳았다.

이 소식에 더 이상 기다릴 수 없었던 아니, 기다려도 소용이 없었던 페르디난도는 끓어오르는 분노를 더 이상 참지 못하고 심복을 불러들였다.

"여봐라! 지금 당장 그 여우같은 년의 목을 쳐버려라!"

"마마, 자중하소서! 세상 모든 사람들이 지금의 국왕이 그 여자 없이는 못 산다는 것을 다 아는데, 그년의 목을 쳤다가는 우리 목이 먼저 떨어질 겁니다."

"그렇지…. 어쩔 수 없구나…."

한참을 번민과 고민으로 잠긴 페르디난도는 작심을 한다.

"안 되겠다. 그럼 어쩔 수 없군…. 형도 함께 죽여라!"

결국 그들의 러브스토리는 비극의 종착역으로 달려갔다.

1587년 10월 어느 날 밤. 프란체스코 국왕 내외는 침대에서 싸늘한 주검으로 발견되었다.

물론 통념상 말라리아에 걸려 며칠 사이로 운명했다고 전해지지만 야사에는 피렌체 대학의 독물학*Tossicologia* 교수의 부검으로는 사인死因이 독극물에 의한 타살로 기재되고 있다.

선왕 코지모 1세의 용맹과 그 기상으로, 둘째아들인 페르디난도 1세의 등극이 새 시대를 열었다. 위풍당당한 풍채며 모습도 코지모 1세와 닮았지만 가장 비슷한 것은 왕권 강화를 향한 의지와 국력 신장에 대한 포부였다. 그것이 바로 해양제국의 기틀을 더욱 확고히 다지는 기반이 되었다.

선왕 코지모 1세의 위업이었던 피사*Pisa*의 점령 이후, 페르디난도 1세는 피사 밑의 리보르노*Livorno*를 명실상부한 제1의 항구가 될 수 있도록 제반시설을 확충하여 피사 항을 능가하는 전략적 요충지로서의 면모를 갖추게 했다.

리보르노 항은 해양교통의 요충지로, 지금도 유럽의 초대형

잠볼로냐의 페르디난도 1세(1602)

호화유람선인 크루즈 선박들의 용이한 접안시설과 교역을 위한 3,500톤의 이동시스템이 최고라고 평가되며, 산업항과 관광항을 겸한 허브항 이상의 매력을 가지고 있다. 또한 그 운용과 청결한 관리를 배우기 위한 각 나라의 해양수산청 관료들의 견학이 수없이 이루어질 정도이다.

거듭나는 메디치가의
열정과 힘

국왕이 된 페르디난도 1세는 새로운 국왕의 탄생을 알리고 외교적 입지를 확고히 하기 위해 프랑스에 급히 전갈을 보냈다.

"안녕하십니까. 저는 형이었던 프란체스코 1세의 갑작스런 죽음으로 왕이 된 페르디난도 1세입니다."

"뭐라? 무슨 사고로 그리되었는가?"

"크게 중요한 것은 아니니 아실 필요는 없습니다. 참, 제 즉위 기념으로 선물을 보내드리려고 합니다."

"그렇군. 아무튼 감축드리네. 그런데 선물을 무엇으로 준비하시는가?"

새로운 정부의 탄생으로 새 국면을 맞이하는 힘의 제국 프랑스가 재력의 국가 피렌체가 새로운 밀착관계를 형성하는 순간이었다.

"사실 우리야 있는 게 돈밖에 없지 않습니까. 하하하!"

"그야 그렇지. 어느 국가가 피렌체의 재정을 따라가겠는가? 허허허."

"그래서… 금화 40짝을 마차에 실어 두었습니다. 하하…."

어마어마한 금액이었기 때문에 분명 프랑스 국왕이 크게 기뻐할 것이라고 기대한 페르디난도 1세의 호탕한 웃음이 채 끝나기도 전이었다.

"또 돈인가?"

"그 무슨 말씀인지…?"

"사실 지난번에 받은 돈도 아직 많이 남았네. 그래서 말인데… 이번에는 돈보다도 다른 것으로 주면 안 되겠나?"

아니 돈보다 더 좋은 것이 무엇이란 말인가?

그렇다. 상대는 프랑스의 군주 앙리 4세이다. 제위기간 동안 그의 수많은 여성 편력은 지금도 혀를 내두를 정도로 유명하다. 그의 재위 기간 동안 프랑스의 많은 귀족들이 궁중 무도회에 아내들을 데리고 갈 수 없었다고 할 정도였다. 만약 그 국왕의 눈에 띄면, 어김없이 보채기 시작했던 것이다.

"어이, 자네 아내 좀 내게 소개해주지 않겠나?"

그리고 나면, 어김없이 그 다음날 남편을 찾을 수가 없었다 한다. 그 이유는 바로 군주가 전쟁터로 출장 명령을 냈기 때문이다.

그런 사연을 전해 들었던 페르디난도 1세는 말을 바꾸기 시작한다.

"음…. 그럼, 말 나온 김에 금 궤짝들은 그대로 드리고 아가씨도 준비할까요?"

그제야 앙리 4세의 웃음소리가 피어올랐다.

"사실 내가 왕비와 헤어진 지 오래되지 않았는가. 제대로 된 아가씨를 보낸다면 왕비의 자리를 주는 것도 생각해보겠네."

"아, 좋습니다! 잘됐군요. 저희 조카딸들이 다 미인입니다."

"오! 그래?"

"그럼요! 골라 보시지요."

"아니 이 사람아, 나보고 고르라고 하면 어쩌나? 알아서 챙겨 줘야지. 하하! 그런데 참고로 나는 어린 사람이 좋다네. 호호…."

그는 누구인가?

1572년 8월 프랑스에 일어난 비극적인 사건, 산 바르똘로메오 축일 대참사에서 살아남았던 그, 가톨릭 정교회의 봉기로 일어나 개신교 3만 명이 학살당했던 그 비극 속에 신혼의 달콤함을 보기도 전에 죽음을 당할 뻔했던 그, 당시의 새 신부였던 마르게리타 공주가 기지를 발휘해 살려준 바로 그 왕자가 아닌가!

그러나 개신교의 첫 번째 왕이 되는 앙리 4세는 그때 자신의 목숨을 살려준 부인이자 카톨릭 정교회 소속인 마르게리타 공주를 매정하게도 소 닭 보듯 했다. 특히 살아남기 위해 대장부가 거짓으로 종교를 개종했던 기억은 물과 기름처럼 현실과 융화되지 못했으며 공주의 고충과 노력을 따스하게 보지 않고 결국 별거에 이르게 했던 것이다. 그리고는 방탕한 생활로 모든 여성들을 탐했다.

그렇게 프란체스코 1세의 넷째딸 마리아*Maria de' Medici* 공주가 선택되었다. 그 새파랗게 질린 낯빛이라니…. 어찌 가련치 아니할까.

1600년 12월, 삼촌인 페르디난도 1세의 지원 하에 성대한 결혼식이 유럽 제1의 피티 궁에서 치러졌고, 그녀는 불과 일주일이 조금 지나서 프랑스로 떠나게 되었다. 이 마리아 공주가 우리에게 전하는, 진짜 프랑스 왕비의 호칭을 받고 결혼한 메디치가의 공주이다.

하지만 급박한 일정 속에 마리아 공주는 신부수업은커녕 언어도 다 배우지 못한 채 결혼했다.

프랑스에 도착한 새로운 왕비에 대한 예우로 성대한 무도회가 개최되고 많은 귀족들과 그들의 부인이 왕비인 마리아 공주에게 인사말과 문안을 여쭈었다.

마리아 공주의 결혼식(1610)

낯선 얼굴들 속에, 알아듣지 못하는 언어에, 왕비는 식은 땀이 나고 긴장감은 이루 말할 수 없어 당황한 빛이 역력했다. 억지로 알아듣는 척하며 미소로 할 수 있는 말이라고는 고작 '봉주르.'뿐, 또 다른 질문에도 역시 '봉주르.'라고밖에 할 수 없었다.

귀족 부인들이 부러움으로 모른 척 험담을 건네도, 아니 친근하게 접근하려 해도 언어가 능통하지 못해서 가까워지는 이 없이 마리아 공주는 점점 외로워졌고 피렌체에 대한 향수병을 앓았다.

그래도 언어 실력은 시간이 흐르면서 조금씩 향상되었지만, 지금까지의 부족한 모습 때문에 대화를 하거나 비위를 맞춰준 이들이 궁의 아부 떠는 내시들밖에 없었다. 그나마 언어 실력이 늘면서 그 속에서 많은 대화가 이루어졌지만 결국 그 내용이 문제가 되고 말았다.

바로 왕비로서 입에 담지 말아야 할 내명부의 이야기들과 귀족들의 뒷담화를 즐겁게 하고 다닌 것이 화근이었던 것이다.

"백작님, 어제 사건 아십니까?"

결국 긴급으로 소집되는 귀족들의 음성적인 회의 안건으로 그 문제가 거론되기 시작했다.

"무슨 일이…?"

"어제 제가 아는 궁인에게 들었는데, 새로운 왕비가 조금 이상합니다."

"그게 무슨 말입니까?입

"아니 글쎄, 왕비가 분위기 파악도 못하고 우리 귀족들의 뒷담화를 한다지 뭡니까!"

"뭐라고요?"

"이러다간 안 되겠습니다!"

"좋소. 우리 언제 그 왕비 손 한번 봐줍시다!"

여러 번에 걸친 프랑스 왕조의 교체는 그 주변 귀족들의 힘과 권력에 대한 집착과 힘을 모으고 있는 개신교도 Protestante(위그노)와 가톨릭 정교회의 충돌이 있었던 시기로 교황의 권위에 도전할 수 있는 음모와 암살이 비일비재하게 일어났다.

이러한 시기에 앙리 4세는 개신교의 첫 왕으로써, 두 파 간의 회합을 꾀하기 위한 배려로 결혼하여 옥좌까지 받았지만 이내 변절하여 개신교도들에 대한 학대를 더 이상 참지 못하고 낭트칙령을 선포해 개신교를 공인한다.

이렇게 유럽에서 처음으로 시도된 개신교 인정 사건은 가톨릭 정교회의 수장인 교황에 정면 대항하는 것이었으므로 사태는 긴박하게 돌아갔다. 눈이 뒤집힌 정교회 소속 귀족들의 움직임에 앞 다투어 밀서들이 교황청과 오갔다.

그리고 급기야 비극은 터지고야 만다.

밀서를 받은 자객은 마차를 타고 지나가는 앙리 4세를 그대로 찔렀고 그는 1610년 4월 17일, 나이 56세에 생을 마감

56살에 암살당하는 앙리 4세(1610)

했다. 이때가 마리아 공주가 시집온 지 10년째 되던 해였는데 이미 그녀의 품에는 여섯 명의 자녀가 있었다.

국왕의 갑작스런 죽음은 권력으로 향한 시선의 귀족들에 더할 수 없는 기회와 위기의 시간이 되었다. 마리아 왕비는 또다시 휘몰아친 왕권 쟁탈전 속에 국왕이 없는 자신을 끌어내려 탈궁시키려는 세력들과의 충돌로 피신해야 했다.

그 피비린내 나는 회오리를 잠재운 어느 날, 그녀에게 황금마차가 도착했다.

"왕비마마, 이제 다 준비되었나이다. 어서 궁으로 오시라고 합니다."

"그래, 어서 가자."

요란한 말발굽 소리와 함께 마차가 궁에 도착하니 여덟 살 난 어린 꼬마가 정문 앞에 왕관을 쓰고 기다리고 있었다. 바로 그녀의 큰아들 루이 13세*Luiggi XIII*였다.

그렇게 마리아 왕비는 재기에 성공하여 대왕대비가 되었고 정국은 새로운 국면을 맞이했다. 그녀가 어린 아들을 대신해 모든 권력을 받아 섭정의 진정한 진수를 보여주며 자신을 비난했던 귀족들을 다스리게 된 것이다.

마리아 왕비는 메디치가의 공주답게 예술에 대한 남다른 관점과 애착으로 바로크 시대의 최고의 그림쟁이를 불러들이게 했다.

"루벤스, 자네가 그림 그리는 솜씨가 최고라고 들었네."

"과찬이십니다."

"아니야. 그대의 실력이 최고라니 나를 좀 그려줬으면 하는데… 최대한 아름답게 말이지. 알겠나?"

"네, 마마. 여부가 있겠습니까."

"시간이 나면 내 남편도 좀 그려줬으면 좋겠군."

여기에서 우리는 바로크 시대를 연 거장 루벤스*Pieter Paul Rubens*의 작품 속에 자주 등장하는 왕비가 바로 중년의 마리아 공주라는 것을 알 수 있다.

특히 루벤스의 야심작인 〈승리 *il trionfo*〉는 마리아 왕비의 남편인

루벤스가 그린 마리아 공주

앙리 4세가 갑옷으로 무장한 채 전차를 타고 싸우는 역동적인 모습이 환상적으로 표현되어 있으며, 터치기법의 남성미와 웅장미를 더해 바로크 미술의 대명사로 불린다. 이 작품 역시 후대에 메디치가의 열정과 상속 의지를 승계하며 국민에게 환원한다는 약정으로 군권을 이은 합스부르크가의 계보인 로레나 가문의*Asburgo-Lorena* 레오폴도 2세*Leopoldo II*에 의해 1800년 초 프랑스로부터 매입해 현재 피렌체의 우피치 미술관이 소장하고 있다.

다시 말해 떳떳치 못한 프랑스의 루브르 박물관에 반해 자긍심으로 대단한 피렌체 소장의 모든 예술품들은 메디치 왕조가 지금껏 다 돈을 지불하고 산 것이기에 피렌체의 유물과 명화들을 돌려 달라는 나라는 없다.

우리가 알고 있듯이 마리아 왕비의 손자는 1680년 프랑스가 자랑하는 베르사유 궁전을 건립하는 루이 14세*Luiggi XIV*로, 그 궁 역시 할머니의 나라인 피렌체 최고의 궁, 피티 궁을 모방하며 지어졌다. 하지만 원조를 못 쫓아가는 궁궐과 정원의 아쉬움이란 이루 말할 수 없다. 정원의 규모는 비슷하게 흉내 낼 수 있어도 르네상스 시대 최고였던 메디치가의 자본력과 그들에 의해 키워진 천재들이 없었던 상태에서 지어진 것이 베르사유 궁이다. 이 사실 하나만으로도 어떤 궁이 화려함의 원조인지는 자명하다.

르네상스 최고였던 피렌체 문화를 스펀지처럼 빨아들인 프랑스 문화는 아직까지 고품격 피렌체를 찾는 유럽의 관광객들 중에 다수가 프랑스인일 수밖에 없는 이유이기도 하다.

1600년대 바로크 시대를 맞이하는 과도기 르네상스 속에서 천재성을 표출하는 이가 또 있었다. 그가 바로 1571년생 카라바조*Caravaggio*이다. 본명은 '미켈란젤로 메르시*Michelangelo Merisi*'. 하지만 약 100년 전의 천재 미켈란젤로와 헷갈려 그의 지역 명칭인 카라바조라고 지칭되는 사람, 그의 운명은 너무나 드라마틱하다.

카라바조의 아버지는 밀라노 출신의 유명한 화가로 1571년 1월에 결혼했고 임신 후 결혼했던 터라 카라바조는 1571년 9월에 태어나 세례를 받았다. 그 역시 물려받은 화가의 피는 속일 수 없었는지 선천적 재능이 천재라 불릴 만했다.

카라바조네 가족은 1577년 전염병 페스트에 놀라 밀라노로 이사했다가 1584년 카라바조 지역으로 돌아왔는데, 같은 해 그의 어머니는 카라바조를 그 시기 최고의 띠찌아노*Tiziano*의 매너리즘으로 달관하는 시모네 빼테르자노*Simone Peterzano* 공방에 입문시켰고 그는 밀라노 두오모 실내공사에 참여하게 되었다. 그때 나이는 불과 13살이었다.

탁월한 실력으로 관심을 받은 카라바조는 보수를 받았던 5년의 계약기간을 마치고는 재계약 요청도 거절하고 로마로 향했다. 그리고 새로운 땅에서 라파엘로의 행적을 따라 그의 문하생들의 실력들을 담아가며 많은 거장들의 발자취를 견문·수학했다.

그런 후 다시 자신의 그림세계의 원조인 띠찌아노의 고향 베네치아*Venezia*로 향했다. 천재 라파엘로의 정밀묘사와 견주던, 빛의 인위적 표현으로 증폭되는 질감의 극대화를 실현한 최초의 화가인 베네치아의 천재 띠찌아노를 가슴으로 만난 것이다.

카라바조는 라파엘로의 정밀묘사와 인위적으로 빛을 표현하는 띠찌아노의 화풍을 절묘하게 융합하여 죽기 전까지 사실주의적 작품을 그렸고 고집했다. 이것이 그가 리얼리즘 *Realismo*의 효시가 되는 이유이다.

카라바조는 빛을 직접 표현하는 것이 아닌 어두운 배경을 이끌어 내어 빛이 더 밝아 보이도록 역으로 보여주는 기법을 썼다. 그래서 그의 작품은 어둠이 짙게 깔린 상태에서 조명을 비춰줄 때 더욱 탄성을 자아낸다.

띠찌아노의 〈봄의 여신〉(1515, 피렌체 우피치 소장)

그는 더욱이 목을 자르는 듯한 형상의 성서 이야기를 선호하여 고통과 죽음, 배신, 보복 등의 인간들의 숨겨진 감정을 적나라하게 보여주며 관람자들을 멈추게 하는 섬　함을 표현한다.

베르가모*Bergamo*를 경유하여 다시 로마로 향한 카라바조는 1549년 22살 약관의 나이로 이미 최고 반열에 올라 있었다.

하지만 점점 괴팍해지는 그의 성격 탓에 밀라노를 떠나올 때부터 폭행사건에 휘말리기 시작했고 점점 더 큰 사건을 벌이면서 앞으로 이어질 인생의 비극을 예고했다.

카라바조는 취중에 불량 청소년들과 시비가 붙어 첫 번째 살인을 저질렀고 급기야 로마에서는 예술가 조반니*Giovanni Pietro Bellori*를 살해하고 만다. 그리고 자신의 연인과 부적절한 관계가 있었던 회계사까지 죽였다. 폭력적으로 변해가는 그의 품성은 잔인한 자신의 그림을 닮아 가고 있었다.

도피생활 끝에 다시 찾은 로마에서 카라바조는 자신과 대등할 정도로 실력이 성장한 같은 화풍의 오라치오 젠틀레스키*Orazio Gentileschi*와 오노리오 롱기*Onorio Longhi* 등 몇몇의 화가들과 연대하여 예술적 열망을 더 자극받기도 했다.

하지만 곧 같은 부류의 화가 중 조반니 발료네*Giovanni Baglione*에게 명예훼손으로 기소되어 구금형을 받았고 전의 회계사 살인 혐의까지 불거져 1605년 제노바로 도망쳤다.

그러나 또 얼마 가지 않아 밀린 월세 때문에 창문으로 도주하며 자신을 기소한 조반니 발료네를 향한 복수심을 품고 로마로 돌아갔다. 그곳에서 시비가 붙은 끝에 칼을 쥐고 넘어지는 바람에 카라바조 자신이 상해를 입었고 육체적·정신적으로 무너지고 말았다.

또한 비극이 서서히 시작되던 1606년, 그는 옛 테니스 경기에 참가했다가 죽음을 생각할 정도의 큰 상처를 입게 되었다.

카라바조는 나폴리를 경유하여 시칠리아까지 도주와 그림 작업을 반복하며 숨 가쁜 시간을 보냈지만 체력 고갈과 상처로 인한 후유증은 그를 더욱 지치게 했다.

하지만 시칠리아에서도 그곳의 귀족인 기사의 명예를 손상했다는 죄목으로 목숨을 걸고 도주할 수밖에 없었고 결국 그는 나폴리로 돌아오게 되었다.

그리고 그 이듬해인 1610년 7월, 카라바조는 뜨거운 햇볕이 내리쬐는 토스카나 남부 그로쎄또*Grosseto* 지역 해변에서 변사체로 발견되었다.

카라바조는 연쇄살인범이라는 악명을 남기기도 했지만 그가 남긴 작품들이 가진 예술적 가치의 위대함은 당시 바로크 시대를 대표하는 또 다른 최고의 화가인 루벤스까지 그의 작품을 살 정도였으며 세간의 이목을 집중시켰다.

또 그의 가치는 2차 세계전쟁 후 대두되는 사실주의의 원
조로 최고조로 증폭되었고 현재는 루벤스 그 이상의 천재라
고 평가되기도 한다.

카라바조 죽음 이후에는 동 시대에 활동했던 리얼리즘의 대
가인 오라치오*Orazio Gentileschi*의 딸이 또 다른 주목을 받았다.

여성으로서 세계 최초로 붓을 든 아르테미시아 젠틸레스
키A*rtemisia Gentileschi*. 피렌체 출신 화가 중 그 실력이 다섯 손
가락 안에 든다는 아버지의 피를 제대로 물려받아 아르테미
시아 역시 천재적인 재능을 보였다.

하지만 당시는 아직도 여성의 지위가 몹시 낮았다. 길드연
맹의 기술력이 세상을 르네상스로 바꾸는 힘을 가졌던 시기
였지만 여성들은 천재성을 갖고 있는 귀족의 딸이라도 창작
활동에서 철저하게 배제되었다.

피렌체로 합병된 피사 출신의 오라치오는 피렌체에서 손에
꼽히는 이름 높은 화가로 로마의 여러 주문을 받아가며 그의
예술적 역량을 쏟아냈다.

1593년 7월 8일 딸인 아르테미시아가 태어났고 아버지의
사랑을 듬뿍 받으며 자랐다. 그녀는 유난히 아버지의 피를

많이 받아 그림에 대한 남다른 즐거움과 욕망을 가졌다.

하지만 여성들은 예술활동에서 제외되는 당시 시대 분위기상 아르테미시아의 아버지 역시 그의 뒤를 이을 후계자로서 아들들만 열정적으로 교육했고 딸의 취미와 재능에 많은 관심을 갖지 않았다. 이미 르네상스의 예술적 열정이 바로크 시대를 열었고 예술가들의 지위는 그 어느 때보다 높아져 있었다. 아르테미시아의 아버지는 아들들에게 그런 자리를 마련해주고자 했던 것이다.

하지만 가슴에서 밀려드는 그림에 대한 갈망으로 소녀 아르테미시아는 아버지의 후원 없이 미술재료 역시 구하지 못해서 식탁보를 이용하여 캔버스를 만들어가며 오빠들의 그림을 어깨 너머로 배웠다.

그러던 어느 날, 아버지는 우연히 그녀의 그림들을 보고 경이로움과 대견함을 느끼게 되었다.

"이걸 정말 네가 그린 것이냐?"

"죄송해요…. 그림을 너무 그리고 싶어서 식탁보를 망쳐 났어요."

"아니다, 애야. 내가 미안하구나! 너 정말 제대로 한번 해보겠느냐?"

"아! 정말요?"

"그래! 이 세상 최초의 여성화가가 되는 것이다! 아니지. 어차피 할 거라면 최고가 되도록 하자구나!"

아르테미시아는 아버지의 적극적인 가르침으로 열네 살 때는 오빠들을 제치고 아버지의 선임 보조로 발탁되었으며 더 나아가 아버지의 기대와 권유로 준비된 실력을 바탕으로 최고의 피렌체 미술학교에 원서를 넣었는데 포트폴리오를 본 원장은 그녀를 장원으로 합격을 통지했다.

설렘과 기쁨으로 면접을 위해 아버지와 함께 피렌체 미술학교로 달려간 아르테미시아였지만 그날은 결국 울고불고 눈물의 하루가 되고 말았다.

"여성이었나요? 그러면 규정상 안 됩니다! 입학은 없었던 것으로 하겠습니다."

"뭐요? 이 아이의 실력을 보고도 입학을 취소한다고요?"

"미안하지만, 입학이 안 됩니다."

단호한 거절에 아버지의 분노는 딸아이의 눈물과 함께 극에 달했다. 그는 딸의 마음을 달래주기 위해 약속했다.

"애야, 울 것 없다. 이 따위 학교는 다닐 필요도 없다. 가자! 내 너를 최고로 키워 주마! 아니, 나보다 더 월등한 스승을 소개해주마!"

아버지의 호언장담에 아르테미시아는 울음을 그치고 집으

로 돌아왔다.

그 후 시간의 흐름 속에 초조해진 아르테미시아는 시시때때로 아버지를 채근했다.

"아버지. 도대체 언제 내 스승을 소개해주실 건가요?"

"음…. 내 최고를 고르고 있으니, 조금만 더 기다리도록 해라."

그러던 어느 날 희소식이 들려왔다.

"애야, 이제 됐다! 네 스승이 될 사람이 나와 공조작업을 하기 위해 로마로 온다고 하는구나."

"와! 정말인가요? 아버지 최고!"

몇 달이 지난 1610년, 피렌체에서 베네치아의 까날레토와 견줄 만한 거장 타시_Agostino Tassi_가 왔다. 그는 야외로 나가 그리는 사실 풍경화를 미술에 본고장 피렌체에서 처음으로 시작했고 채색감마저 최고였으며 사실 풍경화의 정밀기법 대가였다.

"안녕하십니까. 저는 이번에 작업을 같이 하게 된 오라치오입니다. 피렌체는 어떻습니까?"

오라치오가 조금은 비굴해보일 정도로 다정하게 말을 걸었다.

"뭐 크게 다르겠습니까?"

타시의 냉랭함과 건방짐이 오라치오의 기분을 조금 상하게 했지만, 그는 그래도 딸을 위해 계속 말을 걸었다.

"저… 이번에 공조작업을 해보시면 아시겠지만, 요즘 로마에서 기량들이…."

"이보시오! 제가 뭐 배우러 왔겠습니까? 피렌체를 떠나신 지 오래되어 잊으셨나 본데, 아마 제 테크닉을 따라 하시게 될 겁니다. 아무튼 너무 베끼지만 마시오!"

잘난 척하며 은근히 비아냥거리는 타시가 슬슬 기분을 상하게 했지만, 오라치오는 유대관계를 좋게 해두기 위해 그의 로마 출장기간 동안 배려와 후원을 제안하며 딸의 장래를 위한 말을 건넸다.

"저… 작업을 하다가 여유 있는 시간에 제 딸아이 교육을 좀…."

자존심을 내려놓으며 운을 떼자,

"내가 그렇게 한가해보입니까? 딸년을 그림 시킨다고? 지나가는 개가 웃겠네…."

오라치오는 일그러지는 얼굴 표정을 애써 감춰가며 애원하듯 매달렸다.

"에이, 그러지 말고 딸아이의 실력을 보면 그런 말은 못할 것입니다! 면접이라도 치뤄 주심이… 그리고 나면 그런 말씀은 못할 것입니다."

"어허, 나 원 참!

자리를 털고 일어나 가버리는 타시의 뒷모습에 자존심이 상한 오라치오는 터덜터덜 집으로 돌아오고 말았다.

집으로 돌아오자 기대감으로 아버지의 귀가를 기다렸던 아르테미시아가 물었다.

"아버지. 어찌 되었어요? 그 사람 어떤가요? 실력은 좋아요?"

"만나봤지. 실력은 좋은 것 같더구나! 아주 자신감이 배 밖으로 나오더구나!"

"그럼 전 언제부터 가면 되나요?"

오라치오가 조금 당황한 기색으로 말했다.

"애야. 그 사람 실력은 좋은데 성질은 아주 되먹지 못했더구나. 나 참, 더러워서…"

"그게 무슨 소리에요?"

"사실… 말은 꺼냈는데 확답은 받지 못했구나. 그러니 네가 직접 한번 만나서 부탁해보겠느냐?"

"네…"

"가서 네 실력을 그냥 보여주라는 말이다! 알겠느냐?"

아버지의 말에 용기를 얻은 아르테미시아는 화구통을 챙겨들고 그동안 그렸던 그림들을 들고 타시를 방문했다.

여성이 남성의 누드화를 그릴 수 없는 시대, 하지만 아르테미시아는 남성미 넘치는 근육의 아름다움을 담아 보고 싶어 아버지 몰래 그동안 동네에서 약을 하는 청년 몇몇을 꼬드겨 은밀한 장소에서 그들의 모습을 그리곤 했다.

마음을 굳게 먹은 아르테미시아는 거침없이 타시의 숙소 문을 두드렸다.

"안녕하세요. 저…"

그녀는 타시가 생각보다는 조금 젊다는 것에 놀랐고 그 눈빛이 조금 진하다는 생각이 들었다.

"누구?"

"제 아버지가 가보라고 해서요…"

"네 아버지가 누군데?"

"젠틸레스키 가문이에요. 오라치오…"

"아, 그 영감? 그럼 아르테… 뭔가 하는 그 딸?"

"네. 제가 아르테미시아입니다."

"그러고 보니 얘기는 들었다만…. 이렇게 예쁘다는 얘기는 안 했는데…. 일단 들어와 봐."

타시의 진한 눈빛이 유난히 꿈틀대며 입가에는 살짝 의미심장한 미소가 번졌다.

아르테미시아는 떨리는 마음과 어떻게든 오늘 단판을 지어야 한다는 생각으로 숙소 안에 들어갔다. 조금 매캐한 냄새와 유화 특유의 기름 냄새가 방 안을 가득 메워 묘한 마음이드는 동시에 휘발성 냄새와 함께 약간 몽롱해졌다. 아르테미시아는 어지러운 정신을 간신히 부여잡고 타시가 마련해준탁자에 화구통을 내려놓으며 그림 그릴 준비를 했다.

"뭐하냐?"

"아, 제 그림 실력을 보여드리려고요."

"아버지에게 못 들은 건가? 나는 계집애들이라면 면접도,제자도 필요 없는 사람이야."

"그래도, 잠깐이라도 시간을 내주시면…."

"내가 언제 실력을 보자고 했나? 뭐… 하지만 네 얼굴이 예쁘니 안 될 것도 없지!"

"그럼….'

"아니다! 지금 그릴 필요가 뭐 있나? 가지고 온 것이나 보여줘 봐."

아르테미시아는 조금 두근대는 가슴으로 그림들을 펼쳤다. 그리고 그 그림들은 타시를 경악하게 했다.

"너 이런 것을…."

누드화들은 적나라하게 남성의 심벌까지 세세히 다 표현하고 있어 민망함까지 일렁였다. 그 당시는 여성은 그림도 그릴 자격이 되질 못했거니와 더욱이 남성의 누드화를 그린다는 것은 교황청 군사에 잡혀가 고초를 겪을 수 있었다.

하지만 아르테미시아는 남성미를 너무나 그리고 싶어 아버지 몰래 상태가 조금 좋지 않은 동네 청소년들에게 사탕을 하나씩 물려주며 그려봤던 것이다.

"이게 뭐야! 신고하기 전에 다 집어 처넣어!"

하지만 타시의 놀라움을 담은 시선은 이내 곧 끈적한 눈빛으로 변했고 그는 아르테미시아에게 점점 가까이 다가갔다.

"너 이런 걸 좋아하는 거냐?"

열일곱 살의 아르테미시아는 움찔 물러섰다.

"그런 눈으로 보지 마세요! 전 당신이 생각하는 에로티시즘을 추구하는 것이 아니란 말이에요!"

그녀는 단호한 어조로 정신으로 차리고 또박또박 말했다.

"저는 그냥 남성미의 아름다움을 표현하고자 할 뿐이니 당신은 그림이 어떤지만 얘기해주면 되는 거예요!"

그러면서 혹시나 하는 마음으로 말을 이었다.

"혹시 내 그림을 보고 실력이 의심된다면, 그러기 전에 제 모델들을 의심해주세요! 사실 제가 그동안 그린 남자들은 모두 상태도 몸매도 별로여서…. 혹, 당신의 몸매가 모델 같으니 만약 날 위해 벗어준다면 최고로 그릴 수 있어요!"

이런 당돌함 때문이었을까? 아니면 또 다른 이유가 있었을까?

"좋아. 네가 정 그렇다면 한 번 해볼까?"

타시는 스스럼없이 알몸으로 되다시피 침대에 드러누웠고 아르테미시아는 그동안 그려보고 싶었던 카라바조의 명작인 목을 따는 형상의 성서장면인 살해된 남편의 복수와 나라를 위해 살인을 한다는 쥬디따*Giudita'*(유디트)의 성서 장면을 연상할 수 있는 포즈를 부탁했다. 하지만 의도된 것이었는지 어쨌는지 사고는 여기 터지고 말았다.

아버지의 자존심을 세우기 위해서라도 최선을 다해 실력을 보여주고 싶어 몰입하며 다가서는데,

"자꾸 움직이니 그리기 힘들잖아요! 팔을 이렇게 미는 것처럼 해보세요."

반라로 누워있는 타시에게 다가선 아르테미시아의 스킨십으로 이미 얼굴이 붉게 달아오른 타시는 싱그러운 내음에 그녀의 매력에 빠지며 넘지 말아야 할 선을 넘고 만 것이다. 타시와 그녀의 나이 차이는 열두 살이었다.

아르테미시아는 놀라움과 두려움 그리고 수치스러움으로 흐르는 눈물과 함께 화구통도 챙기지 못하고 달려 나왔다.

놀란 가슴으로 집으로 뛰쳐 온 아르테미시아는 방문을 굳

게 닫은 채 열흘 내내 울었다. 오라치오는 딸의 흐느낌 소리에 면접을 치르며 자존심이 상했을 것이라 생각했지, 그런 일을 당했다고는 상상도 하지 못했다. 그래서 '내가 괜히 그 놈에게 가보라고 해서 자존심만 상했구나.' 하고 자책하며 시간이 흐르면 조금씩 기운을 차리겠지 싶어 그대로 못 본 척 혼자 있도록 배려했다.

흐느낌의 피눈물은 점점 가슴의 멍으로 자리 잡았고 어금니에는 새롭게 힘이 들어갔다.

'내가 이렇게 울어본들 무슨 소용일까. 하지만 그 보상을 위해서라도 그자의 테크닉은 뺏어내야겠어! 그리고 그걸 다 배웠을 때 내 순결을 뺏은 앙갚음으로 그자를 칼로 찌를 거야…'

아르테미시아는 얼음 같은 냉철함과 강인함으로 화구통을 다시 챙겨 타시의 방문을 두드렸다.

'혹시 성폭행범으로 신고했을까? 아니면 나와의 사랑을 잊지 못해 다시 찾아왔나?'

어지러운 생각으로 문을 연 타시는 제자로 받아달라는 말에 두말 않고 그녀의 손을 잡아끌었다.

이렇게 최초의 여성 제자가 된 아르테미시아는 아버지보다 실력이 뛰어난 것은 물론 나이도 더 젊은 스승과 함께 생활하게 되었다.

오라치오는 그런 사연도 모른 채 딸이 제자로 받아들여졌다는 흐뭇함으로 아르테미시아에게 몸종을 붙여 타시 집 공방에서 기숙하도록 했다.

억하심정으로 타시에게 다가섰던 아르테미시아는 시간의 흐름 속에 스승의 희생적인 가르침과 계속된 구애로 마음이 조금씩 열려 둘의 부적절한 관계는 계속 지속되었다.

그러나 반년이 넘어가며 서서히 소문은 동네를 돌아 오라치오의 공방까지 전해졌다.

어느 날, 귀족 하나가 오라치오의 공방 문을 거칠게 열고 들어오며 말했다.

"오라치오, 당신! 요즘 너무 바쁜 척만 하는 거 아니오?"

"아무래도 유명세가 좀 있으니까 바쁘긴 한데, 뭘 주문하시려고요?"

그 귀족은 조금 언짢은 기색으로 반문하는 오라치오를 다그쳤다.

"아니, 시간 좀 내서 당신 딸 좀 챙기시오!"

"그게 무슨 말입니까? 내 딸은 최고의 스승을 만나 최초의 여성화가가 되기 위한 수련을 하고 있소만…"

"그놈의 스승이 밤일까지 가르쳐 준다고 소문이 파다하다

네! 둘이 그렇고 그런 사이고, 당신 딸은 몸까지 팔아가며 미술 배운다고 동네에 소문이 다 퍼졌어!"

소스라치게 놀란 오라치오가 분노로 귀족의 멱살을 잡았다.

"아니, 이 사람이! 귀족이라 대우해줬더니 입에 못 담는 소리가 없구만!"

"이런… 알려준 나한테 고마워해야지! 지 딸이 창녀가 되는 줄도 모르고…!"

귀족은 멱살을 뿌리치며 황급히 사라졌지만, 오라치오의 놀란 눈은 초점을 잃었다가 이내 충혈되었다. 그는 단숨에 그 공방으로 달려갔다.

다짜고짜 열어젖힌 그 공방의 문 안으로 침대에서 반라로 누워 있는 과년한 딸과 그 스승의 모습이 보였다. 물론 그때는 사랑의 행위를 나누는 것이 아닌 서로의 누드를 보며 그림 공부를 하고 있는 것이었지만 오라치오도 바보가 아니었다.

둘의 관계를 직감한 그는 생각했다.

'차분한 이성을 가진 내 딸이 이런 짓을 원했을 리가 없다. 이놈을 박살내줘야겠다!'

오라치오는 타시를 로마 교황청 법정에 강간범으로 기소했다. 타시는 끝까지 강간이 아닌 합의 하에 이루어진 관계라 우겼고 오라치오는 법정 최후 진술석에 서려고 하지 않는 딸을 대신해 함께 보낸 몸종을 올리려 했지만 벙어리인 그녀는 증인 채택이 되지 않았다. 오라치오는 급기야 딸의 등을 떠밀었다.

"애야! 떨 것 없다! 그냥 당했습니다, 하면 되는 거야! 나머지는 이 애비가 다 알아서 하마. 알았지?"

그동안 함께 하면서 이미 스승에게 연민의 정을 느낀데다 모든 청중이 남성인 법정에 처음으로 선 여자가 자신의 치부를 어찌 말할 수 있겠는가! 그렇다. 그 시대는 법정에조차 입장하지 못할 정도로 여성의 인권이 열악한 시기였다.

청중들이 재판에 흥미를 가지고 의미심장한 미소와 함께 그녀를 응시하고 있는 가운데, 재판장이 말했다.

"지금 네가 강간을 당했다는 건데, 말 잘해야 한다. 네가 걸고넘어지는 사람은 예술가다. 잘못 손대면 네가 더 다친다는 것을 알고 있느냐?"

수치심과 두려움에 부들부들 떨면서 아르테미시아가 고개도 들지 못하고 서 있는데, 수군대는 소리가 들렸다.

"그래. 어떻게 당했단 이야기야? 어디 그 첫 순간을 소상하게 말해보지 그래?"

자신에게 집중된 모두의 시선으로 현기증마저 느낀 아르테미시아는 눈물을 흘리며 흐려지는 목소리로 말할 수밖에 없었다.

"당한 적이 없습니다…."

그녀의 말에 놀라고 당황한 오라치오는 거침없는 소리로 재판장에게 고함을 질렀다.

"잠깐만요, 재판장님! 제 딸이 당황해서 거짓말을 하는 겁니다! 사실을 알고 싶다면 처녀성 검사를 요청 드리는 바입니다!"

군중의 호기심과 흥미는 모두 아르테미시아에게 몰려들었다. 그리고 법정 앞쪽 장막 하나만을 치고 수녀원장의 집행 아래 최초의 수치스러운 법정 처녀성 검사가 진행되었다.

이윽고 아르테미시아가 옷을 다 추스르기 전에 장막을 거치고 나온 수녀원장이 말했다.

"잠을 자도 한두 번 잔 건 아닌 것 같습니다."

귓가를 파고드는 군중들의 웅성대는 소리는 아르테미시아 인생 최고의 비극과 수치심을 주고 있었다.

"무슨 소리야? 처녀성을 잃기는 했는데 한두 번이 아니다? 저 년이 잘 나가는 스승을 꼬드긴 거네! 아니, 몸 팔아 미술 배우는 년 맞구만!"

여기에 놀란 오라치오는 황급히 휴정을 요청했고 재판장을 따로 면담하며 선처를 호소했다. 그 역시 유명 예술가로 지위는 높은 편이었다.

"제 딸은 제가 잘 압니다. 저 애는 어린 시절에도 그림 가르쳐 달라고 매달린 적이 없는 자존심 있는 아이 입니다. 어찌 몸 팔아 그림을 배운다고 생각하십니까! 그리고 그놈의 스승이라는 놈을 제가 소개해줬단 말입니다. 제발 좋은 처분을 바랍니다."

"알았네. 내 알아서 좋게 판결하겠네."

면담이 끝나고 올라오는 재판장의 눈빛을 읽은 변호사는 히든카드를 던졌다.

"결혼해주면 될 것 아닙니까!"

그 시대 귀족층과 그에 준하는 예술가들은 겁탈했던 여인과 미래를 약속하면 죄가 사해지는 것이 관례였다. 그 말에 분노 어린 고함이 오라치오의 입에서 터져 나왔다.

"그놈은 결혼할 수 없습니다!"

이 말에 가장 놀란 사람은 딸인 아르테미시아였다. 스승과 결혼하면 어떻게든 이 소문으로부터 멀어질 수 있다고 생각했기 때문에 은연중에 그것을 원한 것도 사실이었다. 그렇다면 오라치오의 말은 어찌된 것일까?

현기증을 참고 있던 아르테미시아는 이어지는 오라치오의 말을 듣고 법정에서 정신을 잃고 쓰러지고 말았다.

"그놈은 피렌체에 마누라까지 있는 놈입니다!"

기혼자는 결혼할 수 없다. 아르테미시아의 희망도 물거품이 되고 말았다.

"저놈은 나와 공조작업을 위해 왔다는 것은 핑계고 마누라와 싸운 뒤에 온 것인데 그 싸움의 이유가 처제와 잠을 잤기 때문입니다!"

스승의 과거를 파헤쳐 온 아버지의 폭로에 가장 충격을 받은 것은 딸이었다. 첫눈에 반해 자신을 범할 수밖에 없었고 미치도록 사랑한다는 스승의 말이 허울이었다는 진실 아니, 항상 여성을 육체적으로 탐닉만 하는 성도착증 환자 같은 놈이 타시라는 것을 깨닫게 된 아르테미시아는 배신감과 그동안의 유린에 치를 떨며 쓰러졌다.

기운을 차려보니 이미 법정이 아닌, 달리는 마차 안이었다.

오라치오는 자신과 딸의 명예를 위해 아르테미시아를 피렌체로 보냈다.

아르테미시아는 피렌체에서 다시 한 번 쥬디따를 그렸다. 그녀는 배신에 대한 앙갚음으로 스승의 얼굴을 연상하며 핏물이 낭자하고 과격한 무서운 여성 주인공이 등장하는 그림을 그리게 되었다.

아르테미지아의 〈쥬디따〉(1620, 피렌체 우피치 소장)

그것이 우피치와 피티 궁전에 보존되어 있는 아르테미시아의 작품이다. 그녀는 여성인권을 부르짖는 해방운동주의인 페미니즘*Femminismo*의 창시자라 불린다.

아르테미시아는 딸의 명예를 되찾아주고자 한 오라치오의 지속적인 권유로 귀족 출신의 예술가와 결혼하기도 했지만 다섯 명의 자식 중에 아들 네 명을 일찍 잃고 인생에 대한 회한으로 로마, 나폴리, 시칠리아를 돌며 그림에만 연연했다.

로베르토 롱기*Roberto Longhi*는 1916년 발간된 『예술사』에서 다음과 같이 그녀를 극찬한다.

> 최초의 이탈리아 출신 여성화가이다. 어찌 한 여성이 이다지도 무섭고 처절한 상황을 그려낼 수 있는가! 더욱이 그림을 드러내고 배울 수 없던 시절, 스스로 터득한 테크닉은 살인 현장을 본 사람처럼 …(중략)… 가히 1600년대 최고의 예술가 중 한 명임에 틀림없으며, 모든 여성들의 가슴에 묻혀있던 예술의 열정을 분출케 하는 촉매제가 된 것이다!

최초의 여류작가 안나 반티*Anna Banti*(로베르토 롱기의 아내)가 아르테미시아의 삶을 소설로 펴내며 그녀의 가련함과 용기가 세상에 더 많이 알려지게 되었다.

닫는 글

　이런 시간까지의 시간들은, 환경의 극한상황을 극복하고 오로지 즐거움의 창작활동으로 아낌없는 인생을 소진한 진정한 천재들의 시간이라 해도 과언이 아니다.

　우리가 알고 있는 르네상스 시대는, 인류를 위한 산업혁명의 첫 번째라 의심 없이 말할 수 있으며 그 토네이도 같은 르네상스 문화의 힘은 피렌체라는 태풍의 눈으로부터 온통 유럽을 휘몰아쳐 후세의 우리들이 책 속에서 만나는 대다수의 거장들을 만들어내며 그 열정과 격동의 경쟁심리로 예술과 모든 분야의 정점을 찍게 되었다. 그리고 그 휘몰아치는 문화 토네이도의 핵에는 피렌체의 메디치 왕조가 있었다.

　눈을 감고 떠올려보자.

　경제적 재원을 2백 배로 키워, 온갖 예술품을 구매하고 콩쿨을 개최하여 상금제도를 시작한 국왕 COSIMO IL

VECCHIO

동생의 죽음에 대한 죄책감과 슬픔을 예술로 승화시키며 예술인들을 끌어안았던 국왕 LORENZO IL MAGNIFICO

그 군주의 사랑에 부응한 마음으로 인류에게 여러 방면에 최고의 선물을 남겨 준 창조자 LEONARDO DA VINCI

또한, 그 군주의 사랑과 타고난 오기의 자존심으로 보통 아이가 아닌 천재로 발돋움한 MICHELANGELO BUONAROTTI

그와 어깨를 나란히, 아니 그 이상으로 교황청과 메디치 왕조에 동시에 인정받은 조각가 BACCIO BANDINELLI

레오나르도를 너무나 흠모하며, 닮은꼴로 천재성을 견주었던 운명의 RAFFAELO SANZIO

그의 못다 한 운명을 연장하듯 예술로의 영혼을 발한 또 다른 천재 AGNOLO BRONZINO

그리고 그들의 뒤를 열정으로 따라가는 무수한 예술인들

또한, 이 모두의 행적을 찾아내며 우리들의 가슴으로 이어 준 종합예술가 GIORGIO VASARI

이 모든 문화와 자산을 예술적 가치로 남겨 준 메디치가의 마지막 공주 안나 마리아 루이자*Anna Maria Luisa de' Medici*. 그

녀는 신성로마제국의 황
제 빌헬름과 결혼한 황
비였지만, 피렌체에 대한
애정으로 군주가 없는 피
렌체를 지켜주기 위해 돌
아왔다.

그녀는 불임이라는 슬
픔도, 아이에 대한 번민
도 훌훌 다 털어 버리고
그 모든 메디치가의 재산

메디치가의 마지막 공주, 안나 마리아 루이자

을 피렌체에 헌납하고 떠났다.

우리 선조들이 모아 온 귀중한 유물과 모든 예술품들을
피렌체를 위해 남겨 주노니, 메디치가의 예술혼이 헛되지 않
게 절대 피렌체 바깥으로 팔지 않아야 하며, 예술을 사랑하
는 이들에게 특히, 배우고자 하는 이들에게 개방하여 우리들
의 예술혼을 영원히 이어 주길 바란다.

그래서 우피치를 비롯한 피렌체 박물관들은 유럽 내 예술,
건축 분야 학생증을 소지한 학생들에게 무료로 개방되다가

2013년 6월부터 그 의미를 확대하여 18세 이하 전 세계의 학생들에게 무료로 개방되고 있다.

최고의 자금력으로 르네상스를 일으켜 예술의 가치를 높였고, 인간을 기본으로 하는 인본주의의 사상을 퍼뜨렸으며, 세계 물류 교역의 주역으로서 최고의 운용과 모은 자금들을 국가 경쟁력으로 향상시키고, 국민을 사랑하여 베푸는 정치로 시민 경제를 한층 업그레이드한 메디치 왕조. 그들이 떠나는 길도 너무나 많은 감동과 여운을 준다.

메디치가의 열정과 그 시간 속의 거장들은 아직도 유유히 흐르는 아르노 강 물결을 따라 스며지듯 하나가 되어 어우러진다. 울긋불긋 화려한 네온사인 하나 없이 숭고함으로 도열한 듯한 가로등 불빛만을 입은 채 장엄했던 그 시간을 보여주듯 오늘도 피렌체의 르네상스는 아르노 강물 위로 비춰 든다.

흐르는 물이 썩지 않듯이 멈춘 오늘이 아닌 흐르는 내일을 꿈꾸게 하며 급변하는 오늘을 슬기롭게 헤치고 갈 또 다른 주인공들을 기다린다. 그 시간의 땀과 열정과 예술혼들이 그러했듯이, 르네상스의 별들 속에 그 어떤 최고의 별을 가리는 것보다 그 무수한 별들이 밤하늘에서 조화를 이루며 아롱짓는 것 자체에 매력과 힘이 있다는 것을 우리는 다시 한 번 가슴으로 뜨겁게 새겨 볼 수 있다.

그리고 우리는 노래할 것이다.

아름다운 별빛 하나하나가 모여 그 밤을 수놓을 때, 그 시간의 중요성을 비로소 찾게 되며 더욱 오래 기억될 것이라는 것을.

무한경쟁시대를 사는 오늘날 우리 인생에서도 오로지 최고가 되어야 한다는 목적으로 매달리고 고뇌하며 매정히도 달려가고 있는 숨 막히는 순간들….

하지만, 지금!

잠시 되돌아보면, 그때의 거장들이 메디치가의 원조로 만들어졌듯이, 모든 분야의 상인과 장인 그리고 예술과 문학가들이 어우러지는 것처럼, 자신의 역량을 열정으로 쏟아 부으며 달리는 각각의 인생 그 자체에서 살아갈 의미를 찾을 수 있다는 것과 그것이 행복이라는 생각을 해본다.

무엇을 했느냐보다 어떻게 살았느냐에 더 많은 의미와 박수를 보낼 날을 희망해보자.